INTERRO SURPRISE 2de

FRANÇAIS

- POINTS CLÉS À MAÎTRISER
- EXERCICES CHRONOMÉTRÉS ET CORRIGÉS

Gilles Panabières

Professeur agrégé de lettres modernes

ellipses

DANS LA COLLECTION INTERRO SURPRISE

Troisième

- *Anglais*, Alexandra Nantet
- *Français*, Clélia Renucci
- *Histoire-Géographie*, Audrey Longprés-Raillot

Seconde

- *Français,* Gilles Panabières
- *Histoire-Géographie*, Sébastien Rauline
- *Maths*, Horst Lottermoser

Première

- *Français*, 1res toutes séries, Gilles Panabières
- *Maths*, 1re S, Michel Radanne
- *Physique-chimie*, 1re S, Marie d'Espeuilles, Cyril Verdet

Terminale

- *Anglais*, T^{les} toutes séries, Florent Gusdorf
- *Espagnol*, T^{les} toutes séries, Mireille Foucaud-Fraysse
- *Histoire-Géographie*, T^{les} L, ES, Luc Thyss, Sylvain Dépit, Émilie Proust
- *Maths*, T^{les} L, ES, Yannick Do
- *Maths*, T^{le} S, Irène Bros
- *Philosophie*, T^{les} toutes séries, Évelyne Rogue

ISBN 978-2-340-000452

32, rue Bargue 75740 Paris cedex 15

www.editions-ellipses.fr

INTRODUCTION

Quand on arrive au lycée, on maîtrise bien évidemment les codes de la langue française dans ses grandes lignes, à l'oral comme à l'écrit. Comment se fait-il, dès lors, qu'une matière nommée « français » existe encore, en Seconde, puis en Première ? En réalité, le nom de la discipline est trompeur : en effet, à partir de la classe de Seconde, il s'agit non plus d'insister sur la langue française et sur ses règles (quoique, de temps en temps, quelques rappels soient nécessaires), mais d'étudier les principaux éléments de la **littérature française**, d'une manière plus ordonnée et moins parcellaire que ce qui a été fait au collège. Les épreuves anticipées du baccalauréat (l'une écrite, l'autre orale), que l'on passe à la fin de la classe de Première, portent principalement sur la littérature. C'est pourquoi, dès la Seconde, il convient d'acquérir des connaissances précises sur des auteurs et des œuvres appartenant au patrimoine littéraire. On croit souvent, à tort, que les épreuves du baccalauréat ne se préparent qu'en classe de Première, alors qu'en vérité pour réussir ces épreuves on a besoin du programme de Seconde **et** de celui de Première, le second complétant le premier. C'est la raison pour laquelle cet ouvrage, destiné en priorité aux lycéens entrant en Seconde, se propose deux buts différents : d'une part, nous avons essayé de synthétiser, de la manière la plus accessible possible, les principales **connaissances** exigées à la fin de la classe de Seconde, d'autre part nous avons indiqué quelles étaient les **compétences** à acquérir pour réussir le baccalauréat.

La première partie de l'ouvrage est donc intégralement consacrée au programme de Seconde en termes de savoirs, tel qu'il est défini par les Instructions officielles. Ce programme, divisé en quatre objets d'étude distincts, vise à donner des connaissances de base sur les éléments **les plus célèbres et les plus accessibles** de la littérature française, servant de jalons en vue de la classe de Première, qui cherchera à affiner les connaissances, notamment à travers un élargissement dans le temps : ainsi, le premier objet d'étude, centré sur le genre du **récit**, s'intitule « le roman et la nouvelle au XIXe siècle : réalisme et naturalisme » : il porte sur une période précise et aborde des écrivains comme Balzac, Stendhal, Flaubert, Maupassant et Zola, c'est-à-dire ceux qui ont donné ses lettres de noblesse au genre romanesque. Le second objet d'étude a pour but d'aborder certains mouvements poétiques célèbres, comme le romantisme, le parnasse, le symbolisme ou encore le surréalisme. Son titre officiel est le suivant : « la **poésie** du XIXe au XXe siècle : du romantisme au surréalisme ». Hugo, Baudelaire, Rimbaud, Verlaine, Aragon ou encore Éluard sont convoqués à ce moment-là. C'est le **théâtre**, troisième des grands genres littéraires traditionnels, qui est au centre de l'objet d'étude suivant, s'intitulant « la tragédie et la comédie au XVIIe siècle : le classicisme ». Les dramaturges étudiés sont ici principalement Corneille, Racine et Molière. Enfin, la **littérature d'idées** complète le programme, sous le titre « genres et formes de l'argumentation : XVIIe et XVIIIe siècles ». Il s'agit d'évoquer notamment ici La Fontaine, Voltaire, Montesquieu, Diderot et Rousseau.

La seconde partie de l'ouvrage est plutôt une approche **méthodologique** destinée à aider les futurs candidats au baccalauréat dans la maîtrise des **règles** formelles des principaux exercices demandés. Dès la fin de la classe de Seconde, il faut en effet savoir construire une argumentation de façon cohérente, être capable de s'exprimer à l'écrit de manière à la fois correcte et claire, et savoir rédiger une réponse à une question de corpus, un commentaire, une dissertation ou encore une écriture d'invention. Pour cela, il convient dans un premier temps de se familiariser avec la forme spécifique de chacun de ces exercices (c'est l'objet des fiches 30 à 35), puis de s'entraîner à partir de sujets précis ; c'est pour cela que les fiches 36 à 40 sont constituées par un sujet de baccalauréat intégralement corrigé.

Chaque Fiche se termine par une série d'exercices permettant de vérifier l'acquisition des connaissances et de les réinvestir. Leur degré de difficulté est signalé par une, deux ou trois étoiles. Le corrigé de tous ces exercices se trouve en fin d'ouvrage.

PARTIE 1

COURS SUR LES DIFFÉRENTS OBJETS D'ÉTUDE

chapitre 1

Le roman et la nouvelle au XIXe siècle : réalisme et naturalisme

1 DÉFINITION DU ROMAN ET DE LA NOUVELLE

Introduction

Dès l'Antiquité grecque, on s'est intéressé à la notion de genre littéraire, c'est-à-dire à la façon dont on pourrait classer les textes en différentes catégories. Ainsi, Platon, au IVe siècle avant Jésus-Christ, distingue dans la *République* trois modes d'écriture distincts : le récit pur (les hymnes en l'honneur des dieux), le récit mixte (l'épopée) et le théâtre. Un peu après lui, Aristote, dans la *Poétique* (ouvrage rédigé vers 335 avant Jésus-Christ) établit des distinctions entre la comédie, la tragédie, l'épopée et la parodie. Mais il faut attendre le IVe siècle de notre ère pour que naisse la tripartition actuelle, que l'on doit au grammairien Diomède : la **poésie**, le **théâtre** et le **récit**. C'est à ce dernier genre que se rattachent le roman et la nouvelle. Si, dans les deux cas, il s'agit de raconter une histoire fictive (inventée) par le biais d'un narrateur, le roman et la nouvelle sont néanmoins deux genres clairement distincts l'un de l'autre.

1. Définition du roman

a. Un récit long : ce qui caractérise tout d'abord le roman, c'est son étendue : contrairement au conte et à la nouvelle, qui sont en général des textes plutôt brefs (une cinquantaine de pages tout au plus), le roman est un récit long, possédant plus de cent pages. Certains romans possèdent même une longueur démesurée : *Artamène ou le grand Cyrus* (1649-1653) de Madeleine et Georges de Scudéry, par exemple, possède plus de treize mille pages dans l'édition originale. Il s'agit du plus long roman de la littérature française. Ce premier critère rapproche le roman du genre de l'épopée.

b. Un récit racontant des histoires complexes et étendues dans le temps : de par sa longueur, un roman possède bien souvent une succession de multiples événements, se rapportant à l'intrigue principale ou à des intrigues secondaires. C'est en général l'itinéraire global des protagonistes qui est raconté, et non simplement un épisode précis de leur vie, comme dans une nouvelle ou un conte. Par exemple, *La Chartreuse de Parme* (1839) de Stendhal commence en 1796, avec l'entrée des troupes de Napoléon Ier dans la ville de Milan. Le personnage principal, Fabrice Del Dongo, naît peu après. Le narrateur raconte son enfance, son adolescence, puis ses diverses aventures, jusqu'à sa mort, après avoir perdu la femme qu'il aime, Clélia Conti. De multiples intrigues secondaires peuplent le roman, centrées notamment sur la Sanseverina (la tante de Fabrice), le comte Mosca (qui est amoureux de la Sanseverina), le révolutionnaire républicain Ferrante Palla ou encore les personnages qui dirigent le duché de Parme.

c. Un récit qui se déroule dans un cadre spatio-temporel réaliste : ce qui différencie notamment le roman de l'épopée (récit racontant les exploits guerriers d'un personnage extraordinaire, situé au-dessus du commun des mortels), c'est son ancrage dans un cadre spatio-temporel réaliste : un roman se passe en général dans des lieux et dans une époque renvoyant directement au réel, alors qu'une épopée se déroule dans un monde fabuleux et est souvent reliée à des éléments mythologiques (il en est ainsi des deux grandes épopées d'Homère, *L'Iliade* et *L'Odyssée*, datant du VIIIe siècle avant Jésus-Christ). Un personnage de roman est ainsi plus « humain » qu'un héros épique, plus proche des êtres qui composent le monde réel. Les personnages des romans de Balzac, par exemple, ressemblent aux personnes qu'on pourrait rencontrer dans la société réelle : dans *Le Père Goriot* (1835), on fait la connaissance de Rastignac, un jeune homme ambitieux, du père Goriot, un vieil homme qui se dévoue pour ses filles ingrates, ou encore de Vautrin, un ancien bagnard à la fois maléfique et fascinant.

d. Un genre néanmoins protéiforme : en dépit des caractéristiques communes évoquées ci-dessus, le genre romanesque regroupe néanmoins des textes très divers les uns des autres, car il n'a jamais été réellement codifié au cours de l'Histoire littéraire. C'est ainsi, par exemple, que se côtoient des romans policiers (*Le Mystère de la chambre jaune* de Gaston Leroux, 1908), des romans d'amour (*Le grand Meaulnes* d'Alain-Fournier, 1913), des romans d'aventure (*Les trois Mousquetaires* d'Alexandre Dumas, 1844), des romans engagés (*Les Misérables* de Victor Hugo, 1862), des romans de science-fiction (*La Planète des singes* de Pierre Boulle, 1963) et même des romans où l'intrigue est réduite au minimum (*La Jalousie* d'Alain Robbe-Grillet, 1957).

2. La nouvelle

a. Un récit bref : d'une manière extérieure, ce qui différencie la nouvelle du roman, c'est une certaine brièveté : ainsi, *La Parure* (1885) de Guy de Maupassant est un récit d'une dizaine de pages. La plupart du temps, une nouvelle n'est pas publiée seule, à part lorsque la publication est faite dans la presse ; l'écrivain groupe souvent certains de ses textes pour les faire éditer en recueil. Barbey d'Aurevilly, par exemple, publie en 1874 *Les Diaboliques*, recueil de six nouvelles différentes. Il ne faut pas cependant exagérer l'importance de cette première caractéristique, certaines nouvelles étant relativement longues, comme *L'Abbesse de Castro* (1839) de Stendhal ou *Colomba* (1841) de Mérimée, qui s'étendent sur une centaine de

pages environ. Il est parfois difficile de se fier uniquement à la longueur pour distinguer une nouvelle d'un roman.

b. Un récit caractérisé par une esthétique du fragment : ce qui permet de différencier plus globalement la nouvelle du roman, c'est la concentration des moyens qu'on observe dans la nouvelle : l'intrigue est souvent centrée sur un événement particulier de la vie d'un personnage, se déroulant sur un laps de temps relativement court. La nouvelle ne prétend pas à l'exhaustivité, c'est-à-dire qu'il s'agit d'isoler un moment particulier, sans retracer l'itinéraire général du protagoniste. Le nombre de personnages est en général relativement restreint et on ne trouve que rarement des intrigues secondaires. Par exemple, dans *Une Partie de campagne* (1881), Maupassant raconte une journée particulière d'une famille, au cours de laquelle une jeune fille a une liaison fugitive avec un canotier rencontré par hasard.

c. Un récit ancré dans un cadre spatio-temporel réaliste : ce dernier critère permet cette fois de distinguer la nouvelle du conte : tandis que le conte se déroule dans un cadre peu précis, dans un monde féerique peu en rapport avec le monde réel, la nouvelle se passe à une époque clairement définie et dans des lieux faisant directement référence au monde réel. Par exemple, *Le Joueur d'échecs* (1943) de Stefan Zweig se déroule sur un paquebot qui va de New York à Buenos Aires, à la fin des années 1930. M. B. raconte au narrateur une partie de son passé, lorsqu'il a été arrêté par les Nazis peu après l'arrivée au pouvoir de Hitler, et qu'il a été torturé psychologiquement. Pour ne pas sombrer, il a lu le seul livre qu'il a trouvé, un manuel d'échecs et est devenu un joueur de génie.

Conclusion

Le roman et la nouvelle partagent ainsi certaines caractéristiques : ce sont des textes narratifs, racontant une histoire ancrée dans un cadre spatio-temporel réaliste. En cela, ces deux genres s'opposent à l'épopée et au conte, dans lesquels le cadre est beaucoup plus fantaisiste, voire féerique. Cependant, il convient de bien différencier roman et nouvelle, qui n'obéissent pas exactement à la même esthétique : tandis que le roman développe des intrigues longues, étendues dans le temps, avec une multiplicité de personnages secondaires, la nouvelle se caractérise par l'isolement d'un épisode particulier et marquant de la vie d'un personnage.

TOP CHRONO
C'est l'interro !

EXERCICES **20 min**

1. ⋆ **Vrai ou faux ?**

a. C'est Platon qui a établi une première classification entre différents genres littéraires.

b. On doit à Aristote la classification actuelle en trois grands genres : le récit, la poésie et le théâtre.

c. *Artamène ou le grand Cyrus* est le plus long roman de la littérature française.

d. Un roman raconte en général un épisode particulier de la vie du protagoniste.

e. Une nouvelle comporte en général un nombre restreint de personnages.

2. ⋆ **Dans le tableau ci-dessous, placez les genres suivants : roman, conte, épopée, nouvelle.**

	Récit bref	Récit long
Cadre féérique		
Cadre réaliste		

3. ⋆⋆ **Quelles sont les trois caractéristiques principales d'un roman ?**

4. ⋆⋆ **Quelles sont les trois caractéristiques principales d'une nouvelle ?**

2 LE ROMAN RÉALISTE

Introduction

À partir du début du XIXe siècle, la littérature devient pleinement, selon le théoricien Louis de Bonald, « l'expression de la société ». Beaucoup plus qu'auparavant, la littérature est ancrée dans l'Histoire. Il ne s'agit plus, comme à l'époque classique (au XVIIe siècle), de « peindre les hommes en général » (l'expression est de l'écrivain Jean de la Bruyère), mais d'évoquer les êtres humains dans une société précise. C'est dans ce contexte que naît le mouvement **réaliste**, à partir de 1830 environ, sous l'impulsion, notamment, de Balzac. Ce mouvement, qui s'épanouit principalement dans le genre du roman, entend donner une **représentation littéraire de la réalité**.

1. Les principaux écrivains réalistes

a. Balzac (1799-1850) : à l'origine de la création balzacienne, il y a une ambition démesurée : en se comparant à Napoléon premier, il écrit d'ailleurs : « ce qu'il a accompli par l'épée, je l'accomplirai par la plume ». Ainsi, entre 1830 et 1850, Balzac écrit environ quatre-vingt-dix romans, qui marquent le début du mouvement réaliste. Il veut, comme il le dit lui-même, « faire concurrence à l'État civil, devenir le secrétaire de la société française ». C'est pour cela qu'il a l'idée, en 1834, de faire revenir ses personnages dans ses différents romans, puis, en 1842, de regrouper tous ses récits sous un titre unique, *La Comédie humaine*. Ainsi construit-il progressivement tout un monde littéraire qui semble reproduire la société de son temps. Parmi ses romans les plus célèbres, on peut citer *Le Père Goriot* (1835), qui raconte l'itinéraire ascendant d'un jeune homme ambitieux, Rastignac, ainsi que la ruine d'un vieillard, Goriot, qui se dévoue entièrement pour ses deux filles ingrates. C'est dans ce roman qu'apparaît aussi pour la première fois un personnage mystérieux et fascinant, Vautrin, un ancien bagnard, qui réapparaîtra notamment à la fin des *Illusions perdues* (roman publié en trois parties, en 1837, 1839 et 1843) et dans *Splendeurs et misères des courtisanes* (publié en deux fois, en 1843 et 1847).

b. Stendhal (1783-1842) : un peu plus âgé que Balzac, Stendhal partage avec ce dernier le désir d'observer minutieusement la société : « un roman : c'est un miroir qu'on promène le long d'un chemin » écrit-il dans son chef-d'œuvre, *Le Rouge et le Noir* (1830). Ce roman raconte l'histoire d'un jeune homme ambitieux, Julien Sorel, qui tente de réussir dans la société, mais qui finit par échouer : en effet, par déception amoureuse, il tire sur sa maîtresse, Madame de Rênal, la blessant légèrement. Pour cet acte, il est condamné à mort. D'une manière révélatrice, Stendhal tire le sujet de son roman d'un fait divers de l'époque, l'histoire d'Antoine

Berthet, condamné à mort en 1828 pour tentative de meurtre sur la personne de Mme Michoud, son ancienne maîtresse. Ce qui intéresse Stendhal, c'est avant tout le rapport entre l'individu et la société de son époque, ce qui apparaît également dans son autre grand roman, *La Chartreuse de Parme* (1839).

c. Flaubert (1821-1880) : Gustave Flaubert, qui voue sa vie à la littérature, développe le sillon creusé par Balzac et Stendhal, en évoquant dans ses romans l'itinéraire de personnages souvent médiocres, rêvant d'une vie merveilleuse, mais confrontés à une société mesquine. Ainsi, *Madame Bovary* (1857) raconte la vie d'Emma Bovary, mariée à Charles, un homme banal qu'elle n'aime pas, et tentant d'échapper à sa vie plate et monotone en prenant successivement deux amants, Rodolphe et Léon. Mais elle finit par se suicider en avalant de l'arsenic. Dans *L'Éducation sentimentale* (1869), Flaubert retrace la vie de Frédéric Moreau, épris sans espoir d'une femme mariée qu'il idéalise, Madame Arnoux. Enfin, dans *Bouvard et Pécuchet* (posthume, 1881), il raconte l'histoire de deux hommes qui, parvenus à un âge assez avancé, quittent leur vie d'employés pour s'installer à la campagne. Là, ils se découvrent une passion pour les différents domaines de la connaissance (l'agriculture, la science, l'histoire, la littérature, la philosophie, la religion, l'éducation). Mais toutes leurs entreprises échouent et ils finissent par se contenter de copier des livres.

2. Les principes du roman réaliste

a. Lier l'histoire à l'Histoire : la première ambition des écrivains réalistes est de parler de la société réelle. Ainsi, l'histoire de leurs personnages se situe dans une époque précise, clairement indiquée : Balzac et Stendhal placent la plupart de leurs romans sous la Restauration (entre 1815 et 1830), tandis que Flaubert évoque plutôt la Monarchie de Juillet (1830-1848) et le second Empire (1851-1870). Ils s'efforcent de peindre les différents milieux sociaux qui composent la société. Balzac, par exemple, décrit aussi bien la bourgeoisie parisienne, que la campagne ou l'ancienne aristocratie.

b. Décrire précisément le cadre spatio-temporel et les personnages : pour faire vrai, Balzac, Stendhal et Flaubert accordent beaucoup d'importance à la description. Auparavant souvent réduite au minimum dans le genre romanesque, la description prend désormais, dans le roman réaliste, une importance quasiment égale à la narration. Le but est de donner l'impression au lecteur qu'on lui parle de la société réelle. Ainsi Stendhal commence-t-il *Le Rouge et le Noir* par la description de la petite ville de Verrières. Balzac, lui, dans *Le Père Goriot*, décrit longuement la

pension Vauquer, qui est l'endroit où vivent les personnages principaux du roman. Il enchaîne avec un portrait détaillé, à la fois physique et moral, de Rastignac, de Madame Vauquer, de Goriot et de Vautrin.

c. « Donner l'illusion complète du vrai » : l'expression est de Maupassant, dans la préface de son roman *Pierre et Jean* (1888). Dans celle-ci, il définit précisément l'idéal du réalisme : « le réaliste, s'il est un artiste, cherchera, non pas à nous donner une photographie banale de la vie, mais à nous en donner la vision plus complète, plus saisissante, plus probante que la réalité même ». En effet, d'une manière un peu paradoxale, pour être véritablement réaliste, il ne faut pas tout dire, mais choisir les éléments qui paraissent rendre compte d'une façon convaincante de la société. Aussi Maupassant conclut-il : « les réalistes de talent devraient s'appeler plutôt des illusionnistes ».

Conclusion

Le mouvement réaliste s'exprime pleinement dans le genre du roman. En ancrant précisément l'histoire fictive dans l'Histoire réelle, Balzac, Stendhal puis Flaubert donnent **au roman ses lettres de noblesse**. En effet, ils permettent à ce genre jusque-là considéré comme mineur de sortir du reproche qu'on lui fait souvent, c'est-à-dire celui d'être invraisemblable. Cependant, il ne faut pas oublier que si les romans de Balzac, de Stendhal et de Flaubert sont encore beaucoup lus aujourd'hui, c'est qu'ils vont bien au-delà des principes du réalisme. Tous trois ont élaboré des œuvres personnelles et profondément originales : Balzac a développé dans ses romans une vision du monde particulière, caractérisée par la puissance de l'argent et par la force d'un pouvoir souterrain, mystérieux, incarné à merveille par le personnage de Vautrin. Stendhal a centré ses romans sur des personnages attachants auxquels le lecteur a tendance à s'identifier, en particulier Julien et Fabrice. Flaubert, quant à lui, a attaché une importance capitale au style, travaillant d'arrache-pied pour parvenir à concevoir des phrases parfaites. Il est même allé jusqu'à écrire, dans une lettre à la princesse Mathilde, en 1876 : « faire vrai ne me paraît pas être la première condition de l'art. Viser au Beau est le principal, et l'atteindre si l'on peut ». Ainsi, au-dessus du réalisme, pour Flaubert, se trouve la beauté, qu'on atteint grâce à un travail acharné sur le style.

TOP CHRONO
C'est l'interro !

EXERCICES ***20 min***

1. ⋆ **Relier chacun des romans suivants à son auteur :**

   a. *Le Rouge et le Noir* •
   b. *Bouvard et Pécuchet* •
   c. *Madame Bovary* •
   d. *Le Père Goriot* •
   e. *La Chartreuse de Parme* •
   f. *L'Éducation sentimentale* •
   g. *Les Illusions perdues* •

   • Balzac
   • Stendhal
   • Flaubert

2. ⋆ **Résumez en quelques lignes l'histoire du roman *Le Rouge et le Noir.***

3. ⋆⋆ **Y a-t-il beaucoup de descriptions dans le roman réaliste ? Pour quelle raison ?**

4. ⋆⋆ **Expliquer la phrase de Stendhal :** « un roman : c'est un miroir qu'on promène le long d'un chemin ».

5. ⋆⋆⋆ **Expliquer la phrase de Maupassant :** « j'en conclus que les réalistes de talent devraient s'appeler plutôt des illusionnistes » (préface du roman *Pierre et Jean*).

3 UN ROMAN RÉALISTE CÉLÈBRE : *MADAME BOVARY* DE FLAUBERT

Introduction

« C'est étrange comme je suis né avec peu de foi au bonheur. J'ai eu, tout jeune, un pressentiment complet de ma vie. C'était comme une odeur de cuisine nauséabonde qui s'échappe par un soupirail. On n'a pas besoin d'en avoir mangé pour savoir qu'elle est à faire vomir » : ainsi s'exprime Flaubert en 1846, dans une lettre à son ami Maxime Du Camp. « La vie est une chose tellement hideuse que le seul moyen de la supporter c'est de l'éviter » peut-on lire ailleurs dans sa *Correspondance*. Face au dégoût que la vie lui inspirait, Flaubert a opposé l'écriture, seule possibilité pour lui de donner un sens à son existence. Celui qui s'est lui-même surnommé « l'ermite de Croisset » (du nom de l'endroit où il s'est retiré, un peu à l'écart de la société) a trouvé son salut dans l'art, en essayant de créer une œuvre marquée par une **perfection stylistique**.

1. Contexte de l'œuvre

a. L'auteur : Flaubert (1821-1880) est issu d'une famille de médecins. Très tôt, il décide d'écrire, sur un sujet inépuisable : la **bêtise** humaine. À l'âge de neuf ans, il écrit déjà : « comme il y a une dame qui vient chez papa et qui nous contes toujours de bêtises je les écrirait » (orthographe de Flaubert). Ce thème sera au centre de beaucoup de ses récits ; ainsi, *Madame Bovary* (1857), *L'Éducation sentimentale* (1869) et *Bouvard et Pécuchet* (posthume, 1881) ont en commun de présenter des personnages médiocres, dont les rêves viennent se heurter à la réalité. Mais Flaubert est aussi l'auteur d'œuvres où s'expriment une sensibilité exacerbée et un certain romantisme : *Salammbô* (1862) et *La Tentation de Saint-Antoine* (1874).

b. L'élaboration du roman : Flaubert travaille pendant cinq ans, de 1851 à 1856, à l'écriture de *Madame Bovary*. Ce roman coûte d'énormes peines à l'écrivain, non seulement en raison des impitoyables exigences stylistiques qu'il s'impose, mais aussi parce que le sujet choisi (la mesquinerie du quotidien) est aux antipodes de ses grandes aspirations lyriques et épiques. Dans sa *Correspondance*, en particulier dans ses lettres à Louise Colet, reviennent souvent des phrases du type : « Que ma *Bovary* m'embête ! » (lettre de 1852).

c. La parution du roman : l'œuvre est publiée en 1857. À sa parution, *Madame Bovary* crée un véritable scandale et vaut à son auteur un procès : on accuse en effet Flaubert d'immoralité, puisqu'il raconte l'histoire d'une femme infidèle. Flaubert est finalement acquitté et le livre est un immense succès, dû en partie à la publicité issue du procès.

2. Résumé du roman

a. Première partie : Charles Bovary, après des études travailleuses mais laborieuses, finit néanmoins par obtenir un titre d'officier de santé. Il s'établit alors comme médecin à Tostes, un village de Normandie, où il épouse une veuve laide et acariâtre. Il rencontre, lors d'une consultation, Emma Rouault, la fille du fermier des Berteaux et, peu de temps après la mort soudaine de sa femme, il épouse la jeune fille. Emma, au contraire de son mari, n'est pas heureuse : cette union ne correspond pas à ses rêves d'adolescente romanesque. Après un bal au château de La Vaubyessard, fugitif mirage de luxe et de bonheur, elle sombre dans une morosité accrue et Charles décide d'aller l'installer à Yonville-l'Abbaye : il espère que la vie dans un gros bourg distraira sa femme, alors enceinte.

b. Deuxième partie : à Yonville, le couple fait la connaissance du pharmacien Homais et d'un jeune clerc, Léon Dupuis. Une tendre complicité s'installe entre Emma et le jeune homme, mais ce dernier, ne se croyant pas aimé, part terminer son droit à Paris. Emma rencontre ensuite Rodolphe Boulanger, cynique et aristocratique séducteur, dont elle devient la maîtresse. Effrayé par l'ardeur de l'amour qu'il inspire, Rodolphe abandonne brutalement Emma qui pensait fuir avec lui. Plus tard, lors d'une soirée à Rouen, Charles et sa femme retrouvent par hasard Léon.

c. Troisième partie : Léon devient bientôt l'amant d'Emma, qui invente divers prétextes pour le retrouver à Rouen. Mais peu après, sommée par Lheureux, son créancier, de rembourser les multiples dettes qu'elle a contractées, Emma s'empoisonne à l'arsenic. Charles, désespéré et ruiné, meurt de chagrin, après avoir trouvé dans les papiers de sa femme les preuves de son infidélité.

3. Quelques pistes d'analyse

a. Un récit réaliste : on fait souvent de *Madame Bovary* l'emblème du roman réaliste. Il est indéniable, en effet, que Flaubert a fait tout son possible pour présenter la vie d'Emma et de son entourage d'une manière non idéalisée, d'une façon réaliste. Flaubert ne fait pas de ses personnages des êtres exceptionnels, il les présente dans leur réalité quotidienne, sans cacher au lecteur leurs failles et leurs mesquineries. Il insère également des descriptions précises, visant à créer un **effet de réel** (la casquette de Charles, la maison de Tostes). Il s'agit pour l'écrivain de donner de la réalité une représentation exacte, complète, en rejetant toute idéalisation romanesque.

b. Un acharnement contre les personnages : la plupart des personnages de *Madame Bovary* sont des médiocres, des ratés. Flaubert semble s'acharner contre ses personnages, en utilisant notamment abondamment **l'ironie**. Charles, tout d'abord, apparaît dès le début du roman comme un personnage faible et sans intérêt. Dès son entrée dans une salle de classe, à l'âge de quinze ans, il suscite l'hilarité générale chez ses camarades, par son comportement inadapté et benêt. Charles fait ensuite certes des études, mais il ne parvient pas à obtenir son diplôme de médecin ; il ne peut devenir qu'officier de santé. Il se révèle incapable de rendre Emma heureuse. Professionnellement, il se révèle peu compétent. Enfin, après sa mort, le docteur Canivet « l'ouvrit et ne trouva rien » : on voit par cette expression toute l'ironie flaubertienne : en effet, au sens propre, cela signifie qu'on ne découvre pas la cause de sa mort, mais au sens figuré, cela veut dire que Charles est vide, qu'il n'a aucune intériorité. Le roman s'ouvre et se ferme sur ce personnage médiocre. Mais il ne faut pas croire que les autres personnages sont épargnés : Homais ne s'exprime que par idées reçues, Rodolphe est une caricature du séducteur, Léon est un faible, et même Emma a quelque chose de médiocre en elle, car ses rêves d'une autre vie ne sont qu'une accumulation de clichés. Il y a dans le monde de Flaubert une **médiocrité** universelle : « il y a tant de bêtise dans le monde qu'on en devient féroce » écrit Flaubert dans sa *Correspondance*.

c. L'importance du style : pour vaincre son pessimisme, Flaubert décide de donner à son œuvre un style qui soit parfait. S'obligeant à chasser le mot impropre, à fuir les assonances intempestives, à travailler la couleur et le rythme, il va pousser le souci du style à un degré jusqu'alors inconnu dans l'ordre du roman. C'est ainsi qu'il travaille avec acharnement sur la composition du roman, sur les transitions entre narration et description, sur l'utilisation particulière du style indirect libre ou encore sur l'usage de l'ironie. Pour Flaubert, « le style [est], à lui seul, une manière absolue de voir les choses » (lettre à Louise Colet du 16 janvier 1852).

Conclusion

Madame Bovary est ainsi un roman réaliste incontournable, mais dans lequel Flaubert ne se contente pas de reprendre les principes érigés en modèle par Balzac. Il développe également une vision du monde qui lui est propre, marquée par un grand **pessimisme**, et il érige le **style** comme un idéal à atteindre dans l'art.

TOP CHRONO
C'est l'interro !

EXERCICES *30 min*

1. ⋆ **Vrai ou faux ?**

   a. Les personnages des romans de Flaubert sont souvent des êtres exceptionnels.

   b. Flaubert a travaillé pendant cinq ans à l'élaboration de *Madame Bovary*.

   c. Dans *Madame Bovary*, Emma est la première femme de Charles.

   d. Dans *Madame Bovary*, Emma a deux amants : Rodolphe et Léon.

   e. Charles meurt d'une longue maladie à la fin du roman.

2. ⋆⋆ **Flaubert a-t-il une vision optimiste ou pessimiste de la vie ? Justifiez votre réponse.**

   ....

   ....

   ....

3. ⋆⋆⋆ **Voici comment est décrite la casquette que porte le personnage de Charles au début du roman, alors qu'il a une quinzaine d'années :**

   c'était une de ces coiffures d'ordre composite, où l'on retrouve les éléments du bonnet à poil, du chapska, du chapeau rond, de la casquette de loutre et du bonnet de coton, une de ces pauvres choses, enfin, dont la laideur muette a des profondeurs d'expression comme le visage d'un imbécile. Ovoïde et renflée de baleines, elle commençait par trois boudins circulaires ; puis s'alternaient séparés par une bande rouge, des losanges de velours et de poils de lapin ; venait ensuite une façon de sac qui se terminait par un polygone cartonné, couvert d'une soutache compliquée, et d'où pendait, au bout d'un long cordon trop mince, un petit croisillon de fils d'or, en manière de gland. Elle était neuve ; la visière brillait.

   Gustave Flaubert, *Madame Bovary*, première partie, chapitre 1.

   Quels sont les trois principaux buts de cette description ? Justifiez votre réponse en vous appuyant précisément sur des éléments du texte.

   ....

   ....

   ....

4 LE ROMAN NATURALISTE

Introduction

Le XIXe siècle est sans aucun doute l'époque de l'essor du roman. Dès la première moitié du siècle, Balzac et Stendhal ont donné à ce genre ses lettres de noblesse en écrivant des textes célèbres qu'on a englobés sous l'expression « romans réalistes ». Flaubert, dans la seconde moitié du siècle, a creusé à sa manière le sillon du réalisme (voir les fiches 2 et 3). Avec l'invention du roman naturaliste, qui s'épanouit principalement pendant les vingt-cinq dernières années du siècle, un nouveau pas est franchi dans le lien intime entre la littérature et le réel. Les romanciers naturalistes veulent en effet rendre compte de la réalité d'une manière **scientifique**.

1. Les principaux romanciers naturalistes

a. Émile Zola (1840-1902) : la carrière littéraire de Zola commence véritablement avec son roman Thérèse *Raquin* (1867), dans lequel il s'inspire des principes du réalisme, en se donnant pour modèles Balzac et Flaubert. Puis lui vient l'idée de bâtir son œuvre sur les nouvelles notions scientifiques qui se répandent à l'époque et en particulier la thèse selon laquelle les comportements humains sont entièrement déterminés par **l'hérédité** et **l'influence du milieu**. Dans cette perspective, il conçoit un ensemble de romans, mettant en scène une même famille. À partir de février 1869, Zola commence à rédiger cette fresque, qu'il intitule *Les Rougon-Macquart, Histoire naturelle et sociale d'une famille sous le Second Empire*. La première œuvre du cycle, *La Fortune des Rougon*, paraît en 1871, après deux années de travail. Mais le succès auprès du grand public ne vient qu'avec *L'Assommoir*, en 1877, qui raconte l'itinéraire misérable de Gervaise, qui, malgré tous ses efforts, finit par sombrer dans l'alcoolisme. Ce succès s'amplifie avec *Nana* (1880), l'histoire d'une courtisane, puis avec *Germinal* (1885), qui évoque la révolte d'un groupe de mineurs, menée par Étienne Lantier, le fils de Gervaise. En même temps qu'il écrit les *Rougon-Macquart*, Zola produit une œuvre théorique abondante : dans *Le Roman expérimental* (1880), il fixe les principes du mouvement naturaliste. Il est à la fois le fondateur de ce mouvement, son représentant le plus célèbre et un modèle pour des écrivains comme Huysmans, Maupassant et les frères Goncourt.

b. Edmond (1822-1896) et Jules (1830-1870) de Goncourt : les frères Goncourt peuvent être classés parmi les écrivains naturalistes en raison de leur roman le plus célèbre, *Germinie Lacerteux* (1865) : pour raconter l'histoire de cette servante, ils s'inspirent d'un cas réel d'hystérie. Ils connaîtront une grande gloire posthume

avec la fondation, après leur mort, en 1903, de l'académie Goncourt, qui décernera tous les ans un prix venant récompenser le « meilleur » roman de l'année.

c. Guy de Maupassant (1850-1893) : fortement influencé par Flaubert, qu'il considère un peu comme un père spirituel, Maupassant se soucie assez peu des écoles littéraires. Il refuse d'être considéré comme un écrivain naturaliste : « je ne crois pas plus au naturalisme et au réalisme qu'au romantisme », écrit-il dans une lettre à son ami Paul Alexis. « On a ou on n'a pas de talent. Voilà tout. Le talent seul existe », ajoute-t-il dans la préface qu'il consacre à un livre de Jules Guérin, *Fille de fille* (1883). Cependant, il participe aux réunions organisées par Zola, chez lui, à Médan, et écrit une nouvelle, *Boule de suif*, qui est publiée en tête du recueil collectif *Les Soirées de Médan* (1880), ouvrage considéré comme un véritable manifeste de l'école naturaliste. Un peu plus tard, il publie les romans *Bel-Ami* (1885) et *Pierre et Jean* (1888), que l'on peut classer parmi les romans naturalistes. Dans la préface restée célèbre de *Pierre et Jean*, Maupassant se livre à une analyse subtile du réalisme et du naturalisme.

2. Les principes essentiels du naturalisme

a. Le naturalisme, héritier du réalisme : il est parfois peu aisé de distinguer le réalisme du naturalisme. En effet, les deux mouvements partagent la volonté de **refléter** de la manière la plus précise possible **le réel** dans sa globalité, en explorant tous les milieux sociaux sans les enjoliver ou au contraire les dénigrer. Il s'agit, dans les principes du moins, d'être le plus neutre possible dans la représentation de la société, de façon à la montrer telle qu'elle est. C'est pour cela que Zola, par exemple, multiplie ses recherches avant d'élaborer ses romans. Ainsi, pour *Germinal*, il a lu des livres sur la condition des mineurs et est même allé voir par lui-même comment vivait cette catégorie professionnelle particulière.

b. La différence essentielle entre réalisme et naturalisme : la grande nouveauté du naturalisme tel qu'il est défini par Zola réside dans **l'importance accordée à la science**. Pour étudier la société, les naturalistes veulent employer des méthodes scientifiques. Ils présentent leur démarche comme expérimentale : en plaçant des personnages dans une situation précise et en émettant des hypothèses sur l'évolution de leur caractère, Zola espère pouvoir tirer des conclusions générales sur la manière dont le milieu social influe sur l'individu. Les réalistes voulaient observer précisément la société, les naturalistes se livrent à des expérimentations. Il est intéressant de noter que le mot « naturaliste », au XIXe siècle, désigne, avant que Zola ne l'applique à la littérature, un savant spécialisé dans l'étude des éléments

de la nature, ce qu'on appelle aujourd'hui un biologiste. Les écrivains naturalistes s'inspirent des théories du savant Claude Bernard : ce dernier définit ainsi la science expérimentale : il s'agit d'émettre une hypothèse scientifique, puis de la vérifier par des expériences, avant de la valider. De même, Zola, dans *L'Assommoir*, part d'une théorie selon laquelle l'hérédité et le milieu social jouent un grand rôle dans l'itinéraire d'un être humain, puis il la vérifie à travers le récit de Gervaise, qui essaie d'échapper à sa lourde hérédité (ses parents étaient alcooliques), mais qui finit par sombrer à son tour dans l'alcoolisme. Avec le naturalisme, le roman devient donc un outil scientifique qui permet, de même que la science étudie la nature, d'étudier la société.

3. Les limites du mouvement naturaliste

a. La critique du naturalisme : dès la fin du XIXe siècle, le naturalisme est critiqué. On reproche en effet au mouvement de se centrer quasiment exclusivement sur les vices et les **réalités triviales**. Barbey d'Aurevilly, par exemple, accuse Zola de faire entrer ses lecteurs « dans les égouts sociaux », « d'empester » sous le prétexte d'assainir. Même certains adeptes du naturalisme en viennent à s'écarter de Zola, lorsque celui-ci publie *La Terre* (1887). Cinq anciens disciples de Zola publient ainsi Le *Manifeste des Cinq*, dans lequel ils écrivent : « le maître est descendu au fond de l'immondice [...] Le titre de naturaliste, spontanément accolé à tout livre puisé dans la réalité, ne peut plus nous convenir ».

b. La limite de l'analogie entre science et littérature : la seconde critique du naturalisme réside dans son principe de départ lui-même : en effet, on ne peut appliquer totalement **une méthode scientifique à un domaine qui ne l'est pas**, à savoir la littérature. Le romancier peut en effet inventer n'importe quelle histoire pour justifier sa théorie de départ.

c. Zola et le naturalisme : enfin, Zola lui-même n'applique pas totalement ses principes dans ses romans. En effet, loin de garder une certaine neutralité dans la description des événements, **il prend souvent parti** pour certaines catégories sociales, en particulier pour tous ceux qui sont démunis. Par exemple, dans *Germinal*, les mineurs sont perçus, malgré leurs erreurs, d'une manière positive. Zola en fait une sorte de héros collectif. Il se laisse aller, par enthousiasme, à un lyrisme visionnaire incompatible avec la rigueur scientifique. Sa propre sensibilité le pousse à laisser transparaître une pitié réelle pour les malheureux qu'il met en scène, une compassion pour les défavorisés dont il fait ses héros. La fin de *Germinal* est un hymne à la renaissance et à l'espoir.

TOP CHRONO
C'est l'interro !

EXERCICES 15 min

1. ⋆ De quel mouvement littéraire le naturalisme est-il l'héritier ?

....

....

2. ⋆ Quels sont les principaux représentants du naturalisme ?

....

....

3. ⋆ Résumez en une phrase le sujet du roman *Germinal* :

....

....

....

4. ⋆⋆ Quelle est la principale différence entre le réalisme et le naturalisme ?

....

....

....

....

5. ⋆⋆ Quelles sont les trois limites principales du naturalisme ?

....

....

....

....

....

....

5 UN ROMAN NATURALISTE CÉLÈBRE : *GERMINAL* DE ZOLA

Introduction

Le XIXe siècle voit le triomphe de la **science** et de la **technique**. De nombreuses choses sont inventées : la machine à vapeur, la photographie, l'électricité, le télégraphe, le téléphone, les premières voitures, le phonographe, le télégraphe, le cinéma et même les premiers avions, à l'extrême fin du siècle. C'est dans ce contexte historique qu'Émile Zola a l'idée, dès 1869, de bâtir son œuvre littéraire selon une méthode scientifique : ainsi, en adaptant à la littérature la méthode de la science expérimentale, établie notamment par le médecin Claude Bernard, Zola forge des hypothèses concernant les comportements humains et il les vérifie en inventant des histoires prouvant ces hypothèses (voir la fiche 4). C'est selon cette méthode qu'est notamment construit le roman *Germinal* (1885), l'un des plus célèbres de Zola.

1. Contexte de l'œuvre

a. L'auteur : Émile Zola (1840-1902) reprend à Balzac l'idée du retour des mêmes personnages dans différents romans, de façon à constituer un monde littéraire cohérent, concurrençant la société réelle. Ainsi Zola regroupe-t-il la plupart de ses romans sous le titre général *Histoire naturelle et sociale d'une famille sous le second Empire*, de la même façon que Balzac avait donné comme titre général à l'ensemble de son œuvre *La Comédie humaine*. Entre 1871 et 1893, Zola fait paraître une vingtaine de romans, racontant l'histoire d'une même famille, chaque récit étant centré sur un membre particulier. Le cycle commence avec *La Fortune des Rougon* (1871) et se termine avec *Le Docteur Pascal* (1893). Les premiers titres rencontrent un accueil médiocre auprès du public, mais le succès arrive en 1877, avec *L'Assommoir*, l'histoire de Gervaise. Il s'amplifie avec la parution de *Nana* (1880) et de *Germinal* (1885), dont les héros sont les enfants de Gervaise.

b. L'élaboration du roman : Zola s'est énormément **documenté** pour écrire *Germinal*. Il a lu des ouvrages spécialisés consacrés au monde des mines et il est même allé dans un bassin minier du Nord-Pas-de-Calais pour interroger les mineurs au sujet de leur vie quotidienne. Il a voulu coller le plus possible à la réalité.

2. Résumé du roman

Étienne Lantier, le fils de Gervaise (l'héroïne de *L'Assommoir*), arrive une nuit de mars dans le Nord de la France. Il prend pension chez une famille de mineurs, les Maheu, puis trouve du travail à la mine de Montsou. Il tombe amoureux de Catherine, la

fille des Maheu, mais celle-ci est la maîtresse de Chaval, un chef d'équipe brutal. Bien qu'elle ne soit pas insensible à Étienne, elle ne veut pas passer d'amant en amant. Au fur et à mesure qu'il découvre le métier de mineur, Étienne devient de plus en plus révolté face à la condition misérable du peuple. Sa rencontre avec Rasseneur, un ancien mineur devenu cabaretier, puis avec Souvarine, un anarchiste russe, lui donne une conscience politique accrue.

Fin octobre, le mécontentement des mineurs s'aggrave, car la Compagnie baisse leur salaire. Deux mois plus tard, en décembre, la grève éclate. Désormais, le silence règne sur les mines de Montsou. Sans salaire, les mineurs survivent grâce à une caisse collective. À l'issue d'une réunion clandestine, ils adhèrent à l'Internationale socialiste. Mais la Compagnie refuse toute négociation. Le mouvement se durcit progressivement, des sabotages sont organisés, et, au cours d'une violente manifestation, l'épicier Maigrat, qui refuse de faire crédit aux mineurs, est tué. Désormais, l'armée occupe les fosses. Un jour, la foule des grévistes affronte les soldats, qui ouvrent le feu. Maheu est tué. Étienne est alors en butte à l'hostilité des mineurs qui le rendent responsable des morts.

Le travail reprend. Mais, suite à un sabotage effectué par Souvarine, les galeries sont inondées. On évacue, mais l'équipe d'Étienne est restée au fond. La mine s'effondre dans un gigantesque cataclysme. Indifférent, Souvarine s'en va. Les mineurs tentent de sauver les survivants. Prisonniers au fond, Étienne et Catherine doivent cohabiter avec Chaval, jaloux de la relation privilégiée qui s'est nouée entre Lantier et la jeune fille. Ce dernier tue son rival. Les deux survivants deviennent enfin amants, malgré la présence du cadavre de Chaval. L'obscurité, la faim, l'angoisse, le grisou ont raison de Catherine, qui meurt ; Étienne, lui, sort vivant de cet enfer. Un peu plus tard, en avril, il s'apprête à partir pour Paris ; il vient saluer ses compagnons de lutte, qui lui ont pardonné et ont dû reprendre le travail sans avoir rien obtenu. Mais en s'éloignant, Étienne croit pressentir une germination irrésistible, un espoir d'une société plus juste.

3. Quelques pistes d'analyse

a. Un emblème du roman naturaliste : l'hypothèse émise par l'écrivain, inspirée du marxisme naissant, est la suivante : la société est régie par des rapports de force entre dominants et dominés, et ceux qui appartiennent à la seconde classe sont soumis à un sort misérable. Cette hypothèse se vérifie à travers l'histoire inventée par Zola : les mineurs se révoltent contre leur sort, mais la Compagnie s'avère la plus forte : la grève se termine sans qu'ils aient obtenu quoi que ce soit.

L'histoire de *Germinal* illustre ainsi un **fait social** naissant à la fin du XIXe siècle : la lutte inégale entre le monde du **capital** et le monde du **travail**.

b. Un roman engagé : contrairement à ce qu'il prétend par ailleurs, Zola n'est pas neutre dans ce roman. Il ne se contente pas d'être naturaliste et de bâtir son roman selon la méthode de la science expérimentale. En effet, la façon dont les événements et les personnages sont présentés invite le lecteur à prendre fait et cause **pour les mineurs**, et contre les bourgeois qui les exploitent. Même si leur révolte donne lieu à des débordements, elle part d'une colère juste, due au fait qu'on ne leur donne pas des conditions de vie décentes. Si Zola a choisi comme titre « Germinal », c'est parce que ce mot désigne, dans le calendrier républicain élaboré par la première République, en 1792, le mois correspondant au début du printemps ; « germinal », c'est le mois de la renaissance de la nature, c'est le moment où les plantes « germent ». Or, dans l'épilogue du roman, le narrateur fait fusionner les mineurs avec les végétaux qui sortent de terre et bourgeonnent. La germination des plantes devient alors la métaphore de la révolte ouvrière, dont les germes sont désormais plantés. Le narrateur suggère ainsi qu'un jour les choses changeront et que le prolétariat parviendra à renverser le régime capitaliste. Le roman se termine d'ailleurs par la phrase suivante, pleine d'espoir pour les ouvriers : « des hommes poussaient, une armée noire, vengeresse, qui germait lentement dans les sillons, grandissant pour les récoltes du siècle futur, et dont la germination allait bientôt faire éclater la terre ».

c. Un roman épique : la phrase ci-dessus est révélatrice du style de Zola, dans les moments d'enthousiasme. En effet, il arrive souvent que la narration dépasse le cadre du naturalisme pour adopter un **style épique**, transformant les personnages en véritables héros. Ainsi, au moment où les ouvriers entament une marche révolutionnaire, peut-on lire : « c'était, cette fois, une course de cinq grands kilomètres. Un élan tel les charriait, qu'ils ne sentaient pas la fatigue atroce, leurs pieds brisés et meurtris. Toujours la queue s'allongeait, s'augmentait des camarades racolés en chemin, dans les corons. » (cinquième partie, chapitre 4).

Conclusion

Germinal est ainsi un emblème du roman naturaliste, mais cette œuvre vaut aussi par son caractère engagé (Zola prenant fait et cause pour les mineurs et dénonçant les injustices sociales) et par un style parfois épique. C'est en cela qu'il s'agit d'un véritable chef-d'œuvre : Zola dépasse en effet ses propres principes de départ.

TOP CHRONO
C'est l'interro !

EXERCICES

30 min

Lisez le texte suivant, puis répondez aux questions :

La grève des mineurs dure depuis des semaines. La direction de la mine s'apprête à faire venir des ouvriers belges pour remplacer les grévistes. Étienne appelle alors ses camarades à une assemblée clandestine dans une forêt.

C'était au Plan-des-Dames, dans cette vaste clairière qu'une coupe de bois venait d'ouvrir. Elle s'allongeait en une pente douce, ceinte d'une haute futaie, des êtres superbes, dont les troncs, droits et réguliers, l'entouraient d'une colonnade blanche, verdie de lichens ; et des géants abattus gisaient encore dans l'herbe, tandis que, vers la gauche, un tas de bois débité alignait son cube géométrique. Le froid s'aiguisait avec le crépuscule, les mousses gelées craquaient sous les pas. Il faisait nuit noire à terre, les branches hautes se découpaient sur le ciel pâle, où la lune pleine, montant à l'horizon, allait éteindre les étoiles.

Près de trois mille charbonniers étaient au rendez-vous, une foule grouillante, des hommes, des femmes, des enfants, emplissant peu à peu la clairière, débordant au loin sous les arbres ; et des retardataires arrivaient toujours, le flot des têtes, noyé d'ombre, s'élargissait jusqu'aux taillis voisins. Un grondement en sortait, pareil à un vent d'orage, dans cette forêt immobile et glacée.

En haut, dominant la pente, Étienne se tenait, avec Rasseneur et Maheu.

Émile Zola, *Germinal*, quatrième partie, chapitre 7.

1. ⋆ **Quelle est la forme de discours dominante dans ce texte ? Choisissez la bonne réponse :**

a. Discours narratif b. explicatif c. descriptif d. argumentatif

2. ⋆⋆ **En quoi ce texte peut-il être considéré comme un héritage des principes du mouvement réaliste ?**

....

3. ⋆⋆ **En quoi cet extrait est-il emblématique du naturalisme tel que Zola lui-même le définit ?**

....

4. ⋆⋆⋆ **En quoi ce texte dépasse-t-il les principes du naturalisme ? Trouvez deux arguments différents.**

....

6 LA NOUVELLE AU XIXe SIÈCLE

Introduction

Le genre de la nouvelle naît en Italie au **Moyen Âge**, avec le *Décaméron* (du grec déca, « dix », et hêméra, « jour ») de Boccace, écrit entre 1349 et 1353. Il s'agit d'un ensemble de cent récits brefs, encadrés par une trame narrative simple : dix personnages fuient la peste qui ravage la ville de Florence, se rassemblent dans une campagne et, pour passer le temps, se racontent des histoires, celles-là mêmes que le lecteur découvre au fur et à mesure de sa lecture. Au XVIe siècle, Marguerite de Navarre s'inspire du principe de Boccace et écrit *L'Heptaméron* (posthume, 1558) : cette fois-ci, ce sont les intempéries qui obligent les personnages à se réfugier dans une abbaye. Là, ils racontent des histoires ayant souvent pour thème l'amour. Mais c'est au **XIXe siècle** que la nouvelle connaît son **âge d'or**. En effet, la plupart des grands écrivains s'adonnent à ce genre, certains lui devant même l'essentiel de leur célébrité, en particulier Prosper Mérimée et Guy de Maupassant. La principale raison expliquant la prolifération de la nouvelle réside dans le développement de la **presse** à grand tirage au XIXe siècle : en effet, la plupart des journaux réservent quelques pages à la publication de récits courts, de façon à divertir leurs lecteurs par de petites histoires fictives et ainsi à augmenter leurs ventes. Avant d'être publiées en recueil, les nouvelles de Mérimée, de Maupassant, de Léon Bloy, de Villiers de l'Isle Adam ou d'Alphonse Allais paraissent dans des journaux, permettant aux écrivains d'avoir des revenus fixes. Le genre se déploie principalement dans trois directions tout au long du siècle : on distingue ainsi les nouvelles **fantastiques**, **réalistes** et **naturalistes**.

1. La nouvelle fantastique

a. La naissance de la nouvelle fantastique : dès la fin du XVIIIe siècle, certains écrivains veulent remettre en valeur le mystère, l'incertitude, le doute. C'est à ce moment que naît le registre fantastique. Il s'agit là d'une réaction face à la pensée du siècle des Lumières, centrée sur la raison et la connaissance.

b. Les principaux auteurs de nouvelles fantastiques au XIXe siècle : marqués par l'Allemand E.T.A. Hoffmann (l'auteur, notamment, de la nouvelle intitulée *Le Marchand de sable*, 1817) et par l'Américain Edgar Allan Poe, de nombreux écrivains français se lancent dans la rédaction de nouvelles teintées de surnaturel. Parmi eux, on peut citer notamment Prosper **Mérimée** (*La Vénus d'Ille*, 1837), Théophile **Gautier** (*Le Pied de Momie* et *La Cafetière*, 1852) et Guy de **Maupassant** (*La Main*, 1883, *Le Horla*, 1887 pour la deuxième version).

c. La particularité principale de la nouvelle fantastique : la plupart des nouvelles fantastiques reposent sur un schéma immuable : l'histoire commence dans le monde quotidien. Le cadre spatio-temporel est clairement indiqué. Il ne s'agit pas, comme dans un conte merveilleux, d'un monde féerique et imaginaire, d'un passé lointain peu précisé, mais d'un univers réel et souvent contemporain. Soudain, un phénomène **inexplicable** apparaît brutalement. Si le lecteur éprouve alors un certain **malaise**, voire de la peur, c'est parce que cet événement surgit au sein d'un monde réaliste et non féerique. Comme l'écrit Pierre-Georges Castex, dans son essai *Le Conte fantastique en France, de Mérimée à Maupassant* (1951), « le fantastique ne se confond pas avec l'affabulation conventionnelle des récits mythologiques ou des féeries, qui impliquent un dépaysement de l'esprit. Il se caractérise au contraire par une intrusion brutale du mystère dans la vie réelle ». Par la suite, pendant tout le reste du récit, le lecteur hésite entre une **interprétation rationnelle** (qui, bien souvent, n'est pas totalement satisfaisante) et une **interprétation irrationnelle** (qui expliquerait d'une façon plus convaincante les événements, mais qui suppose que l'on croie à l'existence du surnaturel). Tout le talent du nouvelliste se situe dans sa capacité à maintenir le **doute** entre les deux interprétations jusqu'à la fin, laissant le lecteur sur une impression de frustration, puisque, au bout du compte, on ne lui donnera pas le fin mot de l'énigme. Contrairement à la nouvelle policière, qui rassure, puisque tout est expliqué à la fin, la nouvelle fantastique inquiète, trouble le lecteur et le frustre dans ses habitudes de lecture.

d. Un exemple : *La Vénus d'Ille* (1837) de Mérimée : le narrateur se rend un jour à Ille, petit village des Pyrénées Orientales, pour y faire des recherches archéologiques. Il apprend que l'on vient de découvrir une statue antique représentant la déesse de l'amour, Vénus. Certains villageois pensent que celle-ci est maléfique, mais le narrateur ne veut rien en croire. Le lendemain matin, Alphonse, un jeune homme qui va se marier le soir même, ôte sa bague de fiançailles afin d'être plus habile au jeu de paume, et, ne sachant pas quoi en faire, la met au doigt de la statue. Il bat son adversaire, qui s'en va en proférant des menaces. Plus tard, dans la soirée, désespéré, il dit au narrateur que la statue n'a pas voulu lui rendre sa bague. Mais, comme il est saoul, le narrateur n'accorde pas d'importance à cette révélation. Dans la nuit, on entend des pas lourds, et au matin, on découvre Alphonse mort dans son lit. Sa jeune épouse semble être devenue folle. Elle déclare que la statue est entrée dans la chambre, s'est couchée dans le lit et a enlacé son mari avant de disparaître à l'aube. On soupçonne l'adversaire d'Alphonse au jeu de paume de l'avoir tué par vengeance, mais certains éléments ne concordent pas et on le

relâche Ce résumé indique bien l'hésitation du lecteur entre une interprétation rationnelle et un recours à une explication surnaturelle.

2. La nouvelle réaliste

a. Les principaux auteurs de nouvelles réalistes : les principaux romanciers dits réalistes ont également écrit des nouvelles : ainsi, **Balzac** a publié notamment *L'Auberge rouge* (1831) et *Le Chef-d'œuvre inconnu* (1831), **Stendhal** un recueil de huit nouvelles intitulé *Chroniques italiennes* (posthume, 1855) et **Flaubert** les *Trois Contes* (1877), ouvrage contenant trois récits, *Un Cœur simple, Hérodias* et *La Légende de Saint-Julien l'Hospitalier.*

b. Les caractéristiques d'une nouvelle réaliste : ce sont les mêmes que celles des romans réalistes, à savoir qu'il s'agit de décrire la société telle qu'elle est, sans l'enjoliver ou l'enlaidir, et d'inventer des histoires rendant compte du **fonctionnement réel de la société**. Mais une nouvelle étant marquée par une certaine brièveté, les passages descriptifs sont moins nombreux et moins détaillés. Les auteurs de nouvelles réalistes se concentrent plutôt sur l'intrigue, en se focalisant sur un milieu social précis. Il n'y a pas de souci d'exhaustivité dans une nouvelle réaliste.

3. La nouvelle naturaliste

a. Les principaux auteurs de nouvelles naturalistes : **Zola** en écrit quelques-unes (*Villégiature*, par exemple, en 1865), mais c'est surtout **Maupassant** qui en est le principal représentant (pour une analyse de ses nouvelles, voir la fiche suivante).

b. Les caractéristiques de la nouvelle naturaliste : on a parfois du mal à différencier la nouvelle naturaliste de la nouvelle réaliste. Maupassant lui-même, d'ailleurs, se soucie assez peu de cette distinction. Cependant, d'une manière générale, on peut dire que la nouvelle naturaliste comporte une analyse plus **scientifique** de la société et s'intéresse, davantage que la nouvelle réaliste, à tous les milieux sociaux, y compris aux plus humbles. *Le Petit Fût* (1884) de Maupassant raconte l'histoire d'une vieille paysanne et d'un aubergiste qui lui achète sa ferme en viager ; *Boule de Suif* (1880) et *La Maison Tellier* (1881), deux autres nouvelles de Maupassant, évoquent le thème de la prostitution. *Le Gueux* (1885) est un texte centré sur le récit de la fin de la vie misérable d'un vagabond.

Conclusion

Le XIXe siècle est ainsi l'époque où le genre de la nouvelle se développe. On peut remarquer que naît aussi, en Amérique et en Angleterre, la nouvelle **policière**.

TOP CHRONO
C'est l'interro !

EXERCICES *30 min*

1. ⋆ **Quand le genre de la nouvelle naît-il ? Qui en est l'inventeur ?**

2. ⋆ **Quels sont les trois grands types de nouvelles en France au XIXe siècle ?**

3. ⋆ **Citez trois grands auteurs de nouvelles fantastiques.**

4. ⋆ **Citez trois grands auteurs de nouvelles réalistes.**

5. ⋆ **Citez deux auteurs de nouvelles naturalistes.**

6. ⋆⋆ **Comment expliquez-vous le développement du genre de la nouvelle au XIXe siècle ?**

7. ⋆⋆ **Relisez le résumé de la nouvelle *La Vénus d'Ille* de Mérimée et expliquez en quoi le lecteur hésite entre deux interprétations.**

8. ⋆⋆ **Quelles sont les deux principales différences entre une nouvelle réaliste et une nouvelle naturaliste ?**

7 LES NOUVELLES DE MAUPASSANT

Introduction

Guy de Maupassant est souvent considéré comme le **maître** de la nouvelle. C'est d'ailleurs pour ses récits brefs, souvent adaptés par la suite au cinéma et à la télévision, qu'il doit l'essentiel de son succès et de sa célébrité. Afin de ne pas perdre le lecteur dans les innombrables récits brefs qu'il a publiés au cours de sa carrière, toutes les nouvelles résumées et analysées dans cette fiche appartiennent aux deux recueils suivants : *La Maison Tellier, Une partie de campagne et autres nouvelles* (1881) et les *Contes du jour et de la nuit* (1885).

1. Généralités sur Maupassant

a. Quelques éléments de la vie de Guy de Maupassant (1850-1893) : né en Normandie, dans une famille de la petite noblesse, Maupassant acquiert dans son enfance une certaine culture mais développe aussi un côté un peu rustre, propre à l'univers campagnard, ce qui lui permettra plus tard d'évoquer dans son œuvre différents milieux sociaux. Adolescent, il s'intéresse à la peinture et rencontre Corot et Courbet. Puis, à dix-huit ans, il fait **la connaissance de Flaubert**. Il dévore *L'Éducation sentimentale*, ce qui ne fait qu'accroître l'admiration que le jeune homme porte à l'auteur de *Madame Bovary*. Pour gagner sa vie, Maupassant devient employé au ministère de la Marine, puis de l'Instruction publique. Il commence à écrire des nouvelles en 1876, en suivant les conseils de son « maître », Flaubert, et il fréquente les jeunes écrivains de son temps, les naturalistes réunis autour de **Zola**. Mais ce n'est qu'en **1880** que sa carrière littéraire commence vraiment, lors de la parution de *Boule de Suif*, dans le recueil collectif *Les Soirées de Médan*. À partir de cette date, les récits s'enchaînent et permettent à Maupassant de mener une vie plutôt aisée, pendant une dizaine d'années. Cependant, touché par la syphilis, sa santé décline à partir de 1890. Par ailleurs, des signes de **déséquilibre** mental surgissent (hallucinations, délire paranoïaque). De plus en plus **malade**, il tente de se suicider en 1892. Sa mère l'hospitalise dans une clinique psychiatrique, où il meurt l'année suivante.

b. Les œuvres de Maupassant : la carrière littéraire de Maupassant est assez **courte** : en effet, quasiment tous ses récits ont été écrits et publiés en un peu plus d'une dizaine d'années, entre 1880 et 1891. Au cours de cette décennie, l'écrivain publie dans des journaux environ **trois cents nouvelles**. Il les regroupe également dans des recueils, dont les plus célèbres sont : *La Maison Tellier, Une Partie de campagne et autres nouvelles* (1881), les *Contes de la Bécasse* (1883), les *Contes du jour et de la nuit* (1885) et *Le Horla* (1887). Il fait également paraître six romans, dont *Une Vie* (1883), *Bel-Ami* (1885) et *Pierre et Jean* (1888).

c. L'esthétique de Maupassant : les nouvelles de Maupassant sont tout d'abord fortement influencées par Flaubert : ce dernier était une sorte de père spirituel et un maître en matière d'art pour le jeune homme, depuis sa rencontre avec lui, à l'âge de dix-huit ans. On retrouve dans les nouvelles de Maupassant les grands **principes flaubertiens** : l'importance accordée au **style** (« le style [est], à lui seul, une manière absolue de voir les choses », écrivait Flaubert), un certain **pessimisme** au sujet de la nature humaine et le **refus du romanesque**. Mais Maupassant est aussi intimement **lié au naturalisme**, même s'il refuse cette étiquette. Il ne faut pas oublier que sa carrière littéraire coïncide avec l'apogée de ce mouvement et qu'il a publié sa première nouvelle, *Boule de Suif*, dans un recueil collectif qui constitue une sorte de manifeste du naturalisme. Dans les nouvelles de Maupassant, certains principes de Zola apparaissent clairement, notamment le souhait de montrer la réalité telle qu'elle est, sans l'enjoliver (contrairement au romantisme), ou encore la volonté de raconter des histoires d'une manière neutre, afin de poser un regard sociologique et clinique sur l'homme et sur la société.

2. Quelques nouvelles tirées du recueil *La Maison Tellier*

a. *La Maison Tellier* : ce texte, donnant son titre au recueil, évoque le monde de la **prostitution** d'une manière neutre, sans émettre un jugement. Ce qui est savoureux dans ce récit, c'est d'assister à la rencontre improbable du monde de la prostitution et du monde religieux : en effet, la tenancière d'une maison close, Madame Tellier, est invitée au à la première communion de sa nièce. Elle s'y rend accompagnée de toutes ses « employées ». On peut noter que Maupassant avait déjà traité ce thème de la prostitution auparavant, dans *Boule de Suif*. C'est également le cas de Zola dans *Nana* (1880).

b. *Les Tombales* : une jeune femme qui se promène dans un **cimetière** en faisant semblant d'être en deuil de façon à attirer la sympathie des hommes, afin de les séduire : telle est l'intrigue de cette nouvelle. Le refus du romantisme est frappant dans ce texte : en effet, tout ce qui relève du sentimentalisme et du mélodrame est faux chez cette jeune femme. « Fait-on le cimetière comme on fait le trottoir ? » s'exclame le narrateur, Joseph de Bardon, à la fin de cette nouvelle à chute.

c. *Une Partie de campagne* : cette nouvelle évoque une **brève liaison amoureuse** entre Henriette, la fille d'un couple de petits commerçants parisiens, et Henri, un canotier de condition modeste. Dans ce texte, les éléments de l'histoire sont évoqués par petites touches successives, un peu à la manière d'un tableau **impressionniste**. La scène d'amour entre les deux jeunes gens est suggérée à demi-mots, notamment par l'intermédiaire du chant d'un rossignol.

3. Quelques nouvelles tirées du recueil *Contes du jour et de la nuit*

a. *Le Crime au père Boniface* : le **facteur** de campagne Boniface, entendant des gémissements dans une maison, croit qu'un crime est en train d'être commis, alors qu'il s'agit d'un couple qui fait l'amour. Cette nouvelle leste s'inscrit dans la veine gauloise des fabliaux du Moyen Âge et du *Décaméron* de Boccace.

b. *La Parure* : Mathilde Loisel, mariée à un modeste employé au ministère de l'instruction publique (comme Maupassant lui-même), rêve d'une vie plus mondaine. Un jour, son mari et elle sont invités à une soirée au ministère. Pour briller, elle se fait prêter une magnifique **parure de diamants** par une amie riche. La réception est un triomphe pour Mathilde, mais sur le chemin du retour, elle perd le collier. N'osant pas l'avouer à son amie, elle lui rachète le même, à un prix exorbitant. Le couple est contraint de déménager et de vivre misérablement pour rembourser ses dettes. Au bout de dix ans de privations, Mathilde rencontre par hasard son amie. Celle-ci lui révèle alors que la parure qu'elle lui avait prêtée était fausse ! Dans cette nouvelle, **l'influence flaubertienne** transparaît nettement : en effet, l'itinéraire de Mathilde rappelle celui d'Emma Bovary, notamment au moment du bal à la Vaubyessard (voir la fiche 3). On peut y voir également une **réécriture** parodique du conte *Cendrillon* de Perrault. Ce qui est marquant, enfin, c'est l'art de Maupassant, sa capacité à tenir en haleine son lecteur jusqu'au bout, jusqu'à la **chute** aussi tragique que dérisoire.

c. *Un Lâche* : c'est **l'aristocratie** qui est évoquée dans ce texte : le comte de Signoles est censé se battre en duel le lendemain, mais, pris d'une peur panique, il préfère se suicider plutôt que courir le risque de ne pas se montrer à la hauteur.

d. *Le Gueux* : le protagoniste de cette nouvelle est un **vagabond** nommé Cloche, paraplégique de surcroît, qui, après une vie misérable passée à mendier et à se faire rejeter par tout le monde, finit par mourir, dans l'indifférence générale.

Conclusion

Les nouvelles de Maupassant sont toutes construites d'une façon rigoureuse, en vue d'un effet spécifique à produire chez le lecteur. Cependant, l'écrivain **diversifie** ses sujets, n'hésitant pas à évoquer tous les milieux sociaux, y compris les plus marginaux. En cela, il reflète bien l'ambition du naturalisme, tel que Zola le définit.

TOP CHRONO
C'est l'interro !

EXERCICES *20 min*

1. ⋆ **Quelle est la décennie au cours de laquelle Maupassant écrit l'essentiel de son œuvre ?**

2. ⋆ **Quelle est la nouvelle qui rend Maupassant célèbre ?**

3. ⋆ **Quelles sont les deux influences principales de la nouvelle maupassantienne ?**

4. ⋆⋆ **Quels sont les milieux sociaux évoqués dans *La Maison Tellier, Une Partie de campagne, Le Crime au père Boniface, La Parure, Un Lâche* et *Le Gueux* ? Qu'en concluez-vous ?**

5. ⋆⋆⋆ **Lisez le texte suivant, tiré de la nouvelle *Une Partie de campagne*, puis indiquez en quoi l'aventure amoureuse entre les deux jeunes gens est évoquée à mots couverts :**

Une ivresse envahissait l'oiseau, et sa voix, s'accélérant peu à peu comme un incendie qui s'allume ou une passion qui grandit, semblait accompagner sous l'arbre un crépitement de baisers. Puis le délire de son gosier se déchaînait éperdument. Il avait des pâmoisons prolongées sur un trait, de grands spasmes mélodieux.

Quelquefois il se reposait un peu, filant seulement deux ou trois sons légers qu'il terminait soudain par une note suraiguë. Ou bien il partait d'une course affolée, avec des jaillissements de gamme, des frémissements, des saccades, comme un chant d'amour furieux, suivi par des cris de triomphe.

Mais il se tut, écoutant sous lui un gémissement tellement profond qu'on l'eût pris pour l'adieu d'une âme. Le bruit s'en prolongea quelques temps et s'acheva dans un sanglot.

Maupassant, *Une Partie de campagne*

8 LES CONNAISSANCES PROPRES AU RÉCIT (1) : LA DESCRIPTION ET LA NARRATION

Introduction

Pour analyser précisément et rigoureusement un récit, il est nécessaire de posséder un certain nombre de connaissances techniques. En effet, le récit, comme n'importe quel autre genre, repose sur certains procédés que les grands écrivains appliquent ou transforment d'une manière personnelle. Reconnaître ces techniques permet, quand on étudie un roman ou une nouvelle, de mettre à jour l'esthétique de l'écrivain, ses choix, la tradition dans laquelle il se situe ou au contraire à laquelle il s'oppose. Dans cette fiche sont détaillés les principaux procédés possibles pour donner des précisions sur les lieux, les personnages et les objets (c'est ce qu'on appelle la **description**), et pour raconter une histoire (c'est ce qu'on nomme la **narration**). Les exemples choisis seront tous tirés de récits réalistes et naturalistes, afin de parfaire les connaissances sur cet objet d'étude.

1. La description

a. La description du cadre spatio-temporel : **l'incipit** (c'est-à-dire le début) d'un récit est souvent constitué par des indications de temps et de lieu, qui ancrent l'histoire dans une certaine époque et dans un endroit précis. C'est ce qu'on appelle le **cadre spatio-temporel**. Par exemple, *Ferragus* (1835) de Balzac commence par une description de la ville de Paris à l'époque de la Restauration (ainsi appelle-t-on le retour à la monarchie, entre 1815 et 1830, après le Premier Empire). Le roman débute ainsi : « il est dans Paris certaines rues déshonorées autant que peut l'être un homme coupable d'infamie ; puis il existe des rues nobles, puis des rues simplement honnêtes, puis de jeunes rues sur la moralité desquelles le public ne s'est pas encore formé d'opinions ». Le but de la description du cadre spatio-temporel est la plupart du temps, notamment dans les romans réalistes et naturalistes du XIXe siècle, de créer un **effet de réel** : le lecteur a ainsi l'illusion de se trouver dans le monde réel. Il s'agit également, grâce à la description du cadre, de donner une idée au lecteur du milieu social évoqué : ainsi, *Le Père Goriot* (1835), du même Balzac, commence par une description précise du lieu principal dans lequel l'histoire se déroulera, la pension Vauquer : de cet endroit se dégage une impression de misère qui sera au centre de l'histoire racontée.

b. La description des personnages : après avoir décrit le cadre, le romancier présente bien souvent ceux qui seront les personnages principaux du roman. Il dresse alors un **portrait physique et moral** de ses héros. Ainsi, dans *Eugénie Grandet* (1833), assiste-t-on, après une présentation de la ville de Saumur, à une description détaillée de M. Grandet. Stendhal, lui, au début de son roman *Le*

Rouge et le Noir (1830), après avoir décrit la petite ville de Verrières, dresse un portrait du maire, M. de Rênal, puis du curé, et enfin du père Sorel et de son fils Julien, qui sera le protagoniste de l'histoire. Le portrait d'un personnage peut être **objectif** (neutre), **mélioratif** (positif) ou **dépréciatif** (négatif). Dans tous les cas, il rend présent le personnage, accentuant l'illusion référentielle, c'est-à-dire l'impression de se trouver face à un être existant réellement.

c. L'écriture d'une description dans un récit : lorsqu'on insère une description dans un récit, il y a des règles à respecter : tout d'abord, le temps employé est en général **l'imparfait**. Ce temps s'oppose au passé simple, qui sert à raconter les événements importants, de premier plan, ceux qui permettent à l'histoire d'avancer. L'imparfait, lui, indique plutôt tout ce qui est au second plan, tout ce qui sert de toile de fond à l'intrigue. Par ailleurs, l'enjeu d'une description étant de permettre au lecteur de s'imaginer précisément le cadre et les personnages, il convient d'utiliser beaucoup d'**adjectifs**, qui servent à qualifier les éléments, à donner des précisions.

2. La narration

a. Le schéma narratif (ou schéma quinaire) : un récit simple est en général organisé en cinq étapes. C'est ce qu'on appelle le **schéma narratif**. La première étape, qu'on nomme **la situation initiale**, présente le cadre spatio-temporel, les personnages, ainsi que leur situation de départ. À un moment donné, intervient un événement qui vient modifier cette situation initiale. C'est ce qu'on appelle **l'élément perturbateur**. Ensuite se succèdent différentes **péripéties**, c'est-à-dire une série d'actions, d'événements, de rebondissements qui font l'intérêt de l'intrigue. Toutes ces péripéties débouchent sur un **élément de résolution**, c'est-à-dire sur un événement qui met fin aux aventures du personnage principal. Cela provoque une **situation finale**, parfois heureuse, parfois tragique, en tout cas différente, la plupart du temps, de l'état initial. Par exemple, la nouvelle *Une Partie de campagne* de Maupassant (voir la fiche 7) suit le schéma suivant : dans l'incipit, le lecteur suit la famille Dufour, qui a quitté Paris le temps d'une journée pour aller déjeuner dans les environs, en pleine campagne (c'est la situation initiale). Lors du repas, les Dufour font la connaissance de deux jeunes canotiers, avec qui ils se lient rapidement (c'est l'élément perturbateur). Après le déjeuner, l'un des canotiers emmène Madame Dufour faire une balade en canot ; l'autre, Henri, part avec Henriette, la jeune fille du couple. Une chose en entraînant une autre, ils s'arrêtent à un endroit et, protégés par les arbres, ils vivent une brève aventure amoureuse, pendant que Madame Dufour semble faire de même avec le

second canotier (ce sont les péripéties). Deux mois après, Henri passe par hasard devant la quincaillerie des Dufour, entre et apprend qu'Henriette est mariée, ce qui constitue l'élément de résolution. Mais on apprend à la fin du texte qu'aucun des deux jeunes gens n'est satisfait de son sort : leur brève liaison les a davantage marqués qu'on ne semblait le croire (c'est la situation finale).

b. Retours en arrière et anticipations : même si le schéma narratif évoqué ci-dessus fonctionne pour de nombreux récits, il arrive fréquemment qu'il soit modifié, en particulier dans un roman : de par sa longueur, en effet, un roman possède souvent une structure non linéaire (contrairement au conte ou à la nouvelle), marquée par des **analepses** (des retours en arrière) et des **prolepses** (des anticipations). L'analepse est particulièrement utilisée dans les romans policiers, puisqu'on explique à la fin du récit ce qui s'est déroulé au début, à savoir le crime ou le vol qui a constitué l'énigme et qui a nécessité une enquête. L'usage de la prolepse est un peu plus rare, mais il intervient notamment quand le romancier indique le destin d'un personnage secondaire, que l'on quitte à un moment parce qu'il n'intervient plus dans l'intrigue principale.

c. Le rythme de la narration : lorsqu'un romancier raconte l'histoire, il ne met pas tous les événements sur le même plan : il s'attarde sur certains, qui lui semblent importants, et il passe plus rapidement sur d'autres, moins essentiels. Il faut à ce sujet distinguer le **temps de l'histoire**, c'est-à-dire la durée réelle des événements, et le **temps du récit**, à savoir le temps que le lecteur met à lire ce qui est raconté. Lorsque le temps de l'histoire est plus bref que le temps du récit, on parle de **pause** ; le narrateur s'attarde alors sur certains aspects, en les détaillant de façon précise, par des réflexions, de la description ou une décomposition minutieuse de chaque action. Quand le temps de l'histoire et celui du récit sont à peu près équivalents, il s'agit d'une **scène** ; c'est notamment le cas des moments où le romancier insère des dialogues. Lorsque le narrateur se contente de résumer certains événements, il fait ce qu'on appelle un **sommaire** ; le temps du récit est alors plus court que le temps de l'histoire. Enfin, il arrive que certains événements soient passés sous silence, parce qu'ils n'ont pas d'importance ou au contraire parce qu'on veut instaurer du suspense ; dans ce cas on parle d'**ellipse**.

Conclusion

Le romancier dispose donc de toute une série de techniques pour insérer des descriptions et pour raconter son histoire. C'est à partir de tous ces procédés, en les développant à sa façon, qu'il parvient à élaborer son œuvre.

TOP CHRONO
C'est l'interro !

EXERCICES *20 min*

1. ⋆ **Quelle différence faites-vous entre décrire et raconter ?**

2. ⋆ **Comment appelle-t-on le début d'un récit ?**

3. ⋆ **Qu'appelle-t-on le cadre spatio-temporel ?**

4. ⋆ **Qu'est-ce qu'un portrait mélioratif ? Un portrait dépréciatif ?**

5. ⋆ **Quel temps verbal et quelle nature de mot emploie-t-on particulièrement pour faire une description dans un récit ?**

6. ⋆ **Qu'est-ce que le schéma narratif ?**

7. ⋆ **Qu'est-ce qu'une prolepse ? Une analepse ?**

8. ⋆⋆ **Lisez le texte suivant, puis repérez une ellipse et un sommaire :**

On déclara qu'il était temps de s'en aller, et chacun gagna son lit.

On se leva encore d'assez bonne heure le lendemain avec un espoir indéterminé, un désir plus grand de s'en aller, une terreur du jour à passer dans cette horrible petite auberge.

Hélas ! les chevaux restaient à l'écurie, le cocher demeurait invisible. On alla, par désœuvrement, tourner autour de la voiture. Le déjeuner fut bien triste.

Guy de Maupassant, *Boule de Suif*, 1880.

9 LES CONNAISSANCES PROPRES AU RÉCIT (2) : NARRATEUR ET PERSONNAGES

Introduction

Pour créer un roman, il convient de maîtriser les techniques de la description et de la narration (voir la fiche précédente), mais il faut également choisir qui va être le narrateur, selon quel point de vue il va raconter l'histoire et comment vont être insérées les paroles des personnages.

1. Le narrateur

a. La différence entre l'auteur et le narrateur : il ne faut pas confondre **l'auteur**, c'est-à-dire la personne réelle qui écrit le livre, et le **narrateur**, qui est la voix fictive qui raconte l'histoire. Les seuls cas où on peut assimiler le narrateur et l'auteur sont ceux de l'autobiographie, du journal intime et des mémoires. Il y a alors ce que le critique Philippe Lejeune appelle un « pacte autobiographique », c'est-à-dire une convention établie entre l'auteur et son lecteur, par laquelle il affirme qu'il va raconter sa propre vie et non faire intervenir un narrateur fictif. Dans un roman, au contraire, le narrateur ne doit pas être confondu avec l'auteur. Par exemple, l'auteur de *Voyage au bout de la nuit* (1932) est Louis-Ferdinand Céline, mais le narrateur de l'histoire, qui est aussi le protagoniste, se nomme Bardamu.

b. Le statut du narrateur : dans la nouvelle *Le Horla* (1887) de Maupassant, le narrateur, dont on ne connaît pas le nom, est le personnage principal de l'histoire ; il raconte au jour le jour des événements auxquels il participe, en utilisant la première personne du singulier ; on parle alors de narrateur **homo-diégétique**. En revanche, lorsque le récit est mené à la troisième personne du singulier, comme c'est le cas de la plupart des romans réalistes et naturalistes du XIXe siècle (*Eugénie Grandet* de Balzac, par exemple, récit publié en 1833, ou encore *L'Éducation sentimentale* de Flaubert, 1869), le narrateur est dit **hétéro-diégétique :** il ne fait pas partie de l'histoire, il est extérieur à celle-ci. La première personne du singulier est donc exclue, dans ce deuxième cas.

2. Le point de vue (ou focalisation)

Ce qu'on appelle le point de vue ou la focalisation est la position du narrateur par rapport à ce qu'il raconte. Il ne faut pas confondre le point de vue et le statut du narrateur (voir ci-dessus), celui qui raconte n'étant pas obligatoirement celui qui **voit** la scène. On distingue trois principaux points de vue :

a. Le point de vue omniscient (du latin omnis, « tout », et scio, « savoir ») : l'histoire est alors racontée par un narrateur qui sait tout de l'action, qui voit tout, qui

peut dire le passé et l'avenir des personnages, qui peut connaître leurs pensées. Le point de vue omniscient est celui qui est le plus souvent utilisé par Balzac dans ses romans : *La Peau de Chagrin*, 1831 ; *La Duchesse de Langeais*, 1834 ; *La Fille aux yeux d'or*, 1835. Au début du *Père Goriot* (1835), quand il décrit la pension Vauquer, le narrateur semble tout savoir de ce lieu, son passé, les personnages qui le peuplent et même la provenance du mobilier.

b. Le point de vue externe : lorsque le narrateur n'est pas en mesure de tout connaître, lorsqu'il n'entre pas dans la conscience des personnages, lorsqu'il se contente de présenter ce qu'il voit et ce qu'il entend, le point de vue est **externe**. Zola, par exemple, n'hésite pas à l'utiliser, notamment dans les premières pages de *La Fortune des Rougon* (1871) : « un dimanche soir, vers sept heures, un jeune homme sortit doucement de l'impasse Saint-Mittre et, rasant les murs, s'engagea parmi les poutres du chantier. On était dans les premiers jours de décembre 1851. Il faisait un froid sec. La lune, pleine en ce moment, avait ces clartés aiguës particulières aux lunes d'hiver. Le chantier, cette nuit-là, ne se creusait pas sinistrement comme par les nuits pluvieuses ; éclairé de larges nappes de lumière blanche, il s'étendait, dans le silence et l'immobilité du froid, avec une mélancolie douce. Le jeune homme s'arrêta quelques secondes sur le bord du champ, regardant devant lui d'un air de défiance. »

c. Le point de vue interne : quand le narrateur adopte le point de vue d'un personnage ou est lui-même un personnage de l'histoire, lorsque le lecteur ne comprend de l'intrigue que ce que ce personnage sait ou perçoit, le point de vue est **interne**. C'est par exemple le choix que fait Stendhal dans *La Chartreuse de Parme* notamment au moment où le héros participe à la bataille de Waterloo : tout est alors perçu à travers son regard à la fois horrifié, émerveillé et naïf.

3. Les discours rapportés

Un roman rapporte certes des événements, mais aussi des paroles et des pensées. Un écrivain dispose de plusieurs procédés pour retranscrire ce que disent ou pensent les personnages. C'est ce qu'on appelle les **discours rapportés**.

a. Le discours direct : ce type de discours rapporté sépare clairement les paroles et la narration, puisqu'il s'agit de transcrire directement ce qui a été prononcé par le personnage, sans aucune transformation. Par exemple, *La Parure* de Maupassant (1885) se termine par la révélation suivante, au sujet du collier prêté à l'héroïne, Mathilde Loisel : « Mme Forestier, fort émue, lui prit les deux mains.

« Oh ! ma pauvre Mathilde ! Mais la mienne était fausse. Elle valait au plus cinq cents francs ! »

b. Le discours indirect : il intègre les paroles à la narration, au moyen de propositions subordonnées. Si on reprend l'exemple de *La Parure* cité ci-dessus, la transformation au discours indirect peut donner la phrase suivante : « Mme Forestier, fort émue, lui prit les deux mains et s'exclama que la sienne était fausse et qu'elle valait au plus cinq cents francs ». Lorsqu'on passe du discours direct au discours indirect, on est souvent amené à effectuer des changements, notamment concernant les temps verbaux et les pronoms utilisés.

c. Le discours indirect libre : il est plus difficile à déceler, car les paroles sont prises en charge par le narrateur qui adopte le ton du personnage. Il y a alors une hésitation entre la voix du narrateur et celle du personnage. Voici ce que cela donne avec la réplique précédemment citée : « Mme Forestier, fort émue, lui prit les deux mains. Oh ! La pauvre Mathilde ! La sienne était fausse. Elle valait au plus cinq cents francs ! ». Le discours indirect libre reprend les modifications de temps et de personnes du discours indirect, mais il rapporte les paroles prononcées sans indiquer le changement de situation d'énonciation.

d. Le discours narrativisé : il consiste à résumer, au sein de la narration, le contenu principal des paroles, ce qui pourrait donner l'énoncé suivant, si on reprend l'exemple de *La Parure* de Maupassant : « Mme Forestier, fort émue, lui prit les deux mains et lui révéla la fausseté de sa parure et son prix dérisoire ». On utilise le discours narrativisé quand on estime que le contenu exact des paroles n'a pas d'importance et qu'on veut simplement résumer l'information essentielle contenue dans celles-ci.

Conclusion

Il existe ainsi des procédés très variés pour retranscrire la position du narrateur et les paroles des personnages. L'art du roman n'est certes pas seulement une histoire de technique, mais on ne peut oublier qu'un artiste est aussi un artisan, quelqu'un qui sait se servir de matériaux qui lui préexistent. Comme l'écrivait Jean de La Bruyère au XVIIe siècle, « c'est un métier que de faire un livre, comme de faire une pendule : il faut plus que de l'esprit pour être auteur » (extrait de son ouvrage *Les Caractères*, 1688). En effet, il faut également des techniques précises.

TOP CHRONO
C'est l'interro !

EXERCICES *20 min*

1. ⋆ **Quels sont les trois points de vue possibles dans un récit ?**

2. ⋆⋆ **Lisez le texte suivant, puis transposez les paroles des personnages au discours indirect, au discours indirect libre et enfin au discours narrativisé.**

Il tressaillit quand une voix douce dit tout près de l'oreille :

– Que voulez-vous ici, mon enfant ?

Julien se tourna vivement, et, frappé du regard si rempli de grâce de madame de Rênal, il oublia une partie de sa timidité. Bientôt, étonné de sa beauté, il oublia tout, même ce qu'il venait faire. Madame de Rênal avait répété sa question.

– Je viens pour être précepteur, madame, lui dit-il enfin, tout honteux de ses larmes qu'il essuyait de son mieux. Stendhal, *Le Rouge et le Noir.*

3. ⋆⋆⋆ **Quel est le statut du narrateur dans le texte suivant ? Quel est le point de vue adopté ? Quel est l'intérêt du choix de ce point de vue ?**

Dans le chapitre 3 de La Chartreuse de Parme *de Stendhal, le protagoniste, Fabrice del Dongo, participe à la fameuse bataille de Waterloo, qui s'achève sur la défaite de l'armée napoléonienne.*

Tout à coup on partit au grand galop. Quelques instants après, Fabrice vit, à vingt pas en avant, une terre labourée qui était remuée d'une façon singulière. Le fond des sillons était plein d'eau, et la terre fort humide, qui formait la crête de ces sillons, volait en petits fragments noirs lancés à trois ou quatre pieds de haut. Fabrice remarqua en passant cet effet singulier ; puis sa pensée se remit à songer à la gloire du maréchal. [...] À ce moment, l'escorte allait ventre à terre, et notre héros comprit que c'était des boulets qui faisaient voler la terre de toutes parts. Stendhal, *La Chartreuse de Parme.*

chapitre 2

La poésie du XIXe au XXe siècle : du romantisme au surréalisme

10 DÉFINITION DE LA POÉSIE

Introduction

Qu'est-ce que la poésie ? Comme l'écrit Paul Valéry, un poète du XXe siècle, « certains se font de la poésie une idée si vague qu'ils prennent ce vague pour l'idée même de la poésie ». Avant de commencer l'étude des mouvements poétiques au programme en seconde, il convient de savoir exactement de quoi on parle. Le mot « poésie » vient du verbe grec *poiein* (ποιειν) qui signifie « **créer**, fabriquer ». Cette étymologie indique clairement que la poésie est un art, au même titre que la peinture, la musique, la sculpture ou la danse, c'est-à-dire une **création** originale à partir d'un matériau précis, en l'occurrence les mots. Mais comment définir exactement la poésie ? Spontanément, la réponse pourrait sembler évidente : en effet, on a souvent tendance à dire qu'un poème est un texte écrit en **vers** et possédant des **rimes**. C'est d'ailleurs ainsi que la poésie a été perçue, pendant très longtemps, jusqu'au milieu du XIXe siècle : on a pris l'habitude d'associer poésie et vers. Tout ce qui était écrit en vers était considéré comme de la poésie, tout ce qui était écrit en prose était considéré comme de la non-poésie. Cependant, cette définition se heurte à deux problèmes majeurs : d'une part, certains textes en vers n'appartiennent pas au genre poétique, d'autre part, certains poèmes ne sont pas écrits en vers. Après avoir détaillé ces deux éléments, nous essaierons dans un troisième temps de donner une définition de la poésie qui rende mieux compte de la spécificité de ce genre.

1. Certains textes en vers n'appartiennent pas au genre poétique

a. Certains récits sont écrits en vers : les épopées antiques, comme *L'Iliade* et *L'Odyssée* d'Homère (VIIIe siècle avant Jésus-Christ), ont été écrites en vers, de façon à en faciliter la récitation, la littérature se diffusant dans l'Antiquité davantage à l'oral qu'à l'écrit. En effet, il est plus facile d'apprendre par cœur un texte en vers qu'un texte en prose, car le rythme créé par l'usage du vers est un point d'appui pour la mémoire. Il en est de même pour les premiers récits écrits en français, au Moyen Âge, à savoir les chansons de geste, comme *La Chanson de Roland* (début du XIIe siècle), qui raconte les exploits d'un chevalier, Roland, au service du roi Charlemagne ; les chansons de gestes étaient écrites en décasyllabes assonancés. Les premiers romans, écrits dans la deuxième moitié du XIIe siècle, comme *Tristan et Iseult* (de Béroul et Thomas) ou *Yvain ou le chevalier au lion* (de Chrétien de Troyes), étaient quant à eux composés en octosyllabes. Comme dans l'Antiquité, l'usage du vers permettait au Moyen Âge de réciter plus facilement ces textes, qui étaient surtout connus par tradition orale, peu de gens sachant lire et écrire.

b. Certaines pièces de théâtre sont écrites en vers : dès son origine, en Grèce, au VIe siècle avant Jésus-Christ, la tragédie est versifiée. C'est le cas des pièces des trois grands tragiques grecs (Eschyle, Sophocle et Euripide), puis, bien plus tard, au XVIIe siècle, des tragédies classiques de Corneille et de Racine. Molière, lui aussi, choisit le vers, dans certaines de ses comédies les plus sérieuses et les plus ambitieuses, notamment dans *Le Tartuffe* (1664), *Le Misanthrope* (1666) et *Les Femmes savantes* (1672). Au XIXe siècle, les drames romantiques de Hugo (*Hernani* en 1830, *Ruy Blas* en 1838) sont écrits en alexandrins. Dans tous ces cas, l'usage du vers sert à donner davantage de solennité à la pièce, à instaurer une ambiance de grandeur et de gravité.

On ne peut donc confondre totalement poésie et vers, puisque le vers est utilisé également dans d'autres genres, notamment dans des récits et des pièces de théâtre.

2. Certains poèmes ne sont pas en vers

a. Le poème en prose : il s'agit d'un texte dont le caractère poétique n'est pas lié à l'usage du vers ou des rimes, mais à la présence de figures de style et de jeux sur les sonorités. On doit l'invention de ce genre poétique à Aloysius Bertrand, avec son recueil *Gaspard de la nuit* (1842). Pour la première fois, la poésie est déconnectée de l'usage du vers. Par la suite, beaucoup de grands poètes utiliseront la forme du poème en prose, plus libre, plus souple que la poésie en vers. On peut citer notamment *Le Spleen de Paris* de Baudelaire (posthume, 1869) et les *Illuminations* de Rimbaud (1886). Pour ces écrivains, l'usage du poème en prose est lié à une volonté de renouvellement et de rupture vis-à-vis de la poésie traditionnelle reposant sur des règles strictes. Ainsi Baudelaire écrit-il au sujet du poème en prose, dans une lettre à Arsène Houssaye : « Quel est celui d'entre nous qui n'a pas, dans ses jours d'ambition, rêvé le miracle d'une prose poétique, musicale et sans rythme, assez souple et assez heurtée pour s'adapter aux mouvements lyriques de l'âme, aux ondulations de la rêverie, aux soubresauts de la conscience ? »

b. Le calligramme : au début du XXe siècle, Guillaume Apollinaire, voulant rapprocher la poésie de l'art pictural, alors que jusqu'alors c'était plutôt à la musique qu'on comparait la poésie, invente dans son recueil *Calligrammes* (1918) une nouvelle forme poétique, centrée sur une disposition typographique originale des mots : en effet, un calligramme est une sorte de poème en forme de dessin, dont les mots et les lettres miment, par la façon dont ils sont disposés sur la page, le thème général du texte. Par exemple, dans le texte d'Apollinaire intitulé « La Colombe poignardée

et le jet d'eau », les mots forment deux dessins : un oiseau aux ailes déployées et, en dessous, un jet d'eau qui jaillit d'un bassin. Les calligrammes ne sont pas écrits en vers, puisque la mise en page dessine ce dont le poète parle.

3. Définition de la poésie

a. L'impossibilité de confondre totalement poésie et vers : Dès lors qu'il existe des textes en vers n'appartenant pas au genre poétique et des textes poétiques qui ne sont pas écrits en vers, on ne peut plus confondre totalement poésie et vers. Il convient donc de trouver une autre définition de la poésie.

b. Une définition plus précise de la poésie : lorsqu'on écrit un poème, le but premier est de parvenir à un texte bien écrit, beau à entendre ou à voir. On peut donc définir la poésie ainsi : il s'agit d'un texte assez **court** ayant avant tout **un but esthétique**. Pour cela, le langage est utilisé d'une manière particulière, différente. On peut alors dire que la poésie repose sur un écart par rapport à l'usage quotidien. C'est un genre où on s'intéresse beaucoup plus à la façon de dire les choses qu'aux choses elles-mêmes. C'est pour cela qu'on trouve beaucoup de figures de style en poésie (des comparaisons, des métaphores, des oxymores, des antithèses, des hyperboles, des chiasmes, etc.), des jeux sur les mots ou sur les sons (des assonances et des allitérations). C'est pour cela aussi qu'un texte poétique est souvent écrit en vers, malgré tout : en effet, le vers est un écart par rapport à la manière habituelle, normale de s'exprimer. La poésie se définit ainsi par le plaisir qu'on peut avoir à jouer avec les mots, avec la langue. Dans son essai *Qu'est-ce que la littérature* (1947), Jean-Paul Sartre définit l'attitude poétique de la manière suivante : « Les poètes sont des hommes qui refusent d'utiliser le langage. [...] Le poète s'est retiré d'un coup du langage-instrument ; il a choisi une fois pour toutes l'attitude poétique qui considère les mots comme des choses et non comme des signes ». Le poète est ainsi celui qui refuse l'usage ordinaire des mots : ceux-ci ne servent pas, pour le poète, uniquement à communiquer des informations. Ils sont des matériaux à partir desquels on peut créer une œuvre d'art.

Conclusion

Ainsi, on ne peut pas confondre totalement poésie et vers, même si la plupart des poèmes sont écrits en vers. La poésie est davantage une manière particulière de voir le monde et de l'exprimer, grâce à une utilisation des mots différente du langage ordinaire.

TOP CHRONO
C'est l'interro !

EXERCICES

15 min

1. ⋆ **Les poèmes sont-ils forcément écrits en vers ? Donnez deux exemples de types de poèmes pour justifier votre réponse.**

2. ⋆ **Indiquez deux genres littéraires qui peuvent être écrits en vers sans pour autant appartenir au genre poétique.**

3. ⋆⋆ **Pourquoi ne peut-on pas définir la poésie comme étant l'ensemble des textes écrits en vers ?**

4. ⋆⋆⋆ **Expliquez le sens de cette phrase de Jean-Paul Sartre, tirée de son essai *Qu'est-ce que la littérature* ? (1947).**

   Les poètes sont des hommes qui refusent d'utiliser le langage. […] Le poète s'est retiré d'un coup du langage-instrument ; il a choisi une fois pour toutes l'attitude poétique qui considère les mots comme des choses et non comme des signes.

11 LA POÉSIE ROMANTIQUE

Introduction

Le romantisme est un mouvement littéraire et artistique européen né à la fin du XVIIIe siècle. Par opposition au classicisme, qui privilégiait la **raison**, le romantisme exalte la **sensibilité**. D'une manière générale, on peut le définir comme un mouvement refusant les dogmes classiques, prônant la liberté en art et exprimant avec exaltation des sentiments personnels. Les précurseurs de ce mouvement sont Jean-Jacques Rousseau en France et Johann Wolfgang von Goethe en Allemagne : le premier, dans *Les Rêveries du promeneur solitaire* (ouvrage rédigé entre 1776 et 1778, mais publié de manière posthume en 1782), met en valeur l'expression du moi et des sentiments personnels à travers ce qu'on peut appeler une prose poétique ; le second présente, dans son roman épistolaire *Les Souffrances du jeune Werther* (1774), un héros passionné se suicidant par amour. Ces deux œuvres fondamentales ont une grande influence sur les écrivains et les artistes du début du XIXe siècle. Le mouvement romantique s'exprime alors dans différents domaines, en particulier dans le roman, le théâtre, la poésie, la peinture et la musique. Cependant, cette fiche n'a pas pour ambition de rendre compte du romantisme dans son ensemble. Plus modestement, il s'agira, conformément à l'objet d'étude au programme en seconde (la poésie du XIXe au XXe siècle : du romantisme au surréalisme), d'étudier spécifiquement le romantisme tel qu'il s'exprime dans la poésie française entre 1820 et 1850. Trois éléments principaux caractérisent la poésie romantique : la **liberté** en matière d'art, l'expression exaltée de **sentiments** personnels (c'est ce qu'on appelle le lyrisme) et le caractère **engagé** de certains poèmes.

1. Une revendication de liberté artistique

a. Une nouvelle ère poétique : En 1820, Les *Méditations poétiques* de Lamartine paraissent : le succès, qui est spectaculaire et immédiat, marque symboliquement le début d'une nouvelle ère poétique ; en 1822, Hugo et Vigny publient à leur tour leur premier recueil poétique, suivis par Sainte-Beuve et Musset. Tous ces recueils revendiquent une certaine liberté par rapport aux présupposés du classicisme, à la fois dans les **thèmes** abordés et dans la **forme** des textes.

b. Une liberté de contenu : les poètes romantiques ne s'interdisent **aucun sujet**. Leurs poèmes évoquent volontiers des thèmes personnels, issus de leurs expériences, de leur vécu, alors que le mouvement classique rejetait tout ce qui était de l'ordre de l'intime ; « le Moi est haïssable », écrivait même Pascal dans ses *Pensées* (posthume, 1670). Au contraire, les poètes romantiques se servent souvent d'éléments personnels dans leurs textes. Par ailleurs, ils n'hésitent pas non plus à parler de la société de leur époque et du rôle qu'ils y jouent en tant

que poètes, contrairement au mouvement classique, qui préférait, dans une perspective moraliste, « peindre les hommes en général » (l'expression est de La Bruyère), c'est-à-dire évoquer des éléments universels et intemporels au sujet des êtres humains.

c. Une liberté formelle : certains poètes romantiques revendiquent également une liberté par rapport aux règles de versification imposées par le classicisme. Chez Musset, Hugo ou Vigny, les règles de versification sont souvent **assouplies** en fonction de l'émotion qu'ils souhaitent transmettre au lecteur. Ils veulent donner plus de liberté à la création poétique, en prônant par exemple l'enjambement, l'atténuation de la césure médiane de l'alexandrin ou encore la souplesse dans le choix des rimes (voir la fiche 16). C'est également à cette période que naît le genre du poème en prose, inventé par Aloysius Bertrand (avec son recueil *Gaspard de la nuit*, 1842), dans lequel les contraintes formelles disparaissent. Les poètes romantiques revendiquent enfin davantage de liberté dans le choix des mots, en refusant de n'employer que des termes nobles. Hugo écrit à ce sujet :

> *« Je fis souffler un vent révolutionnaire.*
> *Je mis un bonnet rouge au vieux dictionnaire.*
> *Plus de mot sénateur ! Plus de mot roturier ! »*
>
> Hugo, « réponse à un acte d'accusation », dans *Les Contemplations*, 1856.

2. Le lyrisme

Si les poètes romantiques revendiquent une certaine liberté en matière artistique, c'est pour pouvoir évoquer des thèmes personnels avec davantage de sincérité, sans être limités par des contraintes formelles trop étroites. Le lyrisme romantique s'exprime principalement dans trois thèmes : l'amour, la fuite du temps et le refuge dans la nature.

a. L'amour : c'est sans aucun doute le thème le plus fréquemment abordé dans la poésie romantique. Les poètes s'inspirent de leur **vécu**, d'**histoires amoureuses** les ayant marqués, pour exalter la passion, mais aussi pour montrer la souffrance qu'elle peut procurer. Par exemple, dans les *Nuits* (un ensemble de quatre poèmes publiés de 1835 à 1837), Alfred de Musset s'inspire de sa liaison passionnée et douloureuse avec George Sand. Dans « Elle était déchaussée » et « Vieille Chanson du jeune temps » (deux poèmes extraits du recueil *Les Contemplations*, 1856), Hugo se souvient avec attendrissement et nostalgie de ses amours de jeunesse.

b. La fuite du temps : dans son poème « Le Lac » (*Méditations poétiques*, 1820), Lamartine se lamente sur le passage du temps (« Ô Temps ! suspends ton vol »),

et se retourne avec nostalgie sur son passé, au moment où il était heureux en compagnie de la femme qu'il aimait, Julie Charles. Le **passage du temps** est souvent perçu comme un élément **destructeur** chez les poètes romantiques.

c. Le refuge dans la nature : si le poète romantique évoque souvent la nature d'une manière positive, c'est qu'il s'agit d'un espace à l'écart du monde, dans lequel il peut se retrouver et s'abandonner à la rêverie. Dans son célèbre poème « Demain, dès l'aube » (*Les Contemplations*, 1856), Victor Hugo évoque beaucoup la nature (« j'irai par la forêt, j'irai par la montagne ») : celle-ci est perçue comme un endroit propice à l'expression du deuil : en effet, c'est pour rendre hommage à sa fille Léopoldine, morte accidentellement, qu'il écrit ce poème. La nature semble être **source d'apaisement** et de recueillement pour le poète.

3. L'engagement

Si les poètes romantiques mettent en valeur l'expression personnelle de sentiments, ils ne laissent pas pour autant le monde qui les entoure de côté.

a. Le poète mage : selon certains romantiques, le poète a un rôle de mage, de prophète, dans la mesure où il est là pour **éclairer** les hommes, pour interpréter les lois profondes de l'univers. Par exemple, Hugo, dans son poème « La Fonction du poète » (issu du recueil *Les Rayons et les ombres*, 1840), définit le poète comme un véritable guide spirituel « qui vient préparer des jours meilleurs », comme « l'homme des utopies », celui qui a « le front éclairé ».

b. La poésie comme arme pour critiquer la société : Alphonse de Lamartine et Victor Hugo dénoncent la peine de mort et s'engagent en **politique**. Lors de la proclamation de la Seconde République, en 1848, ils sont d'ailleurs tous deux élus députés. Lamartine se présente même à l'élection présidentielle, en décembre de la même année (il est alors largement battu par Louis-Napoléon Bonaparte). Cet **engagement** politique se retrouve dans certains poèmes : Hugo, en particulier, utilise la poésie comme une arme pour critiquer violemment le Second Empire, mis en place par Louis-Napoléon Bonaparte après son coup d'État du 2 décembre 1851 : dans son recueil intitulé les *Châtiments* (1853), composé alors qu'il est en exil, Hugo discrédite le régime autoritaire de celui qu'il appelle péjorativement « Napoléon le petit ». Par exemple, dans le poème « Souvenir de la nuit du 4 », Hugo évoque la mort d'un enfant, tué par l'armée, pris dans une fusillade alors qu'il jouait dans la rue. Dans la dernière strophe du texte, le poète accuse Napoléon III d'être le véritable responsable de ce crime odieux, à cause du régime qu'il a mis en place.

TOP CHRONO
C'est l'interro !

EXERCICES *15 min*

1. ⋆ **Reliez chaque écrivain au recueil de poésies dont il est l'auteur :**

Victor Hugo •	• *Méditations poétiques*
Alphonse de Lamartine •	• *Nuits*
Alfred de Musset •	• *Gaspard de la nuit*
Aloysius Bertrand •	• *Les Contemplations*

2. ⋆ **Quels sont les deux principaux écrivains du XVIIIe siècle qui ont beaucoup influencé les artistes romantiques ? Avec quelles œuvres ?**

....

....

3. ⋆ **Quelle est la période la plus féconde de la poésie romantique ?**

....

4. ⋆⋆ **Quels sont les trois principaux aspects de la poésie romantique ?**

....

5. ⋆⋆⋆ **Lisez l'extrait ci-dessous, puis indiquez en quoi il s'agit d'un poème romantique.**

Elle était déchaussée, elle était décoiffée,
Assise, les pieds nus, parmi les joncs penchants ;
Moi qui passais par là, je crus voir une fée,
Et je lui dis : Veux-tu t'en venir dans les champs ?

Victor Hugo, « Elle était déchaussée », *Les Contemplations*, 1856.

....

....

....

....

....

12 LA POÉSIE PARNASSIENNE

Introduction

Le romantisme, qui triomphe dans la première partie du XIXe siècle, subit un coup d'arrêt brutal à partir de 1851, en lien direct avec le contexte historique : en effet, le coup d'État de Louis-Napoléon Bonaparte, le 2 décembre 1851, donne naissance au Second Empire et met fin aux espoirs suscités par la Seconde République, instaurée en 1848. Après l'échec de la Révolution de 1848 vient donc le temps des illusions perdues ; à l'énergie de la révolte succède le désengagement. Malgré de notables exceptions (Hugo et Lamartine continuent leur « mission » en prônant l'idée que le poète doit être un guide spirituel pour l'humanité), l'heure n'est plus à l'action politique mais plutôt aux tentations de la forme et de l'absolu, à un retrait à l'intérieur de l'art dont seule la souveraineté est reconnue. Le romantisme engagé laisse alors la place au Parnasse, mouvement centré sur une recherche de la **perfection formelle** et sur l'idée que la création poétique est le résultat d'un long et patient **travail sur les mots**.

1. Historique de la constitution du mouvement parnassien

a. Les origines du mouvement parnassien : si le Parnasse triomphe à partir de 1850 environ, ses origines remontent un peu plus loin : en effet, dès les années 1830, certains poètes prennent leurs distances par rapport au romantisme. C'est le cas, notamment, de Théophile Gautier : dès 1835, Gautier rédige une préface retentissante à son roman *Mademoiselle de Maupin*. Dans celle-ci, il écrit par exemple ces deux phrases provocatrices : « il n'y a de vraiment beau que ce qui ne peut servir à rien. Tout ce qui est utile est laid ». Pour lui, l'art doit être déconnecté d'une utilité immédiate, il doit avant tout rechercher la beauté formelle. Il s'agit ici d'une critique de la théorie romantique du poète mage censé éclairer les autres hommes en interprétant les lois profondes du monde.

b. La grande période du mouvement parnassien : ce mouvement poétique qui recherche avant tout la perfection formelle connaît sa période la plus faste **entre 1850 et 1880** environ. Une revue littéraire intitulée *Le Parnasse contemporain* voit le jour en 1866. Le choix du mot « Parnasse » pour désigner cette sacralisation de l'art pour lui-même s'explique par référence à l'Antiquité grecque : en effet, le mont Parnasse était, dans la mythologie grecque, la résidence d'Apollon et des neuf muses, et donc le lieu sacré des poètes.

c. Les principaux poètes parnassiens : **Théophile Gautier** (1811-1872) peut être considéré comme l'initiateur du mouvement parnassien. Pourtant, il est au départ

proche du mouvement romantique : il est notamment très actif au moment de ce qu'on a appelé la « bataille d'Hernani », véritable empoignade verbale et physique mettant aux prises les romantiques et les partisans de la tradition, lors de la première représentation du drame romantique de Victor Hugo, *Hernani*, en 1830. Mais il prend peu à peu ses distances avec le lyrisme et l'engagement propres au romantisme et développe une conception de l'écriture centrée sur le culte de l'art pour lui-même. C'est ce qu'on a appelé « **l'art pour l'art** », théorie dont il fixe les principes dans sa préface de *Mademoiselle de Maupin* (1835) et qui est illustrée par son principal recueil poétique, *Émaux et camées* (1852). **Leconte de Lisle** (1818-1894), lui, est considéré en son temps comme le maître des poètes parnassiens. Déçu par l'échec de la Révolution de 1848, il se consacre alors à la poésie comme à une divinité exigeante. Son principal recueil se nomme les *Poèmes barbares* (1862). Citons également, comme autres représentants du mouvement parnassien, **José Maria de Heredia** (1842-1905), qui collabore à la revue *Le Parnasse contemporain* et publie en 1893 son unique recueil, *Les Trophées*, **Théodore de Banville** (1823-1891), **François Coppée** (1842-1908) ou encore **Sully Prudhomme** (1839-1907).

2. Les principes de la poésie parnassienne

a. Le refus du romantisme : ce que les poètes parnassiens refusent avant tout, c'est l'expression personnelle propre au romantisme : en effet, les poètes romantiques, qu'ils expriment avec lyrisme des émotions, ou qu'ils donnent à l'artiste une mission particulière, celle de guide spirituel, utilisent très souvent leurs propres expériences dans leurs textes. Contre les épanchements des romantiques et leur utilisation récurrente et surabondante du moi, les parnassiens préfèrent favoriser la distance et **l'impersonnalité**. D'une manière révélatrice, dans les poèmes parnassiens, on trouve très peu de pronoms de la première personne du singulier (même s'il ne faut pas toujours confondre le « je » poétique et le « je » autobiographique). Les textes sont souvent purement descriptifs et remplis de références à l'Antiquité gréco-latine : par exemple, le poème intitulé « L'Oubli » (extrait du recueil *Les Trophées*, 1893), composé par Heredia, commence par les alexandrins suivants :

« Le temple est en ruine au haut du promontoire.
Et la Mort a mêlé, dans ce fauve terrain,
Les Déesses de marbre et les Héros d'airain
Dont l'herbe solitaire ensevelit la gloire. »

b. L'art pour l'art : si les parnassiens rejettent le romantisme, c'est que, pour eux, l'écriture doit avant tout être une recherche de la beauté, à l'exclusion de toute autre préoccupation. Comme l'écrit Baudelaire (dont certains poèmes, comme celui intitulé « La Beauté », se rapprochent de l'esthétique parnassienne), « la poésie [...] n'a pas d'autre but qu'elle-même » (*Notes nouvelles sur Edgar Allan Poe*, 1857). Pour les poètes parnassiens, l'art doit être cultivé pour lui-même, sans autre souci que de parvenir à une perfection formelle. Un poème réussi est avant tout le résultat d'une **prouesse technique**.

c. Le culte du travail : pour parvenir à la perfection formelle, le parnassien insiste sur la notion de travail sur les mots : le vocabulaire est souvent très recherché et volontiers exotique ; le titre du recueil de Gautier, *Émaux et camées*, est à lui seul révélateur de ce travail sur le vocabulaire : en effet, l'écrivain choisit volontairement deux mots relativement peu employés d'habitude, et encore moins au pluriel. Les références culturelles, notamment celles tournant autour de l'Antiquité gréco-latine, sont omniprésentes. Les effets de rythme sont finement étudiés, tout comme les rimes, souvent riches. Le poète parnassien se perçoit comme un **artisan du vers**, d'où les fréquentes analogies entre son travail et celui d'un sculpteur. Théophile Gautier termine ainsi son poème « L'Art » (dernier texte du recueil *Émaux et Camées*) :

« Sculpte, lime, cisèle ;
Que ton rêve flottant
Se scelle
Dans le bloc résistant ! »

Ce poème, qui est souvent considéré comme un manifeste de l'école parnassienne, repose sur l'idée que la création poétique vient d'un lent et minutieux travail, devant aboutir à une sorte de beauté plastique, à une forme pure, à un texte marqué par une certaine solidité, comme le montre le champ lexical de la sculpture : « sculpte », « lime », « cisèle », « scelle », « bloc ». On est ici aux antipodes de l'expression sincère et exaltée de sentiments personnels.

Conclusion

Le Parnasse est ainsi une quête de la perfection formelle, comparable à celle, à la même époque, de Flaubert en ce qui concerne le roman. Mais le mouvement parnassien a de ce fait quelque chose de froid et, pour certains, de vain. C'est la raison pour laquelle beaucoup de poètes, à la fin du siècle, tournent le dos au Parnasse pour explorer d'autres voies. Ce sont notamment ceux qu'on regroupe sous l'appellation des poètes symbolistes (voir la fiche suivante).

TOP CHRONO
C'est l'interro !

EXERCICES *20 min*

1. ⋆ **À quel mouvement poétique le Parnasse s'oppose-t-il ?**

2. ⋆ **Citez les principaux poètes parnassiens.**

3. ⋆ **Quelle est la grande période du mouvement parnassien ?**

4. ⋆⋆ **Quelles sont les principales caractéristiques de la poésie parnassienne ?**

5. ⋆⋆⋆ **Lisez le poème suivant, puis indiquez en quoi il est caractéristique du mouvement parnassien :**

Je suis belle, ô mortels ! comme un rêve de pierre,
Et mon sein, où chacun s'est meurtri tour à tour,
Est fait pour inspirer au poète un amour
Éternel et muet ainsi que la matière.

Je trône dans l'azur comme un sphinx incompris ;
J'unis un cœur de neige à la blancheur des cygnes ;
Je hais le mouvement qui déplace les lignes,
Et jamais je ne pleure et jamais je ne ris.

Les poètes, devant mes grandes attitudes,
Que j'ai l'air d'emprunter aux plus fiers monuments,
Consumeront leurs jours en d'austères études ;

Car j'ai, pour fasciner ces dociles amants,
De purs miroirs qui font toutes choses plus belles :
Mes yeux, mes larges yeux aux clartés éternelles !

Baudelaire, « La Beauté »,
dans *Les Fleurs du Mal* (1857)

13 LA POÉSIE SYMBOLISTE

Introduction

Le dernier quart du XIXe siècle voit l'émergence et le triomphe du naturalisme (voir la fiche 4). Parallèlement à cette volonté de représenter objectivement et quasiment scientifiquement la réalité, se développe, par réaction, un mouvement contraire de la part de certains artistes, comme Verlaine, Rimbaud, Laforgue ou Mallarmé. Ces derniers estiment en effet que la finalité de l'art n'est pas de reproduire le réel, mais d'atteindre un **monde secret** dont la réalité sensible ne serait qu'une reproduction. Ce sont ces écrivains qu'on a progressivement appelés les **symbolistes**. Si ce mouvement regroupe des artistes très différents les uns des autres, et s'il n'a pas des contours aussi nets que, par exemple, le romantisme ou le naturalisme, on tentera néanmoins essayer d'en esquisser les caractéristiques principales.

1. Un mouvement aux contours diffus

a. Origine du mot et du mouvement : le mot « symbole » vient du grec *sumbolon* (συμβολον), qui désignait dans la Grèce antique un tesson de poterie cassé en deux morceaux et partagé entre deux personnes, de façon à former entre ces deux êtres un signe de reconnaissance. Dès le départ, ce mot indique ainsi une sorte d'association. Par la suite, il est utilisé pour établir un lien entre ce que l'on voit et ce que cela représente d'une manière plus générale. C'est pour cette raison que c'est le mot « symbole » que choisit le poète Jean Moréas, dans un article intitulé *Manifeste du symbolisme*, paru dans *Le Figaro* en 1886, pour désigner un mouvement littéraire s'intéressant aux **correspondances** entre le monde sensible et le monde des idées. C'est à partir de ce moment qu'on prend l'habitude de parler de poésie symboliste. Cependant, ce mouvement est né bien avant 1886. On peut en trouver les prémices dans *Les Fleurs du Mal* de Baudelaire (1857), en particulier dans le texte « Correspondances » : le poète explore des « forêts de symboles » et cherche à construire un monde harmonieux, dans lequel « les parfums, les couleurs et les sons se répondent ».

b. Les poètes symbolistes au sens strict : au cours des vingt dernières années du XIXe siècle, certains poètes reconnaissent partager des conceptions semblables de l'écriture poétique. Ainsi en est-il de Jules **Laforgue** (1860-1887), de Charles **Cros** (1842-1888), du tout jeune Paul **Valéry** (1871-1945) et de Stéphane **Mallarmé** (1842-1898). Ce dernier est même considéré comme un modèle et un chef de file par la génération symboliste. Même s'il n'assume pas pleinement ce rôle (« j'abomine les écoles et tout ce qui y ressemble », dit-il au journaliste Jules Huret, en 1871),

Mallarmé reçoit néanmoins chez lui, au cours de ce qu'on a appelé « les mardis mallarméens », beaucoup de jeunes poètes admiratifs.

c. Les poètes symbolistes au sens large : aux noms cités ci-dessus, on peut ajouter Paul **Verlaine** (1844-1896), Arthur **Rimbaud** (1854-1891), **Lautréamont** (1846-1870), et même, dans une certaine mesure, Charles **Baudelaire** (1821-1867). En effet, même si, par choix (c'est le cas de Verlaine et de Rimbaud) ou parce qu'ils sont morts avant la naissance du mouvement (Lautréamont et Baudelaire), ils n'appartiennent pas au mouvement symboliste *stricto sensu*, ils en partagent, d'une manière ou d'une autre, les principes essentiels.

2. Un mouvement ayant néanmoins une certaine unité

a. Le mystère contre la représentation du réel : les poètes symbolistes refusent de représenter le monde tel qu'il apparaît et trouvent l'inspiration dans leurs propres pensées, dans leurs rêves, afin de créer une sorte de poésie pure, détachée du réel. De là vient le côté souvent **étrange**, parfois même **hermétique**, de leurs poèmes. « Toute chose sacrée et qui veut demeurer sacrée s'enveloppe de mystère », écrit Mallarmé à ce sujet (*Hérésies artistiques*, 1862). Par exemple, dans le sonnet « Voyelles » (poème écrit en 1872, mais publié seulement en 1883), Rimbaud met en relation les voyelles de la langue française avec différentes couleurs, créant ainsi un texte énigmatique qui a suscité de multiples interprétations. En voici la première strophe :

« A noir, E blanc, I rouge, U vert, O bleu : voyelles,
Je dirai quelque jour vos naissances latentes :
A, noir corset velu des mouches éclatantes
Qui bombinent autour des puanteurs cruelles »

b. Le déchiffrement du monde : si les symbolistes ne décrivent pas le réel tel qu'il est, cela ne signifie pas qu'ils lui tournent totalement le dos. Mais, selon eux, le monde tel qu'il apparaît n'est fait que d'éléments chaotiques et hasardeux, et il revient au poète de le **déchiffrer**, en mettant en relation les choses entre elles, de façon à parvenir à des **vérités plus profondes**, à des symboles. Il y a quelque chose de très platonicien dans la poésie symboliste : en effet, dans la philosophie du Grec Platon (IVe siècle avant Jésus-Christ), le monde sensible n'est qu'un reflet dégradé du monde intelligible, celui des Idées, et il appartient au philosophe de le faire découvrir aux autres hommes. Mallarmé dit à ce sujet : « les choses existent, nous n'avons pas à les créer ; nous n'avons qu'à en saisir les rapports ; et ce sont les fils de ces rapports qui forment les vers » (*Enquête sur l'évolution littéraire*, « Réponses à Jules Huret », 1891). Mallarmé fait ici du poète l'intermédiaire entre

les hommes et les secrets de l'univers. Cette volonté de déchiffrement, les symbolistes l'expriment à travers la mise en évidence de rapports mystérieux entre les différents éléments qui composent le monde. Dans son sonnet « Correspondances », Baudelaire exprime avec force sa croyance en un monde fait d'**unité**, au-delà de son désordre apparent :

> *« La nature est un temple où de vivants piliers*
> *Laissent parfois sortir de confuses paroles ;*
> *L'homme y passe à travers des forêts de symboles*
> *Qui l'observent avec des regards familiers. »*

C'est aussi de cette manière qu'il faut comprendre « l'entreprise du Voyant » de Rimbaud. Dans une lettre à Paul Demeny datée du 15 mai 1871, Rimbaud définit ainsi sa volonté de parvenir à découvrir les **lois secrètes de l'univers** : « je dis qu'il faut être *voyant*, se faire *voyant*. Le Poète se fait *voyant* par un long, immense et raisonné dérèglement de tous les sens ». Selon lui, pour parvenir à des visions, à des vérités dépassant les apparences, il faut scruter son âme profondément, et pour cela se débarrasser de la façon habituelle de voir les choses, en se mettant dans un état limite, allant aux confins de la folie, y compris au moyen de paradis artificiels, comme l'alcool ou l'opium.

c. Une poésie de la suggestion : pour donner au lecteur une idée juste des vérités essentielles, celles qui ne peuvent pas être appréhendées d'une manière strictement logique, les poètes symbolistes privilégient la suggestion au détriment de la clarté. Mallarmé écrit à ce sujet : « nommer un objet, c'est supprimer les trois quarts de la jouissance du poème qui est faite du bonheur de deviner peu à peu : le **suggérer**, voilà le rêve » (« Réponses à Jules Huret »). Dans le même ordre d'idées, Verlaine, dans son « Art poétique » (*Jadis et naguère*, 1884), s'écrie : « de la musique avant toute chose ». Si le poète fait l'éloge d'une poésie musicale, c'est parce que c'est une façon de s'adresser **à l'âme davantage qu'à l'intellect**, et donc de suggérer les choses davantage qu'elle ne les représente. C'est également dans ce sens qu'il faut interpréter l'invention du **vers libre** par les symbolistes : il s'agit de libérer la poésie des contraintes formelles, trop rationnelles et, ainsi, peu aptes à rendre compte des rapports profonds entre les choses.

Conclusion

La poésie symboliste est un mouvement essentiel dans l'histoire littéraire, car elle inaugure une conception nouvelle de l'acte poétique, à savoir déchiffrer des éléments que l'esprit simplement logique, scientifique, ne peut pas appréhender. Au XXe siècle, les surréalistes poursuivront et amplifieront cette recherche.

TOP CHRONO
C'est l'interro !

EXERCICES ***20 min***

1. ⋆ **À quel mouvement littéraire les symbolistes s'opposent-ils ? Pourquoi ?**

2. ⋆ **Indiquez l'auteur de chacun des propos suivants :**

« De la musique avant toute chose » :

« Nommer un objet, c'est supprimer les trois quarts de la jouissance du poème qui est faite du bonheur de deviner peu à peu : le suggérer, voilà le rêve » :

« Je dis qu'il faut être *voyant*, se faire *voyant*. Le Poète se fait *voyant* par un long, immense et raisonné dérèglement de tous les sens » :

« Les parfums, les couleurs et les sons se répondent » :

3. ⋆⋆⋆ **Lisez le poème suivant, puis indiquez en quoi il est caractéristique du mouvement symboliste :**

Le vierge, le vivace et le bel aujourd'hui
Va-t-il nous déchirer avec un coup d'aile ivre
Ce lac dur oublié que hante sous le givre
Le transparent glacier des vols qui n'ont pas fui !

Un cygne d'autrefois se souvient que c'est lui
Magnifique mais qui sans espoir se délivre
Pour n'avoir pas chanté la région où vivre
Quand du stérile hiver a resplendi l'ennui.

Tout son vol secouera cette blanche agonie
Par l'espace infligée à l'oiseau qui le nie,
Mais non l'horreur du sol où son plumage est pris.

Fantôme qu'à ce lieu son pur éclat assigne,
Il s'immobilise au songe froid de mépris
Que vêt parmi l'exil inutile le Cygne.

Stéphane Mallarmé, *Poésies*, 1887.

14 UN RECUEIL POÉTIQUE CÉLÈBRE : *LES FLEURS DU MAL* DE BAUDELAIRE

Introduction

Charles Baudelaire (1821-1867) est un des poètes les plus importants de la littérature française. On peut même dire qu'il **résume** à lui seul l'ensemble de la création poétique du XIXe siècle. En effet, à travers ses deux recueils principaux, le premier en vers (*Les Fleurs du Mal*, 1857), le second en prose (*Le Spleen de Paris*, posthume, 1869), Baudelaire condense les principaux courants poétiques de son temps, en même temps qu'il renouvelle en profondeur la poésie : il n'hésite pas à choisir des sujets triviaux, voire laids, et les transfigure en objets poétiques ; sa théorie des correspondances sert plus tard de référence aux poètes symbolistes ; il donne à son recueil *Les Fleurs du Mal* une structure, une architecture profonde, ce qui est entièrement nouveau à ce moment-là ; enfin, il contribue à donner ses lettres de noblesse au genre du poème en prose, avec *Le Spleen de Paris*. C'est dire l'importance capitale que revêt l'œuvre de Charles Baudelaire, qui justifie à elle seule qu'on consacre une fiche entière à son recueil majeur : *Les Fleurs du Mal*.

1. Un recueil marquant par sa nouveauté

a. Un recueil qui fait scandale : « le livre met les gens en fureur », écrit Baudelaire à sa mère dans une lettre du 9 juillet 1857. En effet, deux mois après la sortie des *Fleurs du Mal*, Baudelaire et son éditeur sont condamnés, à l'issue d'un procès, à des amendes et à la suppression de six poèmes pour « offense à la morale publique et aux bonnes mœurs ». Il faut dire que le projet baudelairien est rien moins que moraliste. Le poète n'hésite pas à évoquer des sujets qui peuvent **choquer** les bien-pensants, comme la luxure (« Femmes damnées »), la prostitution (« Allégorie »), l'homosexualité féminine (« Lesbos », poème faisant partie des six textes condamnés par la justice) ou encore la révolte contre Dieu (« Les Litanies de Satan » : « gloire et louange à toi, Satan »). Les poèmes baudelairiens, souvent centrés sur le « mal », abordent des thèmes peu évoqués d'ordinaire dans la littérature. D'ailleurs, Baudelaire avait dans un premier temps songé à donner pour titre à son recueil, par provocation, *Les Lesbiennes*.

b. Un recueil qui veut extraire la beauté du mal : ce qui est nouveau également, c'est le projet baudelairien lui-même, expliqué par le titre du recueil : en unissant deux termes ayant des connotations opposées, Baudelaire suggère qu'il existe une **beauté propre au mal**. L'article défini contracté « du » indique que l'on peut faire des fleurs, c'est-à-dire produire de la beauté, à partir d'éléments pris dans la laideur du monde. La poésie est ainsi conçue comme une opération consistant à transfigurer le mal en beauté esthétique. Cette conception est résumée par

Baudelaire lui-même, dans ce vers saisissant, dans lequel le poète s'adresse à Paris, capitale du mal selon lui : « tu m'as donné ta boue, et j'en ai fait de l'or » (projet d'épilogue pour la deuxième édition des *Fleurs du Mal*). Le poème « Une Charogne » est à ce sujet particulièrement révélateur : Baudelaire y décrit un animal mort en pleine décomposition, « une charogne infâme » qu'il aurait vue alors qu'il faisait une promenade amoureuse accompagné d'une femme. La fascination du poète devant cet animal finit par le transformer en objet esthétique, la charogne devenant même, grâce au travail poétique, « une carcasse superbe » s'épanouissant « comme une fleur ».

c. Un recueil clairement structuré : si *Les Fleurs du Mal* apparaît comme un livre novateur, ce n'est pas seulement en raison de son **contenu**, c'est aussi par sa **composition** : en effet, contrairement aux recueils habituels de l'époque, les poèmes ne sont pas simplement réunis selon un ordre chronologique : ils sont disposés de façon à rendre compte d'un **voyage symbolique**, explorant la misère de l'homme cherchant à échapper au mal. Baudelaire tient énormément à ce que les lecteurs perçoivent la cohérence de son projet, comme il l'écrit dans une lettre à Alfred de Vigny en 1861 : « le seul éloge que je sollicite pour ce livre est qu'on reconnaisse qu'il n'est pas un pur album, et qu'il a un **commencement** et une **fin** ». Ainsi, après le poème liminaire montrant l'homme en proie à tous les vices et poursuivi par l'ennui, on trouve une première section (la plus longue) intitulée « Spleen et idéal » : dans celle-ci, l'homme apparaît tantôt comme un être capable de s'élever au-dessus de la médiocrité, grâce à l'art ou à l'amour, tantôt comme quelqu'un irrémédiablement attiré par l'ennui et le mal. Les sections suivantes sont des tentatives pour échapper au « spleen », d'abord en cherchant une communion humaine à travers une errance dans la ville de Paris, puis en s'enivrant, en cédant à la luxure, et même en se révoltant contre Dieu. Mais toutes ces tentatives échouent et, paradoxalement, la seule issue s'avère être la mort. Ce voyage initiatique révèle le pessimisme fondamental propre à l'univers baudelairien.

2. Un recueil marquant parce qu'il apparaît comme une synthèse de la poésie romantique, parnassienne et symboliste

a. Un recueil romantique : certains thèmes abordés dans *Les Fleurs du Mal* sont caractéristiques du romantisme : par exemple, Baudelaire évoque le rôle de **guide** du poète dans « L'Albatros » et dans « Élévation » : supérieur aux autres hommes, car ayant accès à des vérités situées au-delà du monde matériel, le poète apparaît comme un être capable de comprendre « le langage des fleurs et des choses

muettes » (« Élévation ») ; mais, en raison même de cette supériorité, il est souvent rejeté par l'humanité ordinaire :

« Le Poète est semblable au prince des nuées
Qui hante la tempête et se rit de l'archer ;
Exilé sur le sol au milieu des huées,
Ses ailes de géant l'empêchent de marcher. » (« L'Albatros »)

Le thème romantique de la **fuite du temps** est également évoqué dans certains poèmes : le temps est perçu comme un « obscur ennemi qui nous ronge le cœur » (« L'Ennemi »). Baudelaire se sert aussi de son vécu personnel pour parler des joies et des souffrances causées par **l'amour** : certains poèmes sont issus de ses expériences sentimentales, notamment avec la sensuelle Jeanne Duval, une actrice de Boulevard (« Hymne à la beauté »), la tendre Marie Daubrun (« L'invitation au voyage ») ou encore Apollonie Sabatier, une demi-mondaine qu'il idolâtre (« L'Aube spirituelle »).

b. Un recueil parnassien : le livre est dédié au poète parnassien Théophile Gautier : « au poète impeccable, au parfait magicien es lettres française ». L'influence du Parnasse dans *Les Fleurs du Mal* est notamment perceptible à travers la volonté de **perfection formelle** revendiquée par Baudelaire. Ainsi, le poète utilise très souvent la forme du sonnet, souvent considérée comme la plus difficile en raison de ses multiples contraintes et règles. Son sonnet « La Beauté », reposant sur l'analogie entre poésie et sculpture, apparaît comme un modèle de poème parnassien. Baudelaire utilise également le genre du pantoum, autre type de poème très exigeant, reposant notamment sur la reprise du deuxième vers de chaque strophe afin de former le premier vers de la strophe suivante (« Harmonie du soir »).

c. Un recueil précurseur du symbolisme : par l'intermédiaire de sa **théorie des correspondances** entre les différentes sensations, ainsi qu'entre le monde sensible et le monde des idées, Baudelaire apparaît comme une source d'inspiration pour les poètes symbolistes de la fin du siècle. Son sonnet « Correspondances », notamment, fait de lui un précurseur de ce mouvement.

Conclusion

Les Fleurs du Mal est une sorte de **synthèse** de la création poétique du XIXe siècle. Baudelaire, dont la vie ne fut qu'« un ténébreux orage traversé çà et là par de brillants soleils » (« L'Ennemi ») peut être considéré comme celui qui a fait passer dans la création poétique « un frisson nouveau » (lettre de Hugo à Baudelaire du 6 octobre 1859).

TOP CHRONO
C'est l'interro !

EXERCICES 20 mln

1. ⋆ **Indiquez de quels poèmes baudelairiens les vers suivants sont tirés :**
   « Le Poète est semblable au prince des nuées » : ....
   « Je suis belle, ô mortels ! comme un rêve de pierre » : ....
   « - Ô douleur ! ô douleur ! Le Temps mange la vie » : ....
   « Et le ciel regardait la carcasse superbe » : ....

2. ⋆ **Pour quelle raison le recueil *Les Fleurs du Mal* fait-il scandale, lors de sa première publication ?**

   ....

   ....

3. ⋆⋆ **Expliquez le sens du titre choisi par Baudelaire pour son recueil.**

   ....

   ....

4. ⋆⋆⋆ **Lisez le poème suivant, puis indiquez en quoi il s'agit à la fois d'un texte caractéristique du romantisme, du Parnasse et du symbolisme :**

La Nature est un temple où de vivants piliers
Laissent parfois sortir de confuses paroles ;
L'homme y passe à travers des forêts de symboles
Qui l'observent avec des regards familiers.

Comme de longs échos qui de loin se confondent
Dans une ténébreuse et profonde unité,
Vaste comme la nuit et come la clarté,
Les parfums, les couleurs et les sons se répondent.

Il est des parfums frais comme des chairs d'enfants,
Doux comme les hautbois, verts comme les prairies,
– Et d'autres, corrompus, riches et triomphants,

Ayant l'expansion des choses infinies,
Comme l'ambre, le musc, le benjoin et l'encens,
Qui chantent les transports de l'esprit et des sens.

Baudelaire, « Correspondances »,
dans *Les Fleurs du Mal*, 1857.

....

....

....

....

....

....

15 LA POÉSIE SURRÉALISTE

Introduction

Né en 1920 et s'étendant jusqu'aux années quarante, le **surréalisme** rappelle sur bien des points, à un siècle de distance, le **romantisme** : en effet, les deux mouvements suivent une période d'épuisement national, provoqué par des guerres extérieures meurtrières (les batailles napoléoniennes et la première guerre mondiale) ; ils sont le fait d'hommes jeunes et provocateurs, décidés à manifester leur mépris des institutions établies ; le romantisme et le surréalisme ne s'expriment pas seulement dans la littérature, mais aussi dans d'autres arts (notamment la peinture) ; dans les deux mouvements, l'art est souvent lié à l'engagement politique ; enfin, le romantisme et le surréalisme transforment profondément les conceptions artistiques précédentes. Cependant, le surréalisme est original et particulier, en ce sens que ce n'est pas seulement un nouveau courant littéraire et artistique : c'est plus généralement l'affirmation d'une **révolte idéologique absolue** devant un monde qui vient, avec la première guerre mondiale, de prouver son absurdité désastreuse. Comme l'écrit Paul Valéry à ce sujet, « nous autres, civilisations, nous savons maintenant que nous sommes mortelles » (*La Crise de l'esprit*, 1919).

1. Histoire du surréalisme

a. Origine du mouvement : en 1916, Tristan Tzara fonde le **mouvement Dada** (appelé également dadaïsme), par réaction contre les atrocités de la première guerre mondiale. Ce mouvement se présente comme une révolte contre tout et contre tous et se caractérise par des œuvres littéraires et artistiques volontiers provocatrices. Certains futurs artistes surréalistes participent au dadaïsme, avant de s'en séparer à partir de 1920.

b. Naissance et développement du surréalisme : André Breton (1896-1966) et Philippe Soupault (1897-1990) publient en **1920** *Les Champs magnétiques*, premier exemple de ce qu'on appelle l'écriture automatique. Cette date marque le début du mouvement dit surréaliste, appelé ainsi en hommage à Guillaume Apollinaire, qui a inventé le mot en 1917, en sous-titrant sa pièce de théâtre *Les Mamelles de Tirésias* « drame surréaliste ». Le mouvement surréaliste est théorisé peu après, en 1924, par son chef de file **Breton**, dans le *Manifeste du surréalisme.* Les principaux représentants, outre Breton lui-même, sont Louis **Aragon** (1897-1982), Paul **Éluard** (1895-1952) et Robert **Desnos** (1900-1945). Le surréalisme s'épanouit alors particulièrement dans la **poésie**, avec des recueils comme *Capitale de la douleur* (1926) et *L'amour la poésie* (1929) d'Éluard, *Corps et biens* (1930) de Desnos ou encore, plus tard, *Les Yeux d'Elsa* (1942) et La *Diane française* (1944) d'Aragon. Mais le mouvement s'exprime également dans le genre du **roman** (*Nadja* de Breton, 1928) et dans d'autres arts, notamment dans la **peinture**, avec les toiles de René Magritte,

Joan Miró, Salvador Dali, Max Ernst ou Giorgio de Chirico, et dans le **cinéma**, avec les films de Jean Cocteau ou de Luis Buñuel.

c. Le surréalisme et l'engagement politique : comme les romantiques avant eux, les surréalistes, très marqués par les atrocités de la première guerre mondiale, ne conçoivent pas l'art comme indépendant du combat politique. Le mouvement est assez rapidement lié au **marxisme** : Aragon, Breton et Éluard adhèrent au parti communiste dans les années vingt et la revue littéraire emblématique du mouvement change de nom en 1930, s'appelant désormais *Le surréalisme au service de la révolution*. Plus tard, pendant la seconde guerre mondiale, certains artistes surréalistes, comme Desnos, Éluard et Aragon, participent à la Résistance, à la fois par leurs écrits et par leurs actes.

2. Principes esthétiques du surréalisme

a. La pensée contre la raison : le surréalisme repose sur le refus d'une utilisation rationnelle des mots dans la création artistique. Contre la **raison**, qui leur semble résumer toute la littérature qui les a précédés, les écrivains surréalistes valorisent la **pensée** telle qu'elle peut s'exprimer spontanément et librement. Dans le *Manifeste du surréalisme* (1924), Breton donne la définition suivante du mouvement : « automatisme psychique pur par lequel on se propose d'exprimer, soit verbalement, soit par écrit, soit de toute autre manière, le fonctionnement réel de la pensée. Dictée de la pensée, en l'absence de tout contrôle exercé par la raison, en dehors de toute préoccupation esthétique ou morale ». De là vient l'idée de l'écriture automatique, c'est-à-dire le fait d'écrire ce qui vient à l'esprit sans réfléchir rationnellement, en recourant, par exemple, au procédé de l'hypnose. Le surréalisme veut s'opposer à la représentation traditionnelle du monde dominée par la logique. Concrètement, cela donne des phrases comme « son manteau traînait comme un soleil couchant et les perles de son collier étaient belles comme des dents » (Desnos, « Cœur en bouche », dans le recueil *Langage cuit*, 1923).

b. L'éloge du rêve et de l'inconscient : comme l'écrit Breton dans son *Manifeste du surréalisme*, « le surréalisme repose sur la croyance à la réalité supérieure de certaines formes d'associations négligées jusqu'à lui, à la toute-puissance du rêve, au jeu désintéressé de la pensée ». Les artistes surréalistes sont effet fascinés par les découvertes de Sigmund **Freud** (le fondateur de la psychanalyse), et notamment par la mise en évidence du rôle fondamental que joue l'inconscient dans les comportements humains. Le but de l'écriture automatique chère aux surréalistes est de parvenir à évoquer nos pensées profondes, celles issues de l'inconscient, et qui s'expriment notamment dans les rêves.

c. Des poèmes insolites pour un accès à une « surréalité » : les textes surréalistes sont souvent surprenants et semblent à première vue incohérents. La versification n'est absolument pas régulière (les surréalistes refusant fondamentalement de construire leurs textes suivant des règles préexistantes) et les vers sont marqués par de nombreuses images fantaisistes, du moins à première vue : ainsi peut-on lire, dans le poème « L'Union libre » de Breton (tiré du recueil *Clair de Terre*, 1931), des expressions insolites comme : « ma femme aux yeux de bois toujours sous la hache ». Mais en fait, derrière cette **étrangeté**, les textes font émerger un monde où des éléments contraires peuvent coexister, c'est-à-dire ce que l'on pourrait appeler une « surréalité ». Par exemple, quand Paul Éluard fait débuter un de ses poèmes par la comparaison « la Terre est bleue comme une orange » (dans son recueil *L'Amour la poésie*, 1929), le mélange des mots « bleue » et « orange » surprend le lecteur à première vue, mais on s'aperçoit que, derrière l'incohérence de surface, le poète crée un monde nouveau, dans lequel **les contradictions sont dépassées**. En effet, les deux éléments de la comparaison, pris indépendamment l'un de l'autre, sont vrais : la Terre est bien bleue vue du ciel *et*, par ailleurs, sa forme ronde rappelle celle d'une orange. En revanche, réunir ces deux caractéristiques en une seule comparaison crée un effet de surprise caractéristique de l'esthétique surréaliste.

Conclusion

Le surréalisme est un mouvement important dans l'histoire de la poésie, car il remet fondamentalement en question les principes esthétiques traditionnels, et notamment l'idée qu'un texte poétique se construit par un lent travail sur les mots et sur la versification. Au contraire, les poètes surréalistes exaltent **l'inspiration absolue**. Cependant, quand on regarde de près certaines productions des surréalistes, il convient de nuancer cette idée : en effet, même s'ils donnent une apparence de spontanéité totale, certains textes sont en général plus travaillés qu'ils ne paraissent. Par exemple, dans son poème « La Courbe de tes yeux » (tiré du recueil *Capitale de la douleur*), Éluard ne renonce pas totalement à la versification classique : le poème est constitué essentiellement par des alexandrins et des décasyllabes, et, par ailleurs, le début et la fin du texte se répondent par une structure en chiasme (pour la définition de cette figure, voir la fiche 17). Ainsi, même chez les surréalistes, le travail vient compléter l'inspiration. Comme l'écrivait Valéry, « les Dieux, gracieusement, nous donnent pour rien tel premier vers ; mais c'est à nous de façonner le second, qui doit consonner avec l'autre et ne pas être indigne de son aîné surnaturel. » (*Variété*, 1924).

TOP CHRONO
C'est l'interro !

EXERCICES *20 min*

1. ⋆ **Citez quatre poètes surréalistes.**

2. ⋆ **Quelle est l'époque du mouvement surréaliste ? Quel est l'événement historique déclencheur du surréalisme ?**

3. ⋆⋆ **Résumez en quelques phrases les principes esthétiques du surréalisme.**

4. ⋆⋆⋆ **Lisez les vers suivants, extrait du poème de Robert Desnos « Un jour qu'il faisait nuit », puis, en quelques lignes, indiquez en quoi ils sont caractéristiques du surréalisme.**

Il s'envola au fond de la rivière.
Les pierres en bois d'ébène les fils de fer en or et la croix sans branche.
Tout rien.
Je la hais d'amour comme tout un chacun.
Le mort respirait de grandes bouffées de vide.

Robert Desnos, extrait du poème « Un Jour qu'il faisait nuit »,
dans le recueil *Corps et biens* (1930)

Pour lire l'intégralité du poème :

16 LA VERSIFICATION

Introduction

Quand on lit un texte poétique, on s'aperçoit rapidement qu'il comporte des règles propres, un agencement des mots particulier, bien différent de l'usage habituel du langage. Ce sont ces particularités du langage poétique qu'on nomme la **versification**. Depuis le début de la poésie en langue française, au Moyen Âge, jusqu'au XIXe siècle, de nombreux principes concernant les vers, les strophes et les rimes ont été établis et respectés par les poètes. Au XIXe et surtout au XXe siècle, ces règles de versification sont souvent remises en question, beaucoup de poètes revendiquant une liberté artistique. Néanmoins, la versification ne disparaît pas pour autant ; simplement, les écrivains préfèrent plutôt jouer avec les règles plutôt que de les appliquer fidèlement.

1. Le vers

a. Définition du vers : un vers est un groupe de mots se caractérisant par une majuscule initiale et un retour à la ligne. Il compte un **nombre déterminé de syllabes**, dont la dernière rime souvent avec la syllabe correspondante d'un ou de plusieurs autres vers. Le vers est une manière particulière d'écrire, différente de la manière courante qu'on nomme la **prose**.

b. Les différents types de vers : les noms des vers, à part le cas de l'alexandrin, sont fondés sur le nombre de syllabes qu'ils comportent : dissyllabe (2), trisyllabe (3), tétrasyllabe (4), pentasyllabe (5), hexasyllabe (6), heptasyllabe (7), octosyllabe (8), ennéasyllabe (9), décasyllabe (10), hendécasyllabe (11), alexandrin (12). Les vers les plus employés sont **l'octosyllabe**, **le décasyllabe** et surtout, à partir du XVIe siècle, **l'alexandrin**. Mais Verlaine, par exemple, n'hésite pas à utiliser des vers impairs, de façon à rompre une trop grande régularité, à introduire une légère dissonance et à créer un équilibre instable. Dans son « Art poétique » (*Jadis et naguère*, 1884), il utilise l'ennéasyllabe : « De la musique avant toute chose »

c. Poèmes isométriques et poèmes hétérométriques : le plus souvent, un poème est composé sur un seul mètre ; on dit alors qu'il est **isométrique** (c'est le cas, par exemple, du sonnet de Baudelaire « Correspondances », reproduit à la fin de la fiche 14). Mais un poème peut tout à fait mélanger différents types de vers : dans ce cas, il est **hétérométrique**. C'est souvent le cas des fables de La Fontaine. Par exemple, dans « La Grenouille qui se veut faire aussi grosse que le bœuf » (1668), le fabuliste utilise tantôt l'octosyllabe, pour imprimer un rythme rapide, tantôt le décasyllabe et l'alexandrin, pour ralentir la vitesse du récit et instaurer une sorte d'emphase destinée à ridiculiser les efforts vaniteux de la grenouille pour « égaler l'animal [le bœuf] en grosseur ».

d. L'enjambement et le rejet : on a un enjambement quand une proposition, commencée dans un vers, se termine dans le suivant. On appelle la partie qui est dans le vers suivant un **rejet** :

« Ces bons soirs de septembre où je sentais des gouttes
De rosée à mon front, comme un vin de vigueur ; »

Rimbaud, « Ma Bohème », sonnet écrit en 1870.

d. La césure : c'est ainsi qu'on appelle la pause que l'on fait souvent à l'intérieur d'un vers. Dans un alexandrin, cette pause est souvent à **l'hémistiche**, c'est-à-dire à la moitié du vers : « Viens-tu du ciel profond / ou sors-tu de l'abîme » (Baudelaire, « Hymne à la beauté », dans *Les Fleurs du Mal*, 1857).

e. Diérèse et synérèse : il y a **diérèse** lorsque, dans un mot comportant deux voyelles consécutives, on compte les deux voyelles pour deux syllabes, et **synérèse** lorsqu'on réunit les deux voyelles en une seule syllabe. Une diérèse permet de mettre en relief un mot. Par exemple, on trouve une diérèse sur le mot « radieux » dans le vers suivant : « Sans que rien manque au monde, immense et rad**ieux** ! » (Victor Hugo, « Soleils couchants », dans le recueil *Les Feuilles d'automne*, 1831).

f. La question du e muet dans le comptage des vers : s'il se trouve en fin de vers ou si, à l'intérieur du vers, il est suivi d'une voyelle, l'e reste muet. En revanche, à l'intérieur du vers, il se prononce et est compté comme une syllabe lorsque le mot suivant commence par une consonne : ainsi, dans le vers « c'est un trou de verdure où chante une rivière » (Rimbaud, « Le Dormeur du val », 1870), l'e final de « verdure » et « chante » ne se prononce pas, mais celui de « une » compte comme une syllabe.

2. La strophe

a. Définition d'une strophe : les vers sont en général groupés par strophes : la strophe est un groupe de plusieurs vers, formant souvent un système de rimes complet. C'est l'équivalent d'un paragraphe dans un texte en prose.

b. Les strophes les plus fréquentes : on peut avoir différentes sortes de strophes, mais les plus fréquentes sont le **tercet** (3 vers), le **quatrain** (4), le quintil (5), le sizain (6), le huitain (8), le dizain (10) et le douzain (12). Un poème peut très bien comporter différentes sortes de strophes. Par exemple, un sonnet comporte deux quatrains, puis deux tercets.

3. La rime

a. Définition de la rime : une rime est la répétition d'un ou plusieurs **sons** à la fin de deux ou plusieurs vers.

b. Disposition des rimes : on distingue principalement les rimes **plates** ou **suivies** (construites selon un schéma en AABB), les rimes **croisées** ou **alternées** (ABAB), les rimes **embrassées** (ABBA), les rimes **redoublées** (AAA...) et les rimes **libres** ou **mêlées** (les diverses combinaisons sont alors réunies).

c. La richesse de la rime : elle dépend du nombre de sons en commun : on distingue la rime **pauvre** (un seul son commun, qui est la dernière voyelle accentuée), la rime **suffisante** (deux sons en commun) et la rime **riche** (trois sons en commun ou plus).

d. Les rimes masculines et les rimes féminines : on considère comme féminines toutes les rimes qui se terminent sur un e muet. Les autres sont appelées des rimes masculines. Traditionnellement, on doit **alterner** les rimes masculines et les rimes féminines. Mais cette règle n'est pas toujours respectée.

e. Un exemple : voici le premier quatrain du sonnet « Mon Rêve familier » de Verlaine (texte extrait des *Poèmes saturniens*, 1866) :

« Je fais souvent ce rêve étrange et pénétrant
D'une femme inconnue, et que j'aime, et qui m'aime
Et qui n'est, chaque fois, ni tout à fait la même
Ni tout à fait une autre, et m'aime et me comprend. »

Les rimes sont ici embrassées ; la rime A (« pénétrant » et « comprend ») est suffisante, la B (« m'aime » et « même ») est riche ; l'alternance entre rimes féminines et rimes masculines est respectée.

Conclusion

Il est important de maîtriser l'ensemble des règles de versification pour deux raisons principales : tout d'abord, cela aide à construire une analyse rigoureuse d'un poème, en indiquant les noms exacts des procédés de style repérés ; ensuite, cela permet de voir quel rapport le poète entretient avec ces règles : sont-elles pour lui un carcan dans lequel il se moule, ou, au contraire, les adapte-t-il d'une manière particulière, personnelle ? S'inscrit-il dans une tradition codée ou cherche-t-il à transgresser les règles, de manière à construire un texte original ? Cependant, il ne faut pas perdre de vue que le repérage de ces règles de versification ne saurait remplacer une analyse fine et littéraire du texte. En effet, un poète n'est pas seulement un artisan du vers, c'est également un artiste, cherchant à produire un effet particulier chez son lecteur.

TOP CHRONO
C'est l'interro !

EXERCICES

20 min

Lisez le poème suivant, puis répondez aux questions :

Les sanglots longs
Des violons
De l'automne
Blessent mon cœur
D'une langueur
Monotone.

Tout suffocant
Et blême quand
Sonne l'heure,
Je me souviens
Des jours anciens
Et je pleure ;

Et je m'en vais
Au vent mauvais
Qui m'emporte
Deçà, delà,
Pareil à la
Feuille morte.

Paul Verlaine, « Chanson d'automne »,
Poèmes saturniens, 1866.

1. ⋆ **Ce poème est-il isométrique ? Justifiez votre réponse.**

2. ⋆ **Comment appelle-t-on le passage de l'avant-dernier au dernier vers ?**

3. ⋆ **Ce texte contient une diérèse. Repérez-la.**

4. ⋆ **Comment se nomme le type de strophe choisi ?**

5. ⋆ **Quelle est la disposition des rimes ? Est-elle la même dans tout le poème ?**

6. ⋆ **Étudiez la richesse de la rime dans la première strophe.**

7. ⋆⋆ **Quelle est la tonalité générale du poème ? En quoi la versification choisie renforce-t-elle cette tonalité ?**

17 LES PRINCIPALES FIGURES DE STYLE

Introduction

En latin, le mot *figura* signifie « forme plastique » et *stilus* renvoie d'abord à une pointe à graver, puis à la façon d'écrire. Les figures de style sont donc des manières particulières de s'exprimer, s'écartant du langage courant. Si elles sont utilisées dans tous les genres littéraires, et même dans le langage quotidien, c'est dans la poésie qu'elles s'expriment le plus, car un texte poétique repose avant tout sur une utilisation originale du langage. On distingue en général quatre catégories de figure : les **figures de mots** consistent à utiliser un mot à la place d'un autre ; les **figures de pensée** portent sur le sens global de l'énoncé ; les **figures de construction** concernent l'organisation syntaxique de la phrase ; enfin, les **figures de diction** sont des jeux sur les sons.

1. Les figures de mots

a. La comparaison : cette figure consiste à rapprocher deux éléments différents à l'aide d'un outil de comparaison (« comme », « pareil à », « semblable à », « ressembler à ») : « Le Poète est **semblable** au prince des nuées » (Baudelaire, « L'Albatros », dans *Les Fleurs du Mal*, 1857).

b. La métaphore : il s'agit de comparer deux réalités, mais sans utiliser de mot de comparaison : « Tu es le **feu** naissant sur les froides rivières » (Philippe Jaccottet, « Au petit jour », dans *L'Ignorant*, 1958). Comme elle est plus elliptique que la comparaison, la métaphore est souvent plus mystérieuse et sollicite davantage l'imaginaire.

c. La personnification : il s'agit de donner des caractéristiques humaines à des éléments qui ne le sont pas (des animaux, des objets) : « Berlin, Vienne étaient ses **maîtresses** » (Hugo, « Chanson », dans les *Châtiments*, 1853).

d. L'allégorie : c'est une représentation de quelque chose d'abstrait sous une forme concrète. Par exemple, Hugo, dans son poème « Mors » (tiré des *Contemplations*, 1856), fait une allégorie de la mort, en la représentant sous une forme concrète : « Je vis cette **faucheuse**. Elle était dans son champ ».

e. La prosopopée : comme l'allégorie, la prosopopée est une forme particulière de personnification : il s'agit d'attribuer un discours fictif à un mort, un absent, un élément inanimé ou encore une abstraction : « Comme **je** descendais des Fleuves impassibles, Je ne me sentis plus guidé par les haleurs » (Rimbaud, « Le Bateau ivre », poème écrit en 1871). Le poète choisit ici de construire tout son poème en faisant parler un bateau.

f. La métonymie : cette figure consiste à remplacer un terme par un autre selon une relation d'ordre logique : « Elle nous quitta pour la **tombe** » (Hugo, « Trois ans après », dans *Les Contemplations*, 1856) : le poète évoque la mort par un mot qui a un rapport étroit avec ce thème.

g. La synecdoque : forme particulière de métonymie, la synecdoque consiste à remplacer le nom d'une réalité par celui d'une de ses parties :

> *« Fuir ! Là-bas fuir ! Je sens que les oiseaux sont ivres*
> *D'être parmi l'écume inconnue et les cieux »*
>
> Mallarmé, « Brise marine », dans *Poésies*, 1887.

Mallarmé utilise le mot « écume » pour désigner la mer. Par ailleurs, on peut remarquer dans ces deux vers une personnification, les oiseaux étant « ivres ».

h. La périphrase : c'est le fait de désigner quelque chose ou quelqu'un d'une manière détournée, sans le nommer directement : ainsi, les albatros sont remplacés par la périphrase « les rois de l'azur » dans le poème de Baudelaire « L'Albatros » (*Les Fleurs du Mal*).

Les figures de pensée

a. La gradation : il s'agit d'une suite de termes juxtaposés, exprimant la même idée, mais de façon de plus en plus intense : « Je suis le ténébreux, - le veuf, - l'inconsolé » (Nerval, « El Desdichado », dans *Les Chimères*, 1854) : si le premier attribut exprime le tourment, le second l'accroît par la considération de la mort. Quant au troisième attribut, il finit par conclure au caractère irrémédiable de la douleur du poète.

b. L'hyperbole : cette figure consiste à amplifier la réalité pour la rendre plus saisissante : « La surface du pain est **merveilleuse** d'abord à cause de cette impression quasi panoramique qu'elle donne : comme si l'on avait à sa disposition sous la main les Alpes, le Taurus ou la Cordillère des Andes » (Francis Ponge, « Le Pain », dans *Le Parti pris des choses*, 1942).

c. L'euphémisme : c'est une atténuation d'une vérité que l'on déguise car elle renvoie à des domaines tabous (la mort, la sexualité) : « Nature, berce-le chaudement : il a **froid** » (Rimbaud, « Le Dormeur du val », 1870). Le personnage décrit ici est un soldat mort sur un champ de bataille. Rimbaud atténue la vérité en faisant référence à la froideur.

d. la litote : proche de l'euphémisme, la litote est une atténuation feinte : dans l'euphémisme, on atténue quelque chose pour ne pas choquer, tandis que dans la litote, l'atténuation est là pour renforcer la portée de ce qu'on veut dire : « elles ne m'ont **pas** trouvé **beau** » (Verlaine, « Gaspard Hauser chante », *Sagesse*, 1880). Verlaine suggère qu'en vérité, les femmes ont trouvé Gaspard Hauser très laid.

e. L'antiphrase : c'est la figure la plus utilisée quand on veut faire de l'ironie ; une antiphrase consiste à écrire quelque chose de façon à faire comprendre le contraire au lecteur. Par exemple, La Bruyère, se moquant des courtisans, qui passent leur temps à tenter de plaire à Louis XIV, écrit à leur sujet : « ils ne se couchent jamais sans s'être acquittés d'un emploi **si sérieux et si utile** » (*Les Caractères*, 1688).

➡ Les figures de construction

a. L'antithèse : elle consiste à employer deux antonymes (c'est-à-dire deux termes de sens contraire) dans une même phrase, sans pour autant heurter la logique : « Lui naguère si **beau**, qu'il est comique et **laid** » (Baudelaire, « L'Albatros »).

b. L'oxymore : il s'agit d'une réunion de deux idées contradictoires dans une même expression, ce qui crée un contraste heurtant l'esprit logique du lecteur : par exemple, Gérard de Nerval utilise, dans « El Desdichado » (*Les Chimères*), l'expression « le **soleil noir** de la mélancolie ».

c. L'anaphore : c'est une répétition, au début de plusieurs vers, d'un même terme ou d'une même expression :

> « **C'est** *l'extase langoureuse,*
> **C'est** *la fatigue amoureuse,*
> **C'est** *tous les frissons des bois »*
>
> Verlaine, « Ariette I », *Romances sans paroles*, 1874.

d. Le chiasme : cette figure réunit quatre termes en inversant leur disposition, selon un schéma ABBA : « Ayant le feu [A] pour père, [B] et pour mère [B] la cendre [A] » (Agrippa d'Aubigné, *Les Tragiques*, 1616).

➡ Les figures de diction

a. L'allitération : il s'agit d'une répétition d'un son consonantique, c'est-à-dire formé par une consonne : « Ils **c**ueillent les **c**olchi**q**ues **q**ui sont **c**omme des mères » (Apollinaire, « Les Colchiques, dans *Alcools*, 1913).

b. L'assonance : c'est une répétition d'un son vocalique, c'est-à-dire formé principalement par une voyelle : « Le ci**e**l n'**est** jam**ais** bleu comme il l'**est** sur les blés » (Louis Aragon, *Les Yeux d'Elsa*, 1942).

TOP CHRONO
C'est l'interro !

Exercices *20 min*

1. ⋆ **Indiquez le nom des figures de style définies dans les phrases suivantes :**

Une .... est la répétition, au début de plusieurs vers, d'un même mot ou d'une même expression.

Une .... est un discours attribué à un mort ou à un élément inanimé.

Une .... est une répétition d'un son vocalique.

Une .... consiste à exagérer la réalité.

2. ⋆⋆ **Identifiez les figures de style suivantes :**

« Le monde ressemblait à ce miroir maudit » (Aragon) : ....

« C'est un trou de verdure où chante une rivière » (Rimbaud) : ....

« Le soleil s'est noyé dans son sang qui se fige » (Baudelaire) : ....

« Je ne songeais pas à Rose ; Rose au bois vint avec moi » (Hugo) : ....

« Cette obscure clarté » (Corneille) : ....

3. ⋆⋆⋆ **Relevez et indiquez le nom de toutes les figures de style que vous trouverez dans le sonnet suivant :**

La rue assourdissante autour de moi hurlait.
Longue, mince, en grand deuil, douleur majestueuse,
Une femme passa, d'une main fastueuse
Soulevant, balançant le feston et l'ourlet ;

Agile et noble, avec sa jambe de statue.
Moi, je buvais, crispé comme un extravagant,
Dans son œil, ciel livide où germe l'ouragan,
La douceur qui fascine et le plaisir qui tue.

Un éclair...puis la nuit ! Fugitive beauté
Dont le regard m'a fait soudainement renaître,
Ne te verrai-je plus que dans l'éternité ?

Ailleurs, bien loin d'ici ! trop tard ! jamais peut-être !
Car j'ignore où tu fuis, tu ne sais où je vais,
Ô toi que j'eusse aimée, ô toi qui le savais !

Baudelaire, « À une passante »,
dans *Les Fleurs du Mal*, 1857.

....

....

....

....

....

chapitre 3

La tragédie et la comédie au XVIIe siècle : le classicisme

18 LA SPÉCIFICITÉ DU TEXTE THÉÂTRAL

Introduction

Né dès le VIe siècle avant Jésus-Christ en Grèce, à Athènes, le théâtre est un genre littéraire original par rapport aux autres, en ce sens qu'il s'agit à la fois d'un **texte** et d'un **spectacle**, ou plutôt d'un texte écrit en vue d'une représentation sur une scène par des comédiens. Le théâtre est avant tout fait pour être **vu**, davantage que pour être lu. D'ailleurs, le mot « théâtre » lui-même vient du verbe grec *théasthai* (θεασθαι) qui signifie « regarder, contempler ». De ce principe de base découle toute la **spécificité** de l'écriture d'un texte théâtral. En effet, les premiers destinataires du texte étant les professionnels du spectacle, il convient de faire en sorte, quand on écrit une pièce, que tout soit le plus clair et le plus pratique possible, afin de faciliter le travail des comédiens et du metteur en scène. C'est ainsi qu'on distingue dans n'importe quel texte de théâtre deux éléments différents : il y a d'un côté ce que les comédiens doivent **dire** sur scène (les répliques), de l'autre tout ce qu'ils doivent **faire** (les didascalies).

1. Les répliques

a. Définition : au théâtre, l'histoire racontée ne passe pas par un narrateur, comme dans un récit, mais par l'intermédiaire des paroles des personnages, que l'on nomme des **répliques**. L'art du dramaturge consiste à enchaîner les répliques de façon à construire un **dialogue**.

b. La double énonciation : on parle de **double énonciation** au théâtre, car les répliques échangées sur scène ont un double destinataire : d'une part, il s'agit pour un personnage d'échanger des paroles avec un autre, et d'autre part, c'est une façon pour le dramaturge de s'adresser à ses spectateurs et de leur faire comprendre l'histoire à travers ce que disent les comédiens. C'est pourquoi la première scène d'une pièce est toujours délicate à construire pour un écrivain : en effet, il s'agit de la **scène d'exposition**, c'est-à-dire de celle où le dramaturge expose l'intrigue aux spectateurs par l'intermédiaire des répliques proférées. Il faut alors trouver des moyens pour que les personnages, à travers leur dialogue, informent les spectateurs de la situation, quitte à ce qu'ils se disent l'un à l'autre des choses qu'ils savent en fait déjà eux-mêmes. Ainsi, dans la première scène du *Misanthrope* de Molière (1666), Philinte s'exclame face à son ami Alceste : « vous voulez un grand mal à la nature humaine ! ». Ce à quoi Alceste répond : « oui, j'ai conçu pour elle une effroyable haine ». Cet échange a surtout pour but d'informer le spectateur de la misanthropie absolue d'Alceste, thème qui sera au centre de la pièce.

c. La stichomythie : il s'agit d'un enchaînement de répliques brèves, constituées d'un seul vers ou d'une seule phrase. L'usage de la **stichomythie** permet de donner du rythme à une scène, de montrer deux personnages qui se querellent, ou encore de créer un effet comique. Par exemple, dans la scène 10 de l'acte III du *Malade imaginaire* de Molière (1673), la servante Toinette, déguisée en médecin, se moque de l'hypocondriaque Argan sans qu'il s'en rende compte, provoquant ainsi le rire des spectateurs, grâce à un enchaînement de répliques très courtes : à tous les maux d'Argan, elle répond toujours la même chose, à savoir que tout vient d'un problème au poumon.

d. La tirade : l'usage d'une longue réplique, qu'on appelle une **tirade**, ralentit le rythme de la pièce et donne souvent une certaine solennité aux propos formulés. Une tirade peut servir à renseigner le spectateur sur la psychologie du personnage qui prononce la tirade. Par exemple, dans *On ne badine pas avec l'amour* de Musset (1834), Perdican prononce une tirade poignante en faisant un éloge de l'amour face à Camille, qu'il veut convaincre de céder à ses sentiments (acte II, scène 5).

e. L'aparté : un dramaturge peut également jouer non sur la taille de la réplique, mais sur son destinataire : ainsi, lorsqu'un personnage prononce une réplique directement au public, sans être entendu par un autre personnage sur scène, on dit qu'il fait un **aparté**. Par exemple, dans la scène 2 de l'acte III de *Tartuffe* de Molière (1664), la servante Dorine annonce au faux dévot Tartuffe qu'Elmire (la maîtresse de maison) va bientôt arriver ; face au changement de ton de Tartuffe, elle prononce alors la réplique suivante : « comme il se radoucit ! ». La didascalie « *en soi-même* » signale que Tartuffe n'entend pas ce qu'elle dit, ce qui instaure ainsi une connivence avec les spectateurs. On parle également d'aparté lorsque deux personnages parlent ensemble sans être entendus par un troisième, pourtant lui aussi sur scène. La plupart du temps, l'aparté a une vocation comique.

f. Le monologue : au sens strict, le **monologue** n'est quasiment pas une réplique, dans la mesure où le personnage qui fait un monologue ne « réplique » à aucun autre, puisqu'il est **seul sur scène**. C'est d'ailleurs ce qui fonde la différence entre un monologue et une tirade. Lorsqu'un personnage fait un monologue, il prononce à voix haute ce qui est en réalité sa pensée. C'est pourquoi, au-delà de son caractère artificiel (on se parle rarement à soi-même à voix haute), un monologue s'adresse en fait au spectateur ou au lecteur, qui peut ainsi comprendre les motivations profondes de tel ou tel personnage, ou encore certains éléments de l'intrigue. Par exemple, la tragédie *Cinna* (1642) de Corneille commence par un monologue d'Émilie dans lequel elle exprime le sentiment qui l'obsède (le désir de vengeance),

en même temps qu'elle dévoile aux spectateurs certains éléments qui se sont passés avant le début de la pièce : l'empereur romain Auguste a en effet fait assassiner le père d'Émilie pour des raisons politiques.

g. Le quiproquo : c'est un dialogue reposant sur un **malentendu** entre les personnages, uniquement saisi par les spectateurs. L'usage du quiproquo est fréquent dans les comédies classiques. Par exemple, dans la scène 3 de l'acte V de *L'Avare* de Molière (1668), il y a un quiproquo entre Harpagon et Valère, tous deux n'accordant pas la même signification au vol dont il est question : Valère pense qu'Harpagon lui reproche de lui avoir volé sa fille (il est en effet amoureux d'elle), alors qu'Harpagon l'accuse en fait de lui avoir volé son argent, qu'il cachait dans une cassette.

2. Les didascalies

a. Définition : le mot « didascalie » est issu du grec *didaskalia* (διδασκαλια), qui signifie « enseignement, instruction » : au théâtre, ce mot regroupe toutes les **indications** données dans le texte par l'auteur en vue de la représentation de la pièce. Pour faciliter leur repérage par les comédiens, elles sont écrites dans d'autres caractères que les répliques.

b. Les différents types de didascalies : le premier type de didascalie concerne le découpage de la pièce : une pièce est en effet souvent divisée en **actes** et en **scènes**, indiqués en majuscules. Un acte est un ensemble de scènes liées entre elles et situées dans un même décor ; une scène est un ensemble de répliques ayant un thème commun et se terminant par l'entrée ou la sortie d'un personnage. La division en actes et en scènes a pour but de faciliter le travail des comédiens, notamment au moment des répétitions. Le deuxième type de didascalie, lui aussi écrit en lettres majuscules, consiste à indiquer, au début de chaque scène et devant les répliques, le **nom des personnages** qui apparaissent dans cette scène et qui prononcent les paroles. Enfin, il existe un troisième type de didascalies, écrit, lui, en italiques (et, dans certains cas, entre parenthèses) : il s'agit des indications sur le **lieu** et **l'époque** de l'histoire, sur les **accessoires**, sur les **gestes** et les **déplacements** des personnages, sur le **ton** de leur voix, sur **l'expression** de leur visage, sur les **actions** qu'ils effectuent sur scène.

Conclusion

Ainsi, contrairement aux récits ou aux poèmes qui peuvent se présenter de multiples façons, un texte de théâtre s'organise de manière intangible, comportant deux parties distinctes : les répliques et les didascalies. Ces deux éléments différents sont cependant indissociables l'un de l'autre, car ils concourent au même but, celui de transformer le texte en spectacle.

TOP CHRONO
C'est l'interro !

EXERCICES — ***20 min***

1. ⋆ **Complétez le texte suivant en indiquant les mots qui manquent :**

Au théâtre, il n'y a pas un .... qui raconte l'histoire. Celle-ci est connue par les spectateurs à travers les paroles des personnages, qu'on appelle des .... Un ensemble de répliques se nomme un .... Une longue réplique s'appelle une .... Lorsqu'un personnage parle seul sur une scène, on dit qu'il fait un .... Lorsqu'un personnage prononce des paroles qui ne sont pas censées être entendues par un autre, il fait un .... Enfin, un dialogue reposant sur un malentendu perceptible uniquement par les spectateurs est un.................... .

2. ⋆⋆ **Indiquez l'auteur du texte ci-dessous, ainsi que la pièce dont il est tiré. Puis nommez le type de réplique utilisé et indiquez l'effet produit :**

« TOINETTE. – [...] C'est du poumon que vous êtes malade.
ARGAN. – Du poumon ?
TOINETTE. – Oui. Que sentez-vous ?
ARGAN. – Je sens de temps en temps des douleurs de tête.
TOINETTE. – Justement, le poumon.
ARGAN. – Il me semble parfois que j'ai un voile devant les yeux.
TOINETTE. – Le poumon.
ARGAN. – J'ai quelquefois des maux de cœur.
TOINETTE. – Le poumon. »

....

3. ⋆⋆⋆ **Le texte suivant, extrait de la pièce de Musset *On ne badine pas avec l'amour*, est une réplique prononcée par Perdican face à Camille, qu'il aime, mais qui a repoussé ses avances peu auparavant, par peur de souffrir. Indiquez comment on appelle ce type de réplique, puis analysez les différentes fonctions de celle-ci.**

PERDICAN – Tous les hommes sont menteurs, inconstants, faux, bavards, hypocrites, orgueilleux et lâches, méprisables et sensuels ; toutes les femmes sont perfides, artificieuses, vaniteuses, curieuses et dépravées ; le monde n'est qu'un égout sans fond où les phoques les plus informes rampent et se tordent sur des montagnes de fange ; mais il y a au monde une chose sainte et sublime, c'est l'union de deux de ces êtres si imparfaits et si affreux. On est souvent trompé en amour, souvent blessé et souvent malheureux ; mais on aime, et quand on est sur le bord de sa tombe, on se retourne pour regarder en arrière, et on se dit : j'ai souffert souvent, je me suis trompé quelquefois ; mais j'ai aimé. C'est moi qui ai vécu, et non pas un être factice créé par mon orgueil et mon ennui.

Musset, *On ne badine pas avec l'amour*, 1834, acte II, scène 5.

19 LE CLASSICISME

Introduction

Contrairement aux poètes de la Pléiade à la Renaissance, puis, plus tard, aux romantiques, aux parnassiens ou aux surréalistes, les écrivains dits classiques, c'est-à-dire ceux appartenant à la deuxième partie du XVIIe siècle, ne se sont jamais appliqués le terme par lequel on les désigne aujourd'hui. Ce n'est qu'à partir du XVIIIe siècle qu'on commence à considérer Racine, Molière, La Fontaine et d'autres écrivains de l'époque de Louis XIV comme des écrivains « classiques » (ce terme apparaît notamment dans *L'Encyclopédie* dirigée par Diderot), c'est-à-dire comme des modèles, des artistes ayant atteint un haut degré de **perfection**. On peut rappeler à ce sujet que l'adjectif *classicus*, en latin, signifie « de première classe », c'est-à-dire ce qui est d'une grande valeur. Si l'histoire littéraire a retenu le nom de classicisme pour désigner ce mouvement, c'est parce qu'il s'agit d'une littérature qui apparaît comme fondatrice de **l'identité culturelle française**.

1. Histoire du classicisme

a. L'origine du mouvement classique : la première partie du XVIIe siècle est caractérisée par un véritable foisonnement en ce qui concerne la littérature, auquel on a donné *a posteriori* le nom de mouvement **baroque**. Il s'agit d'œuvres marquées par une certaine outrance dans tous les domaines : les poèmes sont caractérisés par une grande virtuosité technique, les romans par des intrigues extrêmement longues et pleines de rebondissements, les pièces de théâtre par des décors et des actions multiples. Par réaction contre cette littérature du débordement, de l'excès, certains théoriciens et écrivains commencent, dès 1630 environ, à édicter des **règles d'écriture** de façon à dompter l'imagination créatrice par une utilisation raisonnée des mots. C'est ce que fait **Malherbe**, puis, un peu plus tard, l'abbé d'Aubignac, dans son essai *Pratique du théâtre* (1657) et Corneille dans *Trois discours sur l'art dramatique* (1660) ; le mouvement classique est né.

b. la grande période du classicisme : elle correspond à la première partie du long règne de **Louis XIV** : bien qu'officiellement roi depuis 1643 (à la mort de Louis XIII), celui qu'on surnomme le Roi-Soleil n'accède réellement au pouvoir qu'en **1661**, à la mort du cardinal Mazarin, qui exerçait jusque-là le pouvoir en raison du jeune âge du roi. Conscient qu'il n'y a pas de grand règne sans littérature de prestige, Louis XIV encourage les artistes à produire des œuvres correspondant à son goût, en pratiquant une politique de gratifications, c'est-à-dire en publiant chaque année une liste d'écrivains recevant une rétribution financière accordée par l'État. Par ailleurs, amateur de divertissements spectaculaires et majestueux, il n'hésite pas à célébrer sa puissance en divertissant la Cour par des fêtes somptueuses, au cours

desquelles ont lieu de grandes représentations théâtrales : Louis XIV fait notamment collaborer Molière et le musicien Lully, qui créent ensemble un nouveau genre de pièce, la comédie-ballet, associant théâtre et intermèdes chantés et dansés (*Le Bourgeois gentilhomme*, 1670, *Le Malade imaginaire*, 1673). On peut ainsi dire que Louis XIV a joué un rôle important dans le développement de la littérature. Les quarante dernières années du XVIIe siècle voient l'émergence de toute une série de grandes œuvres, dans lesquelles il s'agit bien souvent de plaire avant tout au roi, perçu comme l'arbitre du bon goût.

c. Les principaux écrivains classiques : au premier rang de ceux-ci se trouvent trois grands dramaturges : Pierre **Corneille** (1606-1684) et Jean **Racine** (1639-1699) écrivent principalement des tragédies, tandis que **Molière** (1622-1673) se consacre à la comédie. On trouve également des poètes, en particulier Nicolas **Boileau** (1636-1711) et surtout Jean de **La Fontaine** (1621-1695). Madame de **La Fayette** (1634-1693) triomphe avec son roman *La Princesse de Clèves* (1678). Certains autres artistes, comme **Bossuet** (1627-1704) se consacrent à la réflexion philosophique et religieuse. Enfin, **La Rochefoucauld** (1613-1680), Madame de **Sévigné** (1626-1696) et Jean de **La Bruyère** (1645-1696) écrivent des textes où s'épanouit l'esprit mondain (des maximes, des lettres, des portraits).

2. Un mouvement littéraire très codifié

a. L'imitation des Anciens : les écrivains classiques considèrent les auteurs grecs et latins comme des références, des modèles dont il convient de se nourrir, de façon à tenter de les égaler, voire de les surpasser. C'est ainsi que Racine s'inspire souvent d'Euripide dans ses tragédies, Corneille de Sophocle, Molière de Plaute et de Térence, La Bruyère de Théophraste.

b. L'établissement de règles fixes : selon les écrivains classiques, la beauté artistique ne peut être le fruit du désordre ou du libre jaillissement créatif, mais du **travail**, de la méthode et de règles que l'artiste s'impose. Tout d'abord, l'art étant, selon le penseur grec Aristote (dont s'inspirent beaucoup les classiques), une imitation de la réalité, il convient de rechercher sans cesse la **vraisemblance** ; ensuite, il faut respecter les **bienséances**, en ne parlant pas de certains sujets qui peuvent choquer, comme les fonctions du corps ou la sexualité ; par ailleurs, par souci de vraisemblance, une pièce de théâtre doit se dérouler dans un seul lieu, en une seule journée et doit comporter une action unifiée (c'est ce qu'on appelle la **règle des trois unités**) ; enfin, la versification est strictement codifiée : par exemple, l'alexandrin doit comporter une **césure à l'hémistiche** et certains types d'enjambements sont proscrits (voir la fiche 16).

c. La recherche de l'équilibre et de l'harmonie : à l'image du château et des jardins de Versailles, que Louis XIV fait rénover et aménager à partir de 1661, la littérature classique donne une impression d'équilibre, de **symétrie** et d'ordre. Cette harmonie se perçoit notamment à travers la langue utilisée, qui se veut à la fois élégante, simple et concise. Comme l'écrit Boileau dans son *Art poétique* (1674), « ce que l'on conçoit bien s'énonce clairement, et les mots pour le dire arrivent aisément ». Les écrivains classiques recherchent **le mot juste**, qui puisse rendre le plus exactement possible ce que l'on veut dire : « entre toutes les différentes expressions qui peuvent rendre une seule de nos pensées, il n'y en a qu'une qui soit la bonne : [...] la plus simple, la plus naturelle. » (La Bruyère, *Caractères*, 1688).

➡ 3. Plaire et instruire : le double but du classicisme

a. Plaire : contrairement à une idée reçue couramment répandue, la littérature classique n'est pas spécialement élitiste, même si le niveau de langue utilisé par Racine, Corneille, et même Molière, peut surprendre aujourd'hui et paraître compliqué. Il ne s'agit pas, pour les classiques, de faire des œuvres inaccessibles, mais de **plaire** au roi, à la Cour et au public d'une manière générale : « je voudrais bien savoir si la grande règle de toutes les règles n'est pas de plaire, écrit Molière, et si une pièce qui a attrapé son but n'a pas suivi un bon chemin » (*La Critique de L'École des femmes*, 1663). Et La Fontaine renchérit en écrivant dans la préface du premier recueil de *Fables* (1668) : « on ne considère en France que ce qui plaît. C'est la grande règle, et pour ainsi dire la seule ».

b. Instruire : littérature à la gloire de Louis XIV, le classicisme ne pouvait pas se contenter de divertir, il lui fallait également faire passer des messages sérieux en indiquant ce qui est bien et ce qui est mal, dans une perspective **moraliste**. C'est ainsi que La Bruyère écrit dans ses *Caractères* : « on ne doit parler, on ne doit écrire que pour l'instruction ». Il s'agit bien souvent de critiquer les excès des hommes et de prôner une attitude mesurée en toute chose.

c. L'idéal de l'honnête homme : la figure de l'honnête homme désigne au XVIIe siècle celui qui a de **l'esprit**, mais qui sait aussi plaire et ne pas se montrer importun. La littérature classique reproduit l'idéal de l'honnête homme : quand La Fontaine écrit « je me sers d'animaux pour instruire les hommes », il indique par-là qu'il veut apprendre des choses à ses lecteurs, mais qu'en même temps il ne veut pas les ennuyer, ce qui le conduit à livrer de petites histoires d'animaux susceptibles de les divertir et servant d'illustration à la leçon morale. Molière, dans ses comédies, poursuit sans cesse ce double but, en reprenant à son compte le précepte du poète latin Horace (Ier siècle avant Jésus-Christ), « castigat ridendo mores » (la comédie « corrige les mœurs par le rire »).

TOP CHRONO
C'est l'interro !

EXERCICES — ***30 min***

1. ⋆ **Quelle est la grande époque du mouvement classique ?**

2. ⋆ **En quoi Louis XIV joue-t-il un rôle important dans le développement du classicisme ?**

3. ⋆ **Pourquoi a-t-on donné le nom de « classicisme » à ce mouvement ?**

4. ⋆⋆ **Indiquez le genre principalement pratiqué par chacun des écrivains suivants : Corneille, Racine, Molière, La Rochefoucauld, Madame de La Fayette, Madame de Sévigné, La Fontaine, La Bruyère.**

5. ⋆⋆ **En quoi l'esthétique de la littérature classique peut-elle être mise en relation avec le château et les jardins de Versailles ?**

6. ⋆⋆⋆ **Expliquez en quelques lignes ces vers de La Fontaine (*Épître à Huet*, 1687) :**

   Mon imitation n'est point un esclavage ;
   Je ne prends que l'idée, et les tours, et les lois,
   Que nos maîtres eux-mêmes suivaient autrefois.

7. ⋆⋆⋆ **Expliquez en quoi ces propos de Jean de La Bruyère sont caractéristiques du classicisme :**

   On ne doit parler, on ne doit écrire que pour l'instruction ; et s'il arrive que l'on plaise, il ne faut pas néanmoins s'en repentir, si cela sert à insinuer et à faire recevoir les vérités qui doivent instruire.

   Jean de La Bruyère, préface des *Caractères*, 1688.

20 LA COMÉDIE CLASSIQUE

Introduction

La comédie, comme la tragédie, est une création **grecque**. Née au VIe siècle avant Jésus-Christ, elle provient, selon le philosophe Aristote, de processions burlesques en l'honneur du dieu du vin Dionysos, des sortes de carnavals où de joyeux fêtards échangeaient des quolibets avec les passants. La comédie s'épanouit à Athènes, notamment grâce aux pièces d'Aristophane, puis de Ménandre. Elle se développe également un peu plus tard à Rome, par l'intermédiaire de Plaute et de Térence. Le Moyen Âge français, lui, ne pratique pas *stricto sensu* le genre de la comédie ; néanmoins, le théâtre comique existe, principalement par l'intermédiaire des farces, pièces populaires reposant sur des procédés aisément compréhensibles, notamment du comique de geste et des renversements de situation. La plus célèbre est *La Farce de maître Pathelin* (auteur anonyme, XVe siècle). C'est à la Renaissance que l'on redécouvre les comédies grecques et latines, mais il faut attendre le XVIIe siècle pour que le genre de la comédie prenne réellement son essor et devienne un des emblèmes du mouvement classique.

1. L'essor de la comédie au XVIIe siècle

Au début du XVIIe siècle, la comédie est en pleine crise. Mais, au cours du siècle, on assiste à une irrésistible **ascension** de ce genre. Les chiffres sont éloquents : de 1610 à 1630, les comédies représentent moins de 7 % du total de la production théâtrale ; vers 1660, la part des comédies passe à 50 % environ, et, entre 1670 et 1700, elle s'élève à près de 70 %. Les raisons de cet essor sont multiples :

a. Une raison sociale : l'évolution du public : au cours du siècle, le peuple français s'intéresse progressivement de plus en plus au théâtre, et le genre comique est particulièrement adapté à sa sensibilité. Par ailleurs, l'arrivée au pouvoir de Louis XIV se traduit par de nombreuses **fêtes** au cours desquelles sont représentés des spectacles théâtraux, et notamment des comédies-ballets.

b. Une raison littéraire : la diversité des comédies : si la comédie connaît un succès grandissant au fur et à mesure qu'on avance dans le siècle, c'est aussi parce qu'elle réussit à se diversifier, et donc à toucher davantage de milieux sociaux différents. Ainsi, à côté de la **farce** héritée du Moyen Âge, tradition dans laquelle Molière n'hésite pas à puiser, dans *Le Médecin malgré lui* (1666) par exemple, on trouve d'autres types de pièces comiques : les **comédies d'intrigue** (*L'Illusion comique* de Corneille, 1636, *Les Fourberies de Scapin* de Molière, 1671) évoquent des histoires complexes, au rythme enlevé et aux multiples rebondissements. Les **comédies de caractère** sont centrées sur une caricature d'un défaut particulier : ainsi, dans *Tartuffe* (1664), Molière met en scène un faux dévot, c'est-à-dire un personnage

hypocrite se servant de la religion pour parvenir à ses fins. Les **comédies de mœurs** tournent en dérision certains comportements propres à l'époque : par exemple, dans *Les Précieuses ridicules* (1659), c'est la préciosité, courant mondain consistant à s'exprimer d'une manière élégante et raffinée, en employant des mots et des tournures rares, que Molière raille. Les **comédies-ballets**, elles, alliant théâtre, danse et musique, sont souvent des divertissements commandés par Louis XIV. C'est le cas, par exemple, du *Bourgeois gentilhomme* (1670) de Molière. Enfin, la **commedia dell'arte**, née en Italie au XVIe siècle, se caractérise par le mime et l'improvisation à partir de canevas et personnages récurrents (Arlequin, Pantaloni).

c. Une raison individuelle : l'apport considérable de Molière : les pièces citées ci-dessus le montrent bien, il y a un homme qui émerge largement dans la production théâtrale comique du XVIIe siècle : Molière (1622-1673), à la fois dramaturge, comédien, metteur en scène et directeur de troupe, aurait rêvé de faire des tragédies ; mais, s'apercevant assez vite qu'il lui est plus facile de faire rire que d'émouvoir, il se spécialise dans la comédie, avec comme volonté d'élever celle-ci à une **dignité** aussi haute que la tragédie. Il **renouvelle** la farce, mais également la comédie d'intrigue, de mœurs et de caractère. Il **invente** un genre nouveau, la comédie-ballet, en se servant notamment des pantomimes et des petites danses de la commedia dell'arte. Enfin, il écrit et monte des **pièces ambitieuses**, en cinq actes, versifiées et abordant des sujets importants, comme *Tartuffe* (1664), *Le Misanthrope* (1666) et *Les Femmes savantes* (1672). Parfois, même, il ose aborder des sujets très sensibles, comme celui de l'athéisme et du libertinage dans *Dom Juan* (1665). Au final, si la comédie au XVIIe siècle connaît un essor sans précédent, c'est largement grâce à Molière.

2. La comédie classique : un genre très codifié

Si la comédie se présente sous une forme très diversifiée au XVIIe siècle, elle est néanmoins inséparable du mouvement littéraire principal de l'époque, c'est-à-dire le **classicisme**. Comme la plupart des autres genres littéraires, la comédie n'échappe pas à une certaine **codification**.

a. Caractéristiques au niveau du fond : les personnages d'une comédie sont souvent **ordinaires**, c'est-à-dire qu'ils n'appartiennent pas, contrairement à ceux d'une tragédie, à une sphère sociale extrêmement élevée. Cela peut être des paysans (*George Dandin* de Molière, 1668), des bourgeois, c'est-à-dire des habitants de la ville (*Le Malade imaginaire* de Molière, 1673), voire des nobles n'exerçant pas un rôle de pouvoir au niveau de l'État (*Le Misanthrope*, 1666) : en effet, les spectateurs sont souvent amenés à rire des défauts des personnages ; un dramaturge ne

peut donc pas, à une époque où le système politique est une Monarchie absolue, courir le risque de déplaire à des personnes très haut-placées, sous peine de voir sa pièce interdite. Par ailleurs, une comédie se caractérise, bien évidemment, par des éléments visant à faire **rire** ou **sourire**. Enfin, la pièce se termine en général de façon **heureuse**, les personnages valorisés au cours de la pièce arrivant à leur but, qui est souvent un mariage.

b. Caractéristiques au niveau de la forme : si les règles formelles sont moins nombreuses que celles régissant la tragédie, on retrouve néanmoins dans la comédie la **règle des trois unités**, c'est-à-dire le fait que la pièce doit se dérouler en un seul jour, en un seul lieu et ne doit comporter qu'une action principale. Le **nombre d'actes** est en général établi à trois ou cinq. Enfin, la **vraisemblance** doit être respectée et la **bienséance** doit être globalement de mise (voir la fiche 19).

3. Le double but de la comédie classique : faire rire et faire réfléchir

a. Faire rire : un dramaturge dispose de quatre procédés comiques principaux : le **comique de geste** naît de ce que **font** les personnages sur scène : ils se donnent des coups, se mettent dans des positions ridicules, font des grimaces, ou encore portent des costumes extravagants. Le **comique de situation** consiste à mettre les personnages dans une situation amusante pour le spectateur. Le **comique de caractère** consiste à se moquer d'un défaut d'un personnage, en le caricaturant. Le **comique de mots**, enfin, repose sur une utilisation humoristique du langage, c'est-à-dire sur des réparties brillantes ou des jeux de mots.

b. Faire réfléchir : dans *La Critique de L'École des femmes* (1663), Molière faire dire à un de ses personnages : « vous n'avez rien fait si vous n'y faites reconnaître les gens de votre siècle ». Ce propos illustre bien la fonction **pédagogique** et **morale** de la comédie classique. Il s'agit en effet de corriger les comportements humains négatifs en les caricaturant, de façon à ce que les spectateurs n'aient pas envie d'être aussi ridicules que le personnage qu'ils viennent de voir sur scène.

Conclusion

Le XVIIe siècle est ainsi la grande période de la comédie, principalement grâce à l'apport de Molière. Mais ce genre théâtral ne disparaît pour autant par la suite. Ainsi, au XVIIIe siècle, Marivaux, puis Beaumarchais feront évoluer la comédie en lui donnant une fonction politique et sociale ; au XIXe siècle, Labiche et Feydeau s'illustreront dans le vaudeville, Musset dans la comédie-proverbe, et, au XXe siècle, Beckett et Ionesco reprendront certains aspects du genre de la comédie pour créer des pièces où le rire se fera plus grinçant et plus angoissant.

TOP CHRONO
C'est l'interro !

EXERCICES *20 min*

1. ⋆ **Où et quand le genre de la comédie est-il né ?**

....

2. ⋆ **Quels sont les différents types de comédies au XVIIe siècle ?**

....

3. ⋆⋆ **Expliquez ce propos du poète latin Horace (65-8 avant Jésus-Christ), repris à son compte par Molière : la comédie « corrige les mœurs par le rire ». En quoi cette idée est-elle caractéristique du mouvement classique ?**

....

4. ⋆⋆⋆ **Indiquez précisément quels sont les procédés comiques présents dans la scène 4 de l'acte II du *Bourgeois gentilhomme* de Molière (1670) :**

(Monsieur Jourdain est un bourgeois enrichi qui rêve d'imiter la noblesse de la cour du roi. Il prend pour cela toutes sortes de leçons.)

MAÎTRE DE PHILOSOPHIE. – Que voulez-vous donc que je vous apprenne ?

MONSIEUR JOURDAIN. – Apprenez-moi l'orthographe.

MAÎTRE DE PHILOSOPHIE. – Bien volontiers.

MONSIEUR JOURDAIN. – Après, vous m'apprendrez l'almanach, pour savoir quand il y a de la lune et quand il n'y en a point.

MAÎTRE DE PHILOSOPHIE. – Soit. Pour bien suivre votre pensée et traiter de cette matière en philosophe, il faut commencer selon l'ordre des choses, par une exacte connaissance de la nature des lettres, et de la différente manière de les prononcer toutes. Et là-dessus j'ai à vous dire que les lettres sont divisées en voyelles, ainsi dites voyelles parce qu'elles expriment les voix ; et en consonnes, ainsi appelées consonnes parce qu'elles sonnent avec les voyelles, et ne font que marquer les différentes articulations des voix. Il y a cinq voyelles ou voix : A, E, I, O, U.

MONSIEUR JOURDAIN. – J'entends tout cela.

MAÎTRE DE PHILOSOPHIE. – La voix A se forme en ouvrant fort la bouche : A.

MONSIEUR JOURDAIN. – A, A. Oui.

MAÎTRE DE PHILOSOPHIE. – La voix E se forme en rapprochant la mâchoire d'en bas de celle d'en haut : A, E.

MONSIEUR JOURDAIN. – A, E, A, E. Ma foi ! oui. Ah ! que cela est beau.

MAÎTRE DE PHILOSOPHIE. – Et la voix I en rapprochant encore davantage les mâchoires l'une de l'autre, et écartant les deux coins de la bouche vers les oreilles : A, E, I.

MONSIEUR JOURDAIN. – A, E, I, I, I, I. Cela est vrai. Vive la science !

....

....

21 UNE COMÉDIE CLASSIQUE CÉLÈBRE : *DOM JUAN* DE MOLIÈRE

Introduction

Molière (1622-1673), de son vrai nom Jean-Baptiste Poquelin, a voué **sa vie entière au théâtre** : très tôt, en 1643, il décide de pratiquer cet art et fonde à Paris la troupe de l'Illustre-Théâtre. Les débuts sont difficiles et Molière est même emprisonné pour dettes. Libéré au bout de deux jours grâce à l'intervention de son père, il ne se décourage pas pour autant et part pour la province ; pendant treize ans, il parcourt la France avec une troupe itinérante, montant des pièces dans des lieux scéniques de fortune et engrangeant une grande expérience théâtrale. En **1658**, ayant acquis une certaine notoriété, il revient à Paris et joue devant la Cour une tragédie qui ennuie le roi et une farce qui le fait rire aux éclats. Louis XIV accorde à la troupe le droit de se produire dans la salle du Petit-Bourbon ; c'est le début de la carrière triomphante de Molière. À partir de là, les comédies s'enchaînent à un rythme effréné : *Les Précieuses ridicules* (1659), *L'École des femmes* (1662), *Tartuffe* (1664), *Dom Juan ou Le Festin de Pierre* (1665), *Le Misanthrope* (1666), *Le Médecin malgré lui* (1666), *L'Avare* (1668), *Le Bourgeois gentilhomme* (1670), *Les Femmes savantes* (1672). Mais Molière connaît des problèmes de **santé** et il meurt lors de la quatrième représentation de sa dernière pièce, *Le Malade imaginaire*, en 1673.

1. *Dom Juan*, une pièce emblématique du mouvement classique

a. Une pièce écrite en pleine période classique : lorsque Molière écrit et représente *Dom Juan*, en **1665**, Louis XIV a commencé son règne personnel depuis quatre ans, en 1661. Le début du règne de Louis XIV correspond à l'apogée de ce qu'on appelle le mouvement **classique**, caractérisé notamment par une littérature marquée par le respect de diverses règles, par une recherche d'ordre et de symétrie et par une double fonction, plaire et instruire (voir la fiche 19).

b. Une pièce globalement structurée selon les règles en vigueur en matière théâtrale : *Dom Juan* est une pièce construite en cinq actes, conformément à l'usage : l'acte I constitue **l'exposition** de l'intrigue : le valet Sganarelle fait un portrait de son maître, l'aristocrate Don Juan (Molière écrit le titre de sa pièce avec un m, mais désigne le personnage avec un n), « un grand seigneur méchant homme », passant son temps à séduire des femmes puis à les abandonner. Celui-ci vient d'ailleurs de fuir sa dernière conquête, Done Elvire, qui vient lui demander des comptes, auxquels il répond de manière très cynique. L'acte II fait **progresser** l'intrigue : après avoir fait naufrage en pleine mer, Don Juan et Sganarelle sont recueillis par des villageois. Le libertin entreprend de séduire deux paysannes, Charlotte et Mathurine, avant de prendre la fuite, en apprenant que douze hommes

à cheval le recherchent : c'est le **nœud** de l'intrigue, c'est-à-dire la manifestation d'un conflit. L'acte III est formé de différentes **péripéties** : Don Juan explique à son valet son athéisme, fait l'aumône à un pauvre après avoir tenté de le faire blasphémer, puis vient au secours d'un homme attaqué par trois voleurs. Il se trouve qu'il s'agit de Don Carlos, l'un des deux frères d'Elvire. Lui et Don Alonse sont à la recherche de Don Juan afin de se venger de l'offense faite à Elvire. Don Juan, ayant obtenu une grâce d'une journée, se retrouve devant la statue d'un Commandeur qu'il a tué six mois auparavant. Ne perdant jamais une occasion de défier Dieu et la mort, il invite par bravade la statue à venir dîner chez lui. Celle-ci hoche la tête en signe d'acceptation. L'acte IV est constitué par la suite des péripéties : Don Juan se trouve successivement aux prises avec différents personnages : le bourgeois Monsieur Dimanche vient lui réclamer l'argent que le libertin lui doit ; Don Louis, le père de Don Juan, l'accable de reproches pour sa conduite de débauché ; Elvire, revenue pour essayer de sauver son âme, le conjure de se convertir et de mettre fin à sa vie libertine ; la statue du Commandeur, enfin, vient honorer l'invitation à dîner donnée par Don Juan dans l'acte précédent, puis lui demande de venir à son tour le lendemain souper avec elle. L'acte V constitue le **dénouement** de la pièce : Don Juan feint, par hypocrisie, de se réconcilier avec son père, élude un duel avec Don Carlos, défie encore le Ciel, avant d'être entraîné par la statue du Commandeur dans les flammes de l'enfer.

c. Une comédie qui veut plaire et instruire : conformément à l'esthétique classique, Molière poursuit, dans *Dom Juan* comme dans ses autres pièces, un double but : il entend tout d'abord **divertir** les spectateurs par des éléments comiques : l'acte II, par exemple, centré sur des villageois s'exprimant dans un patois caractéristique du monde paysan, a essentiellement pour but de faire rire. C'est également le cas du valet Sganarelle, en particulier lorsqu'il s'emmêle en tentant de faire des raisonnements compliqués ou lorsqu'il s'arrête brusquement de dire du mal de son maître de peur de recevoir un soufflet. La scène 3 de l'acte IV, mettant en scène Don Juan flattant Monsieur Dimanche pour ne pas payer ses dettes, a aussi une fonction comique. Mais Molière veut également donner une **leçon morale** au public, en faisant mourir son personnage principal, en signe de punition pour son comportement général indigne d'un grand seigneur.

2. Une pièce néanmoins bien peu classique, par de nombreux aspects

Dom Juan connaît lors de sa création un véritable triomphe, mais Molière fait assez rapidement disparaître la pièce de l'affiche, sans doute conseillé par Louis XIV, en raison de son caractère trop audacieux sur différents plans. Si c'est aujourd'hui

une des pièces de Molière la plus reconnue et la plus jouée, c'est sans aucun doute en raison de son caractère très **audacieux** et très **ambigu**, qui dépasse largement les principes du classicisme.

a. Le non-respect de certaines règles classiques : ce qui est frappant dans cette pièce, c'est la **liberté** prise par Molière vis-à-vis de certaines règles classiques, en particulier celle des **trois unités** : la comédie se déroule en effet sur deux jours et dans de multiples lieux (un palais, un hameau de verdure, une forêt, la demeure de Don Juan) ; l'unité d'action est elle aussi malmenée, puisqu'on suit les entreprises de séduction du libertin, mais aussi la volonté de vengeance des frères d'Elvire, les relations problématiques entre Don Juan et son père, et enfin les démêlées du héros avec ce personnage surnaturel qu'est la statue du Commandeur. Au final, *Dom Juan* apparaît davantage comme une pièce **baroque** que classique.

b. Une évocation audacieuse de certains éléments de la société : bien loin de se situer dans le cadre des bienséances propres à l'esthétique classique, Molière n'hésite pas, dans *Dom Juan*, à aborder des éléments **sensibles** au XVIIe siècle : la conduite libertine de Don Juan, tout d'abord, est perçue comme scandaleuse par les milieux moralistes. Par ailleurs, **l'athéisme**, l'impiété et le matérialisme revendiqués par le libertin (il révèle à son valet dans l'acte III : « je crois que deux et deux sont quatre [...] et que quatre et quatre sont huit ») heurtent les milieux religieux, puissants à l'époque classique, notamment la compagnie des Jésuites. Au final, le libertinage de **mœurs** et le libertinage de **pensée** (c'est-à-dire la revendication d'une certaine liberté de pensée vis-à-vis des dogmes religieux) donnent à la pièce un caractère très audacieux, qui est sans aucun doute la raison principale ayant conduit Molière à en cesser rapidement la représentation.

c. Une pièce ambiguë : tout d'abord, le personnage de Don Juan lui-même est assez difficile à appréhender : certes, de nombreux personnages condamnent sa conduite et il est puni à la fin. Mais sa liberté de pensée et sa maîtrise de la parole en font également un **personnage fascinant**. Ensuite, c'est le ton de la pièce lui-même qui est ambigu : en effet, bien qu'appelée « **comédie** » et comportant de nombreuses scènes drôles, *Dom Juan* est également une pièce aux accents **tragiques** : la noblesse d'âme et la souffrance d'Elvire, par exemple, font d'elle une héroïne racinienne. Quant à Dom Louis, Dom Carlos et Dom Alonse, ils semblent tout droit sortis d'une tragédie de Corneille, avec leur morale fondée sur la notion d'honneur. Ainsi, ce qui fait de cette pièce un chef-d'œuvre, c'est notamment cette ambiguïté, cette richesse causée par la **multiplicité des tons et des interprétations possibles** ; bien qu'emblématique du mouvement classique, *Dom Juan* est une création personnelle et originale.

TOP CHRONO
C'est l'interro !

EXERCICES *20 min*

1. ⋆ **Vrai ou faux ?**

a. *Dom Juan* est la première pièce de Molière.
b. Dans *Dom Juan*, le personnage d'Elvire a deux frères : Don Carlos et Don Alonse.
c. Le personnage de Don Juan est un libertin de mœurs et de pensée.
d. Don Carlos est le père de Don Juan.
e. Monsieur Dimanche est un bourgeois à qui Don Juan doit de l'argent.

2. ⋆⋆ **Grâce à ce que vous savez de la pièce, attribuez les répliques suivantes au personnage qui les a prononcées, puis faites-en un rapide commentaire :**

« Un grand seigneur méchant homme est une terrible chose » : ....

« La naissance n'est rien où la vertu n'est pas » : ....

« L'hypocrisie est un vice à la mode, et tous les vices à la mode passent pour vertu » : ....

« L'homme est en ce monde ainsi que l'oiseau sur la branche ; la branche est attachée à l'arbre ; qui s'attache à l'arbre, suit de bons préceptes ; les bons préceptes valent mieux que les belles paroles ; les belles paroles se trouvent à la cour ; à la cour sont les courtisans ; les courtisans suivent la mode : la mode vient de la fantaisie ; la fantaisie est une faculté de l'âme [...] et, par conséquent, vous serez damné à tous les diables » :

....

3. ⋆⋆⋆ **Commentez en quelques lignes la tirade suivante, en indiquant ce que cet éloge paradoxal nous révèle sur le personnage de Don Juan.**

DON JUAN. La constance n'est bonne que pour des ridicules ; toutes les belles ont droit de nous charmer, et l'avantage d'être rencontrée la première ne doit point dérober aux autres les justes prétentions qu'elles ont toutes sur nos cœurs. Pour moi la beauté me ravit partout où je la trouve, et je cède facilement à cette douce violence dont elle nous entraîne. J'ai beau être engagé, l'amour que j'ai pour une belle n'engage point mon âme à faire injustice aux autres ; je conserve des yeux pour voir le mérite de toutes, et rends à chacune les hommages et les tributs où la nature nous oblige. Quoi qu'il en soit, je ne puis refuser mon cœur à tout ce que je vois d'aimable ; et dès qu'un beau visage me le demande, si j'en avais dix mille, je les donnerais tous.

Molière, *Dom Juan*, acte I, scène 2.

....

....

....

22 LA TRAGÉDIE CLASSIQUE

Introduction

La tragédie est née dans la **Grèce** antique, à Athènes. Elle acquiert une existence officielle en **534** avant Jésus-Christ, date à laquelle le tyran Pisistrate institue des concours tragiques annuels. Aristote, dans sa *Poétique* (ouvrage rédigé vers 335 avant Jésus-Christ) fait dériver son origine de **cérémonies religieuses** en l'honneur du dieu Dionysos, au cours desquelles, au milieu de chants lyriques appelés des dithyrambes, avait lieu l'immolation expiatoire d'un bouc, ce qui expliquerait l'étymologie du mot « tragédie », qui signifie en grec « chant du bouc ». Des dialogues se seraient introduits peu à peu entre les dithyrambes et auraient ainsi donné naissance au genre tragique, qui connaît son apogée en Grèce au Ve siècle avant Jésus-Christ, grâce aux pièces d'**Eschyle**, de **Sophocle** puis d'**Euripide**. La civilisation romaine reprend et adapte ce genre, notamment par l'intermédiaire de **Sénèque**. Par la suite, au Moyen Âge, la tragédie est oubliée et il faut attendre la Renaissance, où on redécouvre l'art de l'Antiquité, pour que ce genre renaisse. Mais la grande période de la tragédie en France est le XVIIe siècle.

1. Le XVIIe siècle : l'apogée de la tragédie classique

Si la comédie rencontre un succès croissant au cours du XVIIe siècle (voir la fiche 20), c'est néanmoins la tragédie qui est considérée, avec l'épopée, comme **le genre le plus noble**. Avec Corneille et Racine, elle connaît ses plus grands chefs-d'œuvre.

a. Les tragédies de Pierre Corneille (1606-1684) : Corneille commence sa carrière théâtre en écrivant des comédies (*L'Illusion comique*, 1636) et des tragi-comédies (*Le Cid*, 1637), c'est-à-dire des pièces comportant tous les éléments d'une tragédie, mais dont la fin n'est pas marquée par une catastrophe. Le dénouement d'une tragi-comédie est en général ouvert, c'est-à-dire qu'il reste un espoir que les choses s'arrangent avec le temps. Mais à partir de 1640, Corneille se spécialise dans la tragédie : *Horace* (1640), *Cinna* (1641), *Polyeucte* (1645), *Sertorius* (1662). Il constitue la référence absolue en matière théâtrale jusqu'à l'éclosion de la carrière de Racine, qui vient le concurrencer. En 1670, Corneille subit un terrible affront : en effet, sa pièce *Tite et Bérénice* est moins appréciée que la *Bérénice* de Racine, qui aborde le même sujet. Dans ses tragédies, Corneille s'inspire souvent de **l'Histoire romaine** : par exemple, dans *Cinna*, il évoque le complot de Cinna contre l'Empereur romain Octave-Auguste. Par ailleurs, il y a chez Corneille une exaltation de l'héroïsme humain, de la volonté, du devoir. Les personnages cornéliens sont souvent partagés entre leur **honneur** et leurs **passions** (c'est le fameux **dilemme cornélien**), mais c'est l'honneur qui l'emporte la plupart du temps.

b. Les tragédies de Jean Racine (1639-1699) : Racine est moins éclectique que Corneille : il n'écrit en effet qu'une seule comédie, *Les Plaideurs* (1668). Toutes ses

autres pièces sont des tragédies : *Andromaque* (1667), *Britannicus* (1669), *Bérénice* (1670), *Bajazet* (1672), *Iphigénie* (1674) et *Phèdre* (1677) sont les principales. Les intrigues raciniennes sont beaucoup moins complexes que celles de son maître et néanmoins rival Corneille ; Racine revendique en effet la construction d'« une action simple, chargée de peu de matière » (préface de *Britannicus*), conformément à l'idéal de la vraisemblance. Par ailleurs, les tragédies raciniennes sont beaucoup plus **sombres** que celles de Corneille, car le héros racinien fait tout ce qu'il peut pour vaincre la **fatalité**, mais celle-ci s'avère toujours plus forte. *Phèdre* se termine par la mort de deux des personnages principaux (Phèdre et Hippolyte) ; à la fin d'*Andromaque*, Pyrrhus est tué, Hermione se suicide et Oreste devient fou ; le dernier mot de *Bérénice* est « hélas » et scelle la séparation définitive des deux amants, Titus et Bérénice. Le théâtre racinien est infiniment plus **tragique** que celui de Corneille, les personnages étant irrémédiablement destinés à la mort ou au malheur. Malgré leurs efforts, ils finissent par être broyés par un destin inexorable, contre lequel ils ne peuvent lutter à armes égales.

2. Les règles de la tragédie classique

La tragédie, parce qu'elle est la création littéraire perçue comme la plus noble, est aussi celle qui est soumise à la **codification** la plus précise au XVIIe siècle, différents théoriciens (l'abbé d'Aubignac et Boileau, notamment) reprenant et, parfois, déformant les préceptes énoncés par **Aristote** dans la *Poétique*.

a. Les règles formelles : tout d'abord, une tragédie doit être construite en **cinq actes**, en distinguant soigneusement l'exposition, le nœud, les péripéties et le dénouement. Elle ne doit pas comporter d'incohérence, que ce soit au niveau de l'intrigue ou de la psychologie des personnages. C'est ce qu'on appelle le principe de **vraisemblance**, duquel découle également la **règle des trois unités** (unité d'action, de temps et de lieu) : il faut qu'il y ait une intrigue principale à laquelle les autres sont subordonnées, se déroulant en une seule journée et dans un même lieu. Par ailleurs, le principe de la **bienséance** doit être respecté : la tragédie ne doit pas choquer le public, ce qui implique de ne pas représenter sur scène certaines actions considérées comme triviales (on ne mange pas, on ne fait rien ayant trait à la sexualité) ou violentes (on ne se bat pas, on ne se tue pas). Les combats, suicides ou meurtres sont racontés et non montrés sur scène : par exemple, la mort de Britannicus, dans la pièce éponyme de Racine, est relatée par Burrhus. Le spectateur n'assiste pas à son empoisonnement au cours d'un festin. C'est également en raison du principe de bienséance que certains mots, considérés comme vulgaires, sont bannis, au profit de **mots plus nobles**, come « cœur » (dans

le sens de courage), « devoir », « honneur », « gloire », « courroux », « flamme », ou encore « tristesse » (dans le sens fort d'« affliction mortelle »). Enfin, l'usage de **l'alexandrin**, donnant un caractère solennel aux propos tenus, est de rigueur.

b. Les personnages : la tragédie met principalement en scène des personnages très importants, très **haut-placés** dans la société (des rois, des reines, des héros, des êtres appartenant à la grande noblesse), confrontés à des problèmes graves, mettant souvent en jeu non seulement leur propre personne, mais aussi la nation elle-même. Ainsi, dans *Andromaque* de Racine, c'est tout l'équilibre de la Grèce qui est suspendu aux actions et aux choix de Pyrrhus.

c. L'importance du destin : les personnages tragiques sont la plupart du temps confrontés à un destin, c'est-à-dire à **des forces qui les dépassent** et contre lesquelles ils essaient, souvent en vain, de lutter. Ainsi, Phèdre essaie tout au long de la pièce de Racine de ne pas céder à son amour coupable envers son beau-fils Hippolyte, mais elle finit par l'avouer, entraînant toute une série de catastrophes.

3. Les buts de la tragédie classique

Reprenant un passage de la *Poétique* d'Aristote, les théoriciens du XVIIe siècle assignent un **double but** à la tragédie, en accord avec le principe général du classicisme, à savoir l'idée selon laquelle la littérature doit plaire pour instruire.

a. Provoquer des émotions chez le spectateur : selon Aristote, la tragédie suscite deux émotions principales, la **pitié** envers les personnages qui sombrent dans le malheur, et la **frayeur** causée par la fatalité qui les broie inexorablement. C'est en provoquant ces deux émotions que la tragédie touche les spectateurs et leur **plaît**.

b. Éduquer les spectateurs : la tragédie a également un but **moral** : en effet, en éprouvant pitié et frayeur, les spectateurs sont conduits à ne pas reproduire les mêmes erreurs que les personnages. En cela, la tragédie réalise une **purgation** (Aristote emploie le terme grec de **catharsis**) des passions : par exemple, en voyant le destin funeste qui s'abat sur Oreste dans *Andromaque* (il sombre dans la folie, ce qui châtie son amour démesuré pour Hermione, amour l'ayant conduit à commettre un meurtre), les spectateurs sont invités à résister à leurs passions si elles vont à l'encontre de la morale.

Conclusion

Si la tragédie connaît son apogée au XVIIe siècle, elle ne disparaît pas pour autant par la suite : **Voltaire**, par exemple, s'illustre dans ce genre au XVIIIe siècle. Si, au XIXe siècle, elle est supplantée par le drame romantique, elle renaît néanmoins au XXe siècle, notamment grâce à Jean **Giraudoux** et Jean **Anouilh**.

TOP CHRONO
C'est l'interro !

EXERCICES *20 min*

1. ⋆ **Où et quand la tragédie est-elle née ?**

2. ⋆ **Quel est le philosophe grec qui sert de référence dans l'élaboration des règles de la tragédie au XVIIe siècle ? Avec quel ouvrage ?**

3. ⋆ **Reliez les pièces suivantes à leur auteur :**

Phèdre •	
Le Cid •	
Horace •	• Corneille
Andromaque •	• Racine
Bérénice •	
Cinna •	
Britannicus •	

4. ⋆ **Quelle est la règle théâtrale résumée par Nicolas Boileau dans les deux alexandrins suivants, tirés de son *Art poétique* (1674) :**

> « Qu'en un jour, qu'en un lieu, un seul fait accompli
> Tienne jusqu'à la fin le théâtre rempli. »

5. ⋆⋆ **Quels sont les deux principaux buts de la tragédie classique ? En quoi ces fonctions sont-elles en rapport avec les principes du classicisme ?**

6. ⋆⋆⋆ **Quelle est la principale différence entre les tragédies raciniennes et les tragédies cornéliennes ? Justifiez votre réponse en l'illustrant par deux tragédies différentes, l'une de Racine, l'autre de Corneille.**

23 UNE TRAGÉDIE CLASSIQUE CÉLÈBRE : *PHÈDRE* DE RACINE

Introduction

Jean **Racine** (1639-1699) apparaît comme l'écrivain **classique** par excellence, davantage encore, pour ne citer que des dramaturges, que Corneille, dont la production, plus diversifiée, possède parfois des aspects baroques, ou même que Molière, qui cherche avant tout à plaire à son public, et adapte les règles d'une manière parfois assez libre, les respectant dans l'esprit mais pas toujours dans la lettre. Racine, très tôt orphelin, est recueilli par sa grand-mère et élevé par les religieux jansénistes de l'abbaye de Port-Royal, qui lui inculquent une certaine gravité et un respect absolu de règles strictes. Cette donnée biographique explique en partie le caractère très structuré des **douze pièces** raciniennes (onze tragédies et une comédie), ainsi que le respect absolu manifesté par l'écrivain des règles classiques qui s'élaborent au cours du XVIIe siècle. Racine commence sa carrière théâtrale avec *La Thébaïde*, en 1664, qui est jouée par la troupe de Molière, mais qui ne connaît qu'un modeste succès. Le triomphe arrive avec *Andromaque*, en 1667. Les succès s'enchaînent alors avec régularité : *Les Plaideurs*, sa seule comédie (1668), *Britannicus* (1669), *Bérénice* (1670), *Bajazet* (1672), *Iphigénie* (1674). *Phèdre*, en **1677**, est sans doute le chef-d'œuvre du théâtre racinien. C'est aussi la dernière pièce dite profane de Racine : en effet, à partir de 1677, le dramaturge cesse brutalement d'écrire pour le théâtre. Il se marie, devient historiographe du roi (c'est-à-dire qu'il consigne les grandeurs du règne de Louis XIV), et ne revient au théâtre que très tardivement et brièvement, en rédigeant, à la demande de la très dévote Madame de Maintenon (la maîtresse du roi), deux pièces bibliques, *Esther* (1689) et *Athalie* (1691).

1. *Phèdre*, une pièce respectant scrupuleusement les règles classiques :

a. Le respect des règles externes : dans *Phèdre*, comme dans ses autres pièces, Racine coule son inspiration dans la forme strictement codifiée de la tragédie classique : la **règle des trois unités** est observée, puisque l'action principale (l'amour coupable de la reine Phèdre pour son beau-fils Hippolyte), à laquelle les autres sont subordonnées, se passe en un seul jour et en un lieu unique (la ville grecque de Trézène). La tragédie est écrite en **cinq actes** et en **alexandrins** ; la **fatalité** est omniprésente, les personnages étant soumis à un destin inexorable ; Racine respecte également le principe de la **vraisemblance :** plutôt que d'inventer de multiples rebondissements, il préfère, comme il l'écrit dans la préface de *Bérénice*, « une action simple, chargée de peu de matière ». Enfin, le fait que la mort des personnages se passe en dehors de la scène est une illustration de la règle de la **bienséance**.

b. Le respect des règles internes : si on s'intéresse à la structure interne de *Phèdre*, pièce dans laquelle Racine reprend une histoire célèbre de la mythologie grecque (racontée notamment par Euripide dans sa tragédie intitulée *Hippolyte*), on s'aperçoit qu'elle est fidèle à la dramaturgie classique : l'acte I constitue en effet **l'exposition** : on apprend qu'Hippolyte, le fils du roi Thésée et d'Antiope, veut partir à la recherche de son père disparu. Par ailleurs, Phèdre, la seconde femme de Thésée, avoue à sa nourrice et confidente Œnone qu'elle éprouve une passion brûlante et coupable pour son beau-fils. L'acte se termine par l'annonce de la mort de Thésée, ce qui constitue le **nœud** de l'intrigue. Les actes suivants sont constitués par une suite de **péripéties** : Hippolyte déclare sa flamme à la jeune Aricie, puis Phèdre avoue à Hippolyte son amour (acte II) ; Thésée, qui n'est en réalité pas mort, arrive au palais (acte III) ; Œnone, pour sauver sa maîtresse, accuse Hippolyte d'avoir tenté d'abuser de Phèdre ; Thésée bannit son fils après avoir demandé au Dieu Neptune de le punir (acte IV). Le dernier acte constitue le **dénouement** : Œnone, chassée par sa maîtresse, se jette dans la mer, tandis que Phèdre, désespérée, se meurt. Au même moment, on annonce la mort accidentelle d'Hippolyte, traîné par son attelage pris de terreur à l'apparition d'un monstre marin. Phèdre avoue pleinement sa faute à Thésée, avant de succomber sous l'effet du poison qu'elle vient de prendre.

c. Plaire et instruire : dans la préface de *Phèdre*, Racine fait explicitement référence à la théorie aristotélicienne de la **catharsis**, c'est-à-dire l'idée selon laquelle la tragédie doit provoquer chez le spectateur deux émotions, la pitié et la terreur (en cela, la tragédie **plaît**), de façon à opérer une purgation des passions (la tragédie sert ainsi d'exutoire, elle **instruit** les hommes en les rendant meilleurs). Racine termine d'ailleurs sa préface en écrivant que certaines personnes (les jansénistes) jugeraient sans doute plus favorablement le théâtre « si les auteurs songeaient autant à instruire leurs spectateurs qu'à les divertir, et s'ils suivaient en cela la véritable intention de la tragédie ».

2. Une pièce d'une grande portée

a. Une portée émotionnelle : Racine sait parfaitement tirer profit de la règle des trois unités, en s'en servant pour faire de sa pièce un huis-clos étouffant, à la fois pour les personnages et pour les spectateurs. En effet, le resserrement dans le temps et dans l'espace, autour d'un moment de **crise**, ainsi que l'importance primordiale accordée à l'intrigue principale, donnent à la tragédie une atmosphère irrespirable et une impression d'enfermement : Phèdre essaie de toutes ses forces de lutter contre son destin funeste, mais elle est inexorablement broyée par la fatalité : dès

le début, le spectateur sait que Phèdre est condamnée : « c'est Vénus tout entière à sa proie attachée » (acte I, scène 3). L'héroïne a totalement conscience de son sort : « je n'en mourrai pas moins, j'en mourrai plus coupable » avoue-t-elle à sa confidente Œnone dans cette même scène. C'est ce **tragique absolu**, ce destin cruel et inéluctable, qui donne sa force à cette pièce et fait naître des émotions fortes chez le spectateur.

b. Une portée existentielle : à travers le destin de Phèdre, c'est toute la condition humaine qui est évoquée : la pièce apparaît comme une plongée dans **les méandres de l'âme humaine**, en particulier dans le conflit entre la passion et la loi, entre le désir et le devoir. Ce n'est sans doute pas un hasard si cette pièce a par la suite, à partir de la fin du XIXe siècle, été utilisée comme une illustration possible des théories psychanalytiques freudiennes : ce qui apparaît clairement dans le personnage de Phèdre, c'est ce que Sigmund Freud appelle le conflit entre le « ça » (c'est-à-dire les pulsions, les désirs refoulés, souvent inconscients) et le « surmoi » (à savoir les lois, les interdits moraux, en l'occurrence l'interdiction de l'inceste, même si Hippolyte n'est que le beau-fils de Phèdre). De la sorte, le « moi » est irrémédiablement écartelé entre le « ça » et le « surmoi ».

c. Une portée esthétique : ce qui rend enfin la pièce exceptionnelle, c'est son caractère poétique. Racine parvient à imprimer une grande solennité à ses alexandrins en multipliant les césures à l'hémistiche : « la fille de Minos / et de Pasiphaé ». Certains alexandrins sont de véritables prouesses techniques : par exemple, « le jour n'est pas plus pur que le fond de mon cœur » n'est constitué que de mots monosyllabiques. Racine parvient également à donner une beauté esthétique à ses vers grâce à de nombreuses figures de style : citons, entre autres, dans la scène 3 de l'acte I, **l'antithèse** (« je n'en mourrai pas moins, j'en mourrai plus coupable »), **l'assonance** (« tout m'afflige et me nuit et conspire à me nuire ») ou encore la **gradation** (« je le vis, je rougis, le pâlis à sa vue »).

Conclusion

Phèdre est ainsi solidement ancrée dans une période littéraire et artistique précise, le classicisme ; la pièce respecte à la lettre tous les principes de ce mouvement. Mais si cette tragédie a traversé les siècles et qu'elle est capable de fasciner encore les spectateurs d'aujourd'hui, c'est aussi et surtout en raison de sa portée émotionnelle, existentielle et poétique. C'est la marque d'une grande œuvre que d'être capable de parler non seulement aux hommes d'une époque précise, mais aussi à l'être humain en général.

TOP CHRONO
C'est l'interro !

EXERCICES *20 min*

1. ⋆ **Citez cinq tragédies de Racine.**

2. ⋆ **Quelle est l'intrigue principale de la pièce ?**

3. ⋆ **Quels sont les trois personnages qui meurent dans le dénouement de la *Phèdre* ?**

4. ⋆⋆ **Rappelez quelles sont les principales règles d'une tragédie classique. Racine les respecte-t-il toutes ?**

5. ⋆⋆⋆ **Comment peut-on définir le registre tragique en littérature ? En quoi la pièce de Racine est-elle tragique ?**

6. ⋆⋆⋆ **Après avoir résumé dans ses grandes lignes la théorie de l'inconscient de Freud, indiquez quelle pourrait être l'interprétation psychanalytique de la pièce de Racine.**

chapitre 4

Genres et formes de l'argumentation : XVIIe et XVIIIe siècles

24 LES PRINCIPAUX GENRES DE L'ARGUMENTATION

Introduction

Outre l'étude des trois principaux genres, à savoir le récit, la poésie et le théâtre, le programme de seconde possède un quatrième objet d'étude, intitulé « genres et formes de l'argumentation : XVIIe et XVIIIe siècles ». En effet, toute une partie de la littérature est dite **argumentative** ou **engagée**, c'est-à-dire qu'elle exprime des opinions permettant au monde des idées de progresser, d'évoluer. Mais il serait erroné de considérer l'argumentation comme un genre littéraire en soi, homogène, différent des trois autres et possédant des caractéristiques fixes. Il existe au contraire une multitude de moyens pour construire une œuvre engagée, un écrivain pouvant se servir de la plupart des genres littéraires existants pour critiquer la société de son temps, pour faire un éloge ou avancer une idée nouvelle, différente de la pensée habituelle. Le but de cette fiche est de faire un tour d'horizon de ces différents genres possibles pour exprimer des opinions, en distinguant les genres de **l'argumentation directe**, dans lesquels l'écrivain parle explicitement en son nom, et les genres de **l'argumentation indirecte**, dans lesquels il fait passer ses idées d'une manière plus implicite, à travers une fiction et des personnages. Afin de correspondre au mieux au programme de seconde, les exemples seront principalement empruntés aux XVIIe et XVIIIe siècles, les autres périodes historiques étant envisagées, pour ce qui concerne l'objet d'étude sur l'argumentation, en classe de première.

1. Les genres de l'argumentation directe

Dans l'argumentation directe, l'écrivain assume pleinement et **explicitement** sa position. Il ne délègue pas la parole à un personnage fictif, mais parle en son nom propre. On distingue en général les genres suivants :

a. La lettre ouverte : il s'agit d'un texte qui respecte la mise en page spécifique du genre de la lettre, mais qui est destiné à un large public, allant bien **au-delà du destinataire de départ**. Par exemple, en 1758, Rousseau publie sa *Lettre à d'Alembert sur les spectacles*. Il s'agit d'une réponse à l'article intitulé « Genève », qui est paru dans le tome VII de *L'Encyclopédie* en 1757, et dans lequel d'Alembert critique la ville de Genève car toute représentation théâtrale y est interdite. Rousseau écrit et édite une lettre ouverte pour défendre la ville de Genève et pour condamner le genre théâtral, qu'il trouve immoral et néfaste pour les mœurs.

b. Le manifeste : c'est une œuvre rédigée par une ou plusieurs personnes au nom d'une école ou d'un mouvement artistique. Le manifeste est un discours **polémique** qui veut partir sur des **bases neuves** en critiquant ce qui était établi par la tradition.

Par exemple, la *Défense et illustration de la langue française*, ouvrage rédigé par Joachim du Bellay en 1549, peut apparaître comme un manifeste des poètes de la Pléiade, qui souhaitaient enrichir la langue française, de façon à lui donner ses lettres de noblesse et à lui conférer une puissance poétique au moins égale au latin, qui était au XVIe siècle la langue savante, celle qui servait de référence aux intellectuels.

c. Le traité : c'est une œuvre écrite par un technicien, par quelqu'un qui est un expert dans le domaine dont il parle. On peut citer, par exemple, *De l'Esprit des lois* (1748), ouvrage dans lequel l'auteur, Montesquieu, juriste de formation, aborde des questions politiques et sociales. La lecture d'un traité est en général assez ardue car ce genre de texte s'adresse à des **spécialistes de la question**. Il s'agit dans un traité de prouver d'une manière précise et rigoureuse une théorie.

d. L'essai : il ressemble au traité, mais s'adresse à un **public plus large**. Dans un essai, on évite en général le jargon. Par ailleurs, un essai utilise à la fois l'argumentation logique (pour convaincre) et la séduction par les mots (pour persuader), alors que le traité repose uniquement sur la logique. D'autre part, l'essai ne présente pas nécessairement une pensée figée. L'essayiste nous invite à partager sa réflexion. L'essai est un genre qui présente une pensée en train de se faire, **une pensée qui se cherche elle-même**. Au contraire, le traité présente une pensée achevée. Rousseau, dans son *Discours sur l'origine et les fondements de l'inégalité parmi les hommes* (1755) tente ainsi de comprendre comment ont pu se développer les inégalités dans les sociétés humaines. En imaginant un hypothétique état de nature, dans lequel l'homme serait heureux car fondamentalement libre, Rousseau en déduit que les inégalités proviennent de la propriété privée, c'est-à-dire du moment où des êtres humains ont commencé à vouloir posséder des choses sans les faire partager à d'autres.

e. La poésie engagée : toute une partie de la poésie est dite « engagée », dans le sens où les poètes se servent parfois d'un poème comme d'une arme. Par exemple, à la fin du XVIIIe siècle, André Chénier écrit les *Iambes* (1794), alors qu'il attend son exécution, au moment de la Terreur (le système politique mis en place par Robespierre juste après la Révolution française de 1789). Son projet est de dénoncer, en utilisant le genre poétique, la violence, l'arbitraire et l'horreur des tribunaux révolutionnaires.

f. Le pamphlet : il s'agit d'un texte bref qui effectue une critique d'une manière polémique, satirique et **virulente**. Ainsi, Voltaire, dans *Le Sentiments des citoyens* (1764), s'en prend explicitement et violemment à Rousseau, en révélant notamment

qu'il a abandonné ses cinq enfants. Le pamphlet peut également appartenir à l'argumentation indirecte : c'est le cas par exemple de *L'Horrible danger de la lecture* (1765), du même Voltaire.

2. Les genres de l'argumentation indirecte

L'argumentation indirecte consiste pour un écrivain à transmettre sa pensée par l'intermédiaire d'une **fiction**. L'opinion de l'auteur est alors déléguée à un narrateur ou à des personnages, dont il se sert comme **porte-parole**. En recourant à ce type d'argumentation, un écrivain peut à la fois éviter la **censure** et susciter l'intérêt du lecteur, par l'intermédiaire d'un récit distrayant ou amusant. Les principaux genres de l'argumentation indirecte sont les suivants :

a. La fable : ce court récit, en vers ou en prose, vise à transmettre une morale à travers une histoire fictive. Par exemple, les *Fables* (1668-1694) de La Fontaine contiennent une **partie narrative**, à savoir une histoire mettant aux prises des animaux, des éléments de la nature et même des êtres humains, et une **partie argumentative**, dans laquelle le narrateur indique la leçon morale qu'il convient de tirer de cette histoire.

b. Le conte philosophique : ce genre narratif en prose imitant les structures du conte de fée fait réfléchir le lecteur sur des questions sociales, morales et politiques. Le grand spécialiste du conte philosophique est **Voltaire**. Par exemple, dans *L'Ingénu* (1767), il se sert de la naïveté d'un Indien venu du Canada, découvrant avec étonnement les mœurs et les façons de penser de la société française, pour critiquer la société de son temps, notamment l'absence de tolérance religieuse (marquée par la persécution des protestants) et l'arbitraire du pouvoir royal.

c. Le dialogue argumentatif : il s'agit d'une œuvre entièrement constituée d'un dialogue entre plusieurs personnages, sans être pour autant un texte de théâtre. Par exemple, dans le *Supplément au voyage de Bougainville* (1772), Diderot invente un débat entre deux personnages au sujet de la supériorité ou non de la civilisation européenne sur les peuples du Nouveau monde.

d. Le théâtre politique : Beaumarchais, par exemple, utilise dans *Le Mariage de Figaro* (1784) le genre de la comédie comme une **tribune politique**, en faisant de son personnage principal, le valet Figaro, un porte-parole de ses propres idées : dans la pièce, celui-ci ne se prive pas de critiquer le système des privilèges qui bénéficie à la noblesse au détriment du tiers état, ou encore la censure, qui empêche la liberté d'expression.

TOP CHRONO
C'est l'interro !

EXERCICES *10 min*

1. ⋆ **Quelle est la différence entre argumentation directe et argumentation indirecte ?**

....

....

....

2. ⋆ **Qu'est-ce qu'un manifeste ?**

....

....

....

3. ⋆⋆ **Qu'est-ce qu'un essai ? Différenciez l'essai et le traité.**

....

....

....

4. ⋆⋆ **Remplissez le tableau suivant :**

Titre de l'œuvre	Nom de l'auteur	Genre précis
L'Ingénu		
Le Mariage de Figaro		
De l'Esprit des lois		
Discours sur l'origine et les fondements de l'inégalité parmi les hommes		
Supplément au voyage de Bougainville		

25 L'ARGUMENTATION AU XVIIe SIÈCLE

Introduction

Il peut sembler paradoxal, à première vue, de consacrer une fiche entière à la littérature argumentative du XVIIe siècle. En effet, cette période caractérisée, sur le plan politique, par l'instauration de la Monarchie absolue, se prête assez mal, en apparence, à une littérature d'idées vindicative et véritablement engagée : le pouvoir royal, incarné par Louis XIII jusqu'en 1643, puis par Louis XIV, n'accorde que peu de place à l'expression d'une pensée libre et spontanée. C'est pour cela que la littérature d'idées est essentiellement **moraliste** au XVIIe siècle, les écrivains préférant exprimer, d'une manière élégante et spirituelle, des **idées générales** sur les comportements humains, plutôt que d'aborder de front les problèmes de société de leur époque. Cependant, quand on analyse les textes en détail, on s'aperçoit que, derrière leur apparence légère et inoffensive, se cache bien souvent une vision **pessimiste** de l'homme, et même, chez certains auteurs, des prémices de ce qui caractérisera le siècle des Lumières, à savoir une remise en cause profonde du fonctionnement général de la société.

1. Une littérature légère et spirituelle, conforme aux idéaux du classicisme

On retrouve dans la littérature d'idées du XVIIe siècle le double but de la littérature en général à l'époque dite classique, à savoir **plaire** et **instruire** (voir la fiche 19). Lorsqu'il développe une idée, un écrivain doit ainsi faire preuve d'**esprit**, pour divertir son lecteur, mais également lui inculquer des principes **moraux**.

a. Une littérature pleine d'esprit : au XVIIe siècle se développent les salons littéraires, le plus célèbre étant celui de la marquise de Rambouillet, où se côtoient notamment Vincent Voiture, François de La Rochefoucauld, Madame de Sévigné ou encore Madame de La Fayette. Ces salons sont les lieux de la vie mondaine, et il s'agit, pour y être admis, de faire preuve d'esprit, c'est-à-dire d'exprimer des idées sur différents sujets d'une manière élégante et raffinée. C'est ainsi que se diffuse l'idéal d'une littérature centrée sur **l'art de plaire** grâce à **la maîtrise du langage**. C'est dans ce contexte que La Rochefoucauld, par exemple, publie ses *Maximes*, en 1664 : il s'agit d'un ensemble de textes très courts, se composant souvent d'une seule phrase, dans laquelle une idée est exprimée d'une manière spirituelle. Voici par exemple ce qu'écrit La Rochefoucauld au sujet de l'amour : « il est du véritable amour comme de l'apparition des esprits : tout le monde en parle, mais peu de gens en ont vu ». De même, La Fontaine publie en 1668 un recueil de *Fables*, où il donne certaines leçons morales à travers de petites histoires racontées d'une manière poétique et humoristique. Plus tard, en 1688, La Bruyère fait paraître ses *Caractères*, ouvrage qui se compose à la fois de maximes à la manière de La Rochefoucauld (« c'est une grande misère que de n'avoir pas

assez d'esprit pour bien parler, ni assez de jugement pour se taire ») et de portraits satiriques de certains traits de caractères (La Bruyère dresse notamment un long portrait d'un distrait, Ménalque). Tous ces textes ont en commun le fait d'évoquer des idées sur les hommes d'une manière brillante et raffinée, en jouant sur toutes les possibilités du langage.

b. Une littérature moraliste : « je me sers d'animaux pour instruire les hommes », écrit La Fontaine dans son épître à Monseigneur le Dauphin, qu'il insère au début de son premier recueil de *Fables*. On ne saurait exprimer de façon plus claire l'idée selon laquelle la littérature classique a à la fois un caractère divertissant et une **visée morale** : il s'agit en effet pour beaucoup d'écrivains du XVIIe siècle de faire comprendre au lecteur les comportements qu'il doit adopter et ceux qu'il doit rejeter. C'est à cela que servent les morales que La Fontaine tire des histoires qu'il raconte (« rien ne sert de courir ; il faut partir à point » dans « Le Lièvre et la tortue », par exemple, ou encore « Aide-toi, le Ciel t'aidera » dans « Le Chartier embourbé »). Cet aspect moraliste, nous le retrouvons également chez Molière, qui, dans ses comédies, présente des personnages souvent excessifs dans leur comportement, ce qui les rend ridicules : par exemple, dans *Le Bourgeois gentilhomme* (1670), il caricature les prétentions d'un homme de la ville qui essaie de se comporter comme un noble. Dans *Le Misanthrope* (1666), c'est le personnage d'Alceste qui sert de repoussoir pour le spectateur : en effet, Alceste est tellement obsédé par l'idée de sincérité qu'il finit par se fâcher avec tout le monde. Dans la plupart de ses pièces, Molière prône un idéal de **mesure** et de **modération** dans les comportements humains. Ce caractère moraliste apparaît même dans des genres comme le conte : Charles Perrault termine son célèbre « Petit Chaperon rouge » (*Contes de ma mère l'oie*, 1697) par une « moralité » destinée aux jeunes filles, en leur préconisant de ne pas se laisser abuser par les discours des loups, c'est-à-dire de ne pas se laisser séduire par les hommes, qui ne veulent qu'une chose : les déshonorer en leur ôtant leur virginité (il convient de rappeler qu'au XVIIe siècle, une femme est censée arriver vierge au mariage). Ainsi, ce qui domine dans la littérature argumentative du siècle classique, c'est un ensemble de conseils donnés aux lecteurs quant à la manière dont les êtres humains doivent se comporter. Cependant, au-delà de cet aspect moraliste, somme toute assez superficiel et léger, cette littérature a aussi une portée plus profonde.

➠ 2. Une littérature pessimiste et contestataire

a. Une littérature pessimiste : derrière l'élégance du langage qui caractérise les moralistes du XVIIe siècle, se cache bien souvent une vision **désabusée** et pessimiste

de l'être humain. Ainsi, on trouve dans *Les Caractères* de La Bruyère la remarque suivante : « il faut rire avant que d'être heureux, de peur de mourir sans avoir ri ». La Rochefoucauld, lui, évoque le caractère sombre et violent de l'amour, dans une de ses maximes : « si on juge de l'amour par la plupart de ses effets, il ressemble plus à la haine qu'à l'amitié ». Il livre ici un portrait sans concession de la nature humaine. Madame de Sévigné relate dans une de ses *Lettres* (publiées pour la première fois, dans une édition partielle, en 1725, bien après sa mort) le suicide du cuisinier Vatel, au cours d'une fête somptueuse à Chantilly organisée en présence du roi Louis XIV : honteux car le repas qu'il a organisé lui a semblé raté, il se donne la mort plutôt que de subir le déshonneur. Mais la Cour, indifférente, continue les festivités comme si rien ne s'était passé. À travers ce récit tragique, Madame de Sévigné met en lumière le caractère superficiel des grands de ce monde, qui n'accordent pas de place à la personne humaine et se contentent de festoyer et de vivre dans le paraître (lettre de Madame de Sévigné à sa fille du dimanche 26 avril 1671). La Fontaine, enfin, commence sa fable célèbre « Le Loup et l'agneau » par une morale désabusée, mettant en évidence la réalité de ce qu'est la Monarchie absolue : « la raison du plus fort est toujours la meilleure » (*Fables*, 1668).

b. Une littérature qui commence à critiquer la société : parfois, les écrivains du XVIIe siècle osent même remettre en question certains aspects de la société de leur époque. Ainsi, Corneille, dans *Le Cid* (1637), évoque la relativité de l'admiration due au roi : « pour grands que soient les rois, ils sont ce que nous sommes : ils peuvent se tromper comme les autres hommes ». La Bruyère, dans la remarque 74 du chapitre 8 des *Caractères*, dresse un portrait satirique virulent des courtisans de Louis XIV. À d'autres endroits du livre, il remet en question le bien fondé des **inégalités sociales** : il s'exclame notamment : « il y a une sorte de honte à être heureux à la vue de certaines misères » (chapitre 11, remarque 82). Dans *Tartuffe* (1664), puis dans *Dom Juan* (1665), Molière critique violemment les faux dévots, visant en particulier la compagnie des Jésuites, très puissante au XVIIe siècle. La Fontaine, enfin, s'en prend à plusieurs reprises au **pouvoir royal** et à son caractère arbitraire, notamment dans « Les Animaux malades de la peste » et « Les Obsèques de la lionne ».

Conclusion

Derrière une apparente légèreté et un respect des principes du classicisme, se cache ainsi une vision pessimiste de la société chez les écrivains du XVIIe siècle. Certains commencent même à la critiquer, mais sans proposer pour autant de contre-modèle dont les hommes puissent s'inspirer. Ce sera le rôle des philosophes des Lumières, au siècle suivant.

TOP CHRONO

C'est l'interro !

EXERCICES

30 min

1. ⋆⋆⋆ **Lisez le texte suivant, puis commentez-le en quelques lignes, en indiquant notamment en quoi La Bruyère veut à la fois plaire et instruire, et en expliquant en quoi ce portrait de la Cour est satirique :**

L'on parle d'une région où les vieillards sont galants, polis et civils ; les jeunes gens au contraire, durs, féroces, sans mœurs ni politesse : ils se trouvent affranchis de la passion des femmes dans un âge où l'on commence ailleurs à la sentir ; ils préfèrent des repas, des viandes, et des amours ridicules. Celui-là chez eux est sobre et modéré, qui ne s'enivre que de vin : l'usage trop fréquent qu'ils en ont fait le leur a rendu insipide ; ils cherchent à réveiller leur goût déjà éteint par des eaux-de-vie, et par toutes les liqueurs les plus violentes ; il ne manque à leur débauche que de boire de l'eau-forte. Les femmes du pays précipitent le déclin de leur beauté par des artifices qu'elles croient servir à les rendre belles : leur coutume est de peindre leurs lèvres, leurs joues, leurs sourcils et leurs épaules, qu'elles étalent avec leur gorge, leurs bras et leurs oreilles, comme si elles craignaient de cacher l'endroit par où elles pourraient plaire, ou de ne pas montrer assez. Ceux qui habitent cette contrée ont une physionomie qui n'est pas nette, mais confuse, embarrassée dans une épaisseur de cheveux étrangers, qu'ils préfèrent aux naturels et dont ils font un long tissu pour couvrir leur tête : il descend à la moitié du corps, change les traits, et empêche qu'on ne connaisse les hommes à leur visage. Ces peuples d'ailleurs ont leur Dieu et leur roi : les grands de la nation s'assemblent tous les jours, à une certaine heure, dans un temple qu'ils nomment église ; il y a au fond de ce temple un autel consacré à leur Dieu, où un prêtre célèbre des mystères qu'ils appellent saints, sacrés et redoutables ; les grands forment un vaste cercle au pied de cet autel, et paraissent debout, le dos tourné directement au prêtre et aux saints mystères, et les faces élevées vers le roi, que l'on voit à genoux sur une tribune, et à qui ils semblent avoir tout l'esprit et tout le cœur appliqués. On ne laisse pas de voir dans cet usage une espèce de subordination ; car ce peuple paraît adorer le prince, et le prince adorer Dieu. Les gens du pays le nomment *** ; il est à quelque quarante-huit degrés d'élévation du pôle, et à plus d'onze cents lieues de mer des Iroquois et des Hurons.

La Bruyère, *Les Caractères*, chapitre VIII, remarque 74.

....

....

....

....

....

....

....

....

26 UNE ŒUVRE ARGUMENTATIVE DU XVIIE SIÈCLE : LES *FABLES* DE LA FONTAINE

Introduction

La fable est un texte didactique alliant une partie narrative (un bref **récit** instaurant un conflit entre des personnages qui sont souvent des animaux personnifiés) et une partie argumentative, constituée par la **morale** à tirer de l'histoire. Contrairement à une idée reçue, Jean de **La Fontaine** (1621-1695) n'en est pas l'inventeur ; la fable remonte en effet à l'Antiquité : c'est le Grec **Esope** (VIIe siècle avant Jésus-Christ) qui passe pour en être le père. Un peu plus tard, au premier siècle après Jésus-Christ, le poète latin **Phèdre** écrit à son tour des fables, mais en vers cette fois-ci (celles d'Esope étaient en prose). Au XVIIe siècle, La Fontaine, comme beaucoup de ses contemporains classiques, voue une réelle et sincère admiration aux Anciens, à ces grands auteurs de l'Antiquité. C'est dans cette perspective qu'il reprend et réécrit en français des textes d'Esope et de Phèdre, dans ses trois recueils de *Fables* (publiés respectivement en 1668, 1678 et 1694). Tout le talent de La Fontaine réside ainsi non pas dans l'invention, puisqu'il reprend des histoires déjà racontées par d'illustres prédécesseurs, mais dans la profondeur interprétative qu'il leur donne et dans la manière particulière qu'il a de les raconter. Les *Fables* de La Fontaine sont révélatrices de **l'art de la réécriture**.

1. Les *Fables*, l'œuvre d'un moraliste contestataire et désabusé

a. Une œuvre didactique : dès le paratexte de son premier recueil, La Fontaine insiste sur le caractère didactique de ses textes : dans son épître « à Monseigneur le Dauphin » (c'est-à-dire le fils aîné de Louis XIV), il indique clairement que son but est de former les êtres humains, de leur apprendre des vérités sur la façon dont ils doivent se comporter. S'il utilise le détour de la fiction, c'est avant tout pour **éduquer** : « je me sers d'animaux pour instruire les hommes », écrit-il dans son épître au Dauphin. Il semble presque s'excuser de raconter de petites histoires : « l'apparence en est puérile, je le confesse ; mais ces puérilités servent d'enveloppe à des vérités importantes ». Il y a ainsi une **visée moraliste** chez La Fontaine : on apprend grâce à la fable « Le Corbeau et le renard » qu'il ne faut pas céder à la flatterie, car notre amour-propre peut nous conduire à notre perte (« apprenez que tout flatteur vit aux dépens de celui qui l'écoute ») ; dans « La Grenouille qui se veut faire aussi grosse que le bœuf », on comprend que chacun doit rester à sa place et non essayer, par envie et jalousie, d'égaler des gens qui sont supérieurs. Beaucoup de fables comportent ainsi une morale à portée universelle et intemporelle, qui doit conduire le lecteur à ne pas se comporter d'une manière inadéquate, sous peine de connaître le même destin que celui des personnages.

b. Une œuvre contestataire : certaines fables ne sont pas seulement moralistes, au sens où elles parlent non pas de l'homme en général, mais de la société du XVIIe siècle en particulier. On a beaucoup dit que si La Fontaine choisissait de raconter des histoires mettant aux prises des animaux, c'était pour éviter la censure et ainsi critiquer son époque sans courir le moindre risque. S'il ne faut pas exagérer l'importance de cette idée (le fabuliste choisissant surtout ce procédé pour créer une connivence littéraire avec ses lecteurs), il est certain que lorsque La Fontaine utilise des animaux comme le lion ou le loup, il évoque à mots à peine couverts les hommes de pouvoir de son époque, et notamment Louis XIV et Colbert (le principal ministre du Roi-Soleil). Il faut savoir que La Fontaine a été très lié avec le surintendant Fouquet, qui était son protecteur, son mécène, jusqu'à son arrestation et son emprisonnement, en 1661 : lorsqu'il prend personnellement les rênes du pouvoir, Louis XIV s'empresse de remplacer Fouquet, qui lui faisait de l'ombre par les fêtes somptueuses qu'il donnait dans son château de Vaux-le-Vicomte, par Colbert, en tant que ministre des finances. La Fontaine a été éminemment peiné par cet événement et en a conçu un **ressentiment** qui est très visible dans certaines fables : ainsi, dans « Le Loup et l'agneau », il critique les **dérives de la Monarchie absolue**, conduisant à condamner quelqu'un d'une manière totalement arbitraire, puisque, de toute façon, « la raison du plus fort est toujours la meilleure » : même s'il a tort, le loup (Louis XIV) peut très bien manger l'agneau (Fouquet), puisqu'il est plus puissant. On retrouve le même aspect dans « La Génisse, la chèvre et la brebis en société avec le lion » : le lion, après avoir divisé un cerf en quatre parties égales, finit par se les arroger toutes, en soulignant qu'il est le plus fort et en menaçant ses trois compagnons de les étrangler s'ils essaient de toucher à la proie. Cependant, si La Fontaine constate les dérives de la Monarchie absolue, il ne propose pas de véritable contre-modèle, ce qui fait de lui un écrivain relativement pessimiste sur la nature humaine.

2. Les *Fables*, une œuvre éminemment littéraire

a. Des morales dont il faut relativiser l'importance : si les fables de La Fontaine comportent un caractère didactique et parfois contestataire, il convient néanmoins de ne pas en exagérer l'importance. En effet, il arrive que certaines morales **se contredisent** : par exemple, « en ce monde il se faut l'un l'autre secourir », lit-on dans « Le Cheval et l'âne », mais deux fables plus loin, dans « Le Chartier embourbé », la morale est la suivante : « Aide-toi, le ciel t'aidera ». Parfois même, la morale n'est pas explicite, si elle n'entre pas « avec grâce » (l'expression est utilisée par La Fontaine lui-même) dans la fable. C'est le cas, par exemple, du texte « Le Loup et le chien », dont le lecteur doit lui-même tirer la morale, ou encore de la fable

très connue, mais aussi très **ambiguë**, « La Cigale et la fourmi ». Les fables de La Fontaine ne sont donc pas que didactiques ; elles sont aussi très littéraires : en effet, elles peuvent être définies comme une tentative de synthèse entre les trois genres littéraires principaux que sont le récit, le théâtre et la poésie.

b. Des récits alertes et vivants : l'art du fabuliste réside tout d'abord dans sa capacité à conduire son récit d'une manière extrêmement **rapide**, sans détail inutile, en conservant uniquement ce qui est nécessaire pour la compréhension de l'histoire. Par exemple, si « La Cigale et la fourmi » est si célèbre aujourd'hui encore, c'est parce que La Fontaine est parvenu à concilier une extrême concision (la fable fait vingt-deux vers, principalement des heptasyllabes, donc des vers courts) et un récit complet.

c. Des textes empreints de théâtralité : ce qui est marquant également dans les fables de La Fontaine, c'est qu'elles ressemblent bien souvent à de petites scènes de comédies. Ce n'est d'ailleurs par un hasard si elles ont souvent été adaptées dans des mises en scène théâtrales (on peut citer, par exemple, celle de Robert Wilson, en 2008). Comme dans un texte de théâtre, le **dialogue** prend beaucoup d'importance chez La Fontaine, et les précisions narratives ressemblent souvent à des sortes de **didascalies**. C'est le cas notamment de la fable « Le Loup et l'agneau » : dix-huit des vingt-sept vers sont constitués par le dialogue entre les deux personnages, les vers restants servant à planter le décor et à indiquer les actions du loup et de l'agneau. On peut noter également que La Fontaine utilise souvent la **métaphore du théâtre** à l'intérieur de ses fables : « L'Âne et le petit chien », par exemple, se termine par le vers suivant : « Ainsi finit la comédie ».

d. Des textes très poétiques : enfin, tout l'art de La Fontaine est d'avoir su transformer un genre didactique en poésie : grâce notamment à un grand travail sur le **rythme**, La Fontaine élève la fable à une dignité poétique inconnue jusqu'alors. Par exemple, dans « La Grenouille qui se veut faire aussi grosse que le bœuf », le vers où elle essaie d'égaler le bœuf en grosseur est un alexandrin solennel, comportant une diérèse élégante (« env**ieu**se s'étend, et s'enfle, et se travaille »), tandis que celui où elle explose à force de gonfler est un octosyllabe (« s'enfla si bien qu'elle creva ») : La Fontaine ridiculise la prétention démesurée de la grenouille en utilisant de façon ironique le vers le plus noble (l'alexandrin est notamment employé dans la tragédie), et il représente la mort soudaine de l'animal par un vers court, donnant ainsi une idée d'extrême rapidité. De même, dans « Le Pot de terre et le pot de fer », il choisit l'heptasyllabe, vers impair créant un rythme déséquilibré, de manière à renforcer les heurts qui caractérisent le voyage entrepris par les deux pots (« clopin-clopant comme ils peuvent »).

TOP CHRONO
C'est l'interro !

EXERCICES

30 min

1. ⋆ **Que veut dire La Fontaine, lorsqu'il écrit dans son *Épître à Huet* (1687) :**

« Mon imitation n'est point un esclavage.
Je ne prends que l'idée, et les tours, et les lois,
Que nos maîtres suivaient eux-mêmes autrefois ».

2. ⋆⋆ **Quels sont les trois principaux buts de La Fontaine lorsqu'il écrit ses fables ?**

3. ⋆⋆⋆ **Réutilisez les connaissances acquises lors de la lecture de cette fiche pour commenter en quelques lignes la fable suivante :**

La raison du plus fort est toujours la meilleure :
Nous l'allons montrer tout à l'heure.
Un Agneau se désaltérait
Dans le courant d'une onde pure.
Un Loup survient à jeun qui cherchait aventure,
Et que la faim en ces lieux attirait.
Qui te rend si hardi de troubler mon breuvage ?
Dit cet animal plein de rage :
Tu seras châtié de ta témérité.
– Sire, répond l'Agneau, que votre Majesté
Ne se mette pas en colère ;
Mais plutôt qu'elle considère
Que je me vas désaltérant
Dans le courant,
Plus de vingt pas au-dessous d'Elle,
Et que par conséquent, en aucune façon,
Je ne puis troubler sa boisson.
– Tu la troubles, reprit cette bête cruelle,
Et je sais que de moi tu médis l'an passé.
– Comment l'aurais-je fait si je n'étais pas né ?
Reprit l'Agneau, je tette encor ma mère.
– Si ce n'est toi, c'est donc ton frère.
– Je n'en ai point. - C'est donc quelqu'un des tiens :
Car vous ne m'épargnez guère,
Vous, vos bergers, et vos chiens.
On me l'a dit : il faut que je me venge.
Là-dessus, au fond des forêts
Le Loup l'emporte, et puis le mange,
Sans autre forme de procès.

Jean de La Fontaine, « Le Loup et l'agneau »,
Fables (1668), livre 1.

27 L'ARGUMENTATION AU XVIIIe SIÈCLE

Introduction

Louis XIV meurt en 1715. Le futur roi (Louis XV) étant trop jeune pour gouverner, Philippe d'Orléans exerce la Régence, jusqu'en 1723. Cette période est perçue comme une libération en France : en effet, le pouvoir devient moins strict, moins autoritaire ; la censure se fait moins pressante et laisse une part de liberté propice à l'éclosion de nouvelles idées. C'est le début du siècle des Lumières, ainsi appelé car le but de nombreux écrivains de cette époque est d'apporter les « lumières » de la raison aux hommes, en menant des réflexions rationnelles indépendantes de la religion et des principes de la Monarchie absolue. Il s'agit pour ces écrivains, à travers l'utilisation de genres littéraires très variés, de mettre en pleine lumière des idées inédites, en matière aussi bien politique que sociale ou morale. Ceux qu'on appelle les « **philosophes des Lumières** » (à savoir, principalement, Montesquieu, Voltaire, Rousseau, Diderot et d'Alembert) conçoivent la littérature comme une **activité militante**, comme une arme au service de la **contestation de la société**.

1. L'utilisation de genres littéraires variés

Les écrivains du XVIIIe siècle utilisent la plupart des genres existants pour mener leur combat. Ils ont souvent recours à **l'argumentation indirecte**, c'est-à-dire celle consistant à inventer une fiction et des personnages pour faire passer leur message. En effet, inventer des récits ou des pièces de théâtre a pour intérêt de divertir les destinataires, et donc de les intéresser davantage aux idées qu'ils développent. Par ailleurs, cela permet de se protéger contre la censure, c'est-à-dire l'interdiction pure et simple de publication (depuis 1629, il faut obtenir un « privilège du roi » pour pouvoir éditer un ouvrage). Mais les philosophes des Lumières ne dédaignent pas pour autant **l'argumentation directe**, dans laquelle ils assument pleinement et explicitement leurs idées, de façon à pouvoir développer leur réflexion de manière plus claire, plus profonde et plus rigoureuse.

a. Le récit : la publication des *Lettres persanes* par **Montesquieu** (1689-1755), de façon anonyme, en 1721, marque un premier tournant dans la littérature des Lumières : en effet, à travers ce **roman épistolaire** mettant en scène deux seigneurs persans arrivant en France et découvrant avec étonnement la société, Montesquieu critique d'une manière voilée certains éléments comme la Monarchie absolue ou l'intolérance religieuse. Plus tard, c'est au tour de **Voltaire** (1694-1778) d'utiliser le genre du récit au profit de la contestation de la société, notamment dans ses **contes philosophiques** *Candide* (1759) et *L'Ingénu* (1767) : Voltaire reprend d'une manière parodique les invariants des contes merveilleux afin de critiquer les injustices du monde.

b. Le théâtre : l'émergence d'idées nouvelles apparaît également dans certaines pièces, notamment les **comédies** de **Marivaux** (1688-1763) et de **Beaumarchais** (1732-1799) : dans *L'Île des esclaves* (1725), Marivaux remet en question les rapports inégalitaires entre maîtres et valets, et plus généralement les injustices dont sont victimes les plus humbles, soumis aux caprices et aux décisions arbitraires des plus puissants. Dans Le *Mariage de Figaro* (1784), Beaumarchais plaide notamment en faveur de la liberté d'expression.

c. Les genres de l'argumentation directe : le grand ouvrage du XVIIIe siècle, à la fois par son ampleur et par son influence, est sans nul doute ***L'Encyclopédie***, dirigée par **Diderot** et **d'Alembert** et publiée de 1751 à 1772 : il s'agit tout d'abord d'une volonté de rassembler tout le savoir humain, dans tous les domaines (scientifique, historique, moral, religieux, social, politique, artistique). Mais derrière cette apparence somme toute relativement inoffensive, se cache une portée contestataire indéniable : ainsi, dans de nombreux articles (souvent rédigés par les philosophes des Lumières eux-mêmes), les prises de positions contre l'ordre politique, social et religieux transparaissent, parfois de façon virulente. Outre *L'Encyclopédie*, le XVIIIe siècle fourmille de genres relevant de l'argumentation directe : citons, par exemple, des **traités** (*De l'Esprit des lois* de Montesquieu, 1748, ou encore le *Traité sur la tolérance* de Voltaire, 1763), des **essais** (*Discours sur les sciences et les arts* de Rousseau, 1750) et même des **lettres ouvertes** (*Lettre à d'Alembert sur les spectacles* de Rousseau, 1758).

2. Un but unique : critiquer la société

a. La critique politique : une des cibles visées par les philosophes des Lumières concerne le régime politique mis en place au XVIIe siècle par Louis XIII, puis Louis XIV, et se poursuivant au XVIIIe siècle, c'est-à-dire la **Monarchie absolue**. Tous ne sont pas d'accord sur le régime idéal (Rousseau se prononce plutôt en faveur d'un système démocratique ou républicain, tandis que Voltaire fait l'éloge d'une monarchie éclairée), mais ils se rejoignent sur un point : la Monarchie absolue est loin d'être le seul système possible, et c'est par ailleurs un régime qui donne lieu à beaucoup trop de dérives. Ainsi, Montesquieu, dans *De l'Esprit des lois*, se prononce en faveur d'une séparation des pouvoirs législatif, exécutif et judiciaire : de la sorte, un même homme ne possède pas tous les pouvoirs. La lutte en faveur d'un pays où le système politique favoriserait davantage la liberté est au centre de la pensée des Lumières.

b. La critique sociale : ce n'est pas uniquement le régime politique que critiquent les philosophes, ce sont également certains principes sociaux, et notamment **le**

système des privilèges, qui régit la société du XVIIIe siècle : en effet, à cette époque, certaines classes sociales, en particulier la noblesse, jouissent de droits que les autres ne possèdent pas, notamment en terme d'impôts et d'accès à certaines professions. Ces inégalités de nature sont notamment critiquées par Beaumarchais dans *Le Mariage de Figaro*, pièce où l'écrivain se sert de son personnage principal comme d'un porte-parole de ses propres idées, dans un monologue célèbre dans lequel le valet Figaro s'exclame, en imaginant qu'il parle à son maître, le comte Almaviva : « parce que vous êtes un grand seigneur, vous vous croyez un grand génie ! Noblesse, fortune, un rang, des places, tout cela rend si fier ! Qu'avez-vous fait pour tant de biens ? Vous vous êtes donné la peine de naître et rien de plus » (acte V, scène 3). Les philosophes des Lumières prônent **l'égalité entre les hommes**, quel que soit leur rang : « aucun homme n'a reçu de la nature le droit de commander aux autres. La liberté est un présent du ciel », lit-on par exemple sous la plume de Diderot (dans son article de *L'Encyclopédie* intitulé « Autorité politique »). C'est au nom de cette égalité qu'ils se battent aussi en faveur de **l'abolition de l'esclavage** : dans un texte à comprendre entièrement au second degré, Montesquieu dénonce de façon virulente cette pratique encore en vigueur au XVIIIe siècle (« De l'Esclavage des nègres », dans *De l'Esprit des lois*) ; Voltaire, lui, en dresse un portrait horrible dans le chapitre 19 de *Candide*.

c. La critique morale : en matière morale, les philosophes des Lumières prônent tous l'idée de **tolérance**, notamment en matière **religieuse**. À une époque où l'État est catholique et où les diverses opinions sont mal acceptées, voire condamnées, ils n'hésitent pas à montrer les failles de la religion catholique, ce qui les conduit à faire l'éloge de la liberté de croyance. Ainsi a-t-on attribué à Voltaire la célèbre formule « je ne suis pas d'accord avec ce que vous dites, mais je me battrai pour que vous puissiez le dire ». Beaumarchais renchérit dans *Le Mariage de Figaro* en faisant dire à son personnage principal : « sans la liberté de blâmer, il n'est point d'éloge flatteur » (acte V, scène 3). S'ils ne sont pas tous d'accord en matière religieuse (Voltaire est déiste, Rousseau se prononce pour une « religion naturelle » et Diderot est athée), ils se rejoignent pour militer en faveur d'une tolérance des diverses croyances et opinions, et donc en faveur de la liberté d'expression.

Conclusion

Les philosophes des Lumières utilisent des genres divers pour critiquer les fondements de la société de leur époque. Leurs idées (et plus particulièrement celles de Rousseau) seront reprises lors de la **Révolution française** de 1789, qui posera les fondements d'un nouvel ordre politique et social.

TOP CHRONO
C'est l'interro !

EXERCICES *30 min*

1. ⋆ **Reliez chaque écrivain à l'œuvre qu'il a écrite :**

Montesquieu	•	•	*Le Mariage de Figaro*
Beaumarchais	•	•	*Candide*
Voltaire	•	•	*L'Île des esclaves*
Marivaux	•	•	*Lettres persanes*

2. ⋆ **Pourquoi appelle-t-on le XVIIIe siècle le « siècle des Lumières » ?**

3. ⋆⋆ **Quelle a été la conséquence politique des idées des philosophes des Lumières ? Justifiez votre réponse.**

4. ⋆⋆ **D'après vous, pourquoi les philosophes recourent-ils souvent à l'argumentation indirecte ? Pourquoi utilisent-ils aussi l'argumentation directe ?**

5. ⋆⋆⋆ **Expliquez, en justifiant précisément votre réponse, en quoi les philosophes des Lumières incarnent parfaitement ce propos de Jean-Paul Sartre, tiré de son ouvrage *Les Mots* (1964) :** « longtemps j'ai pris ma plume pour une épée ».

28 UNE ŒUVRE CÉLÈBRE DU XVIIIe SIÈCLE : *CANDIDE* DE VOLTAIRE

Introduction

Le XVIIIe siècle est parfois surnommé le « **siècle de Voltaire** ». C'est dire l'importance considérable de François-Marie Arouet (1694-1778), qui choisit comme pseudonyme Voltaire, anagramme formée en partie avec les lettres composant son nom de famille. Il commence par triompher en pratiquant les genres réputés les plus nobles, à savoir l'épopée (*La Henriade*, 1728) et la tragédie (*Œdipe* en 1718, *Zaïre* en 1732). Mais sa vie est aussi et surtout rythmée par les **combats** qu'il livre avec sa plume contre les injustices de la société de son temps : dès 1734, il publie les *Lettres philosophiques*, ouvrage pour lequel il est menacé d'être arrêté. Puis il édite son premier conte philosophique, *Zadig*, en 1748. Il collabore à *L'Encyclopédie* dirigée par Diderot, publie *Candide* en **1759**, puis le *Traité sur la tolérance* en 1763, ouvrage dans lequel il prend la défense de Jean Calas, citoyen protestant accusé à tort d'avoir assassiné son fils parce qu'il voulait se convertir au catholicisme. Ce livre est révélateur d'une des idées fondamentales de Voltaire, à savoir l'éloge de la **tolérance** en matière religieuse, idée scandaleuse dans ce XVIIIe siècle où le catholicisme est la religion d'État et où les autres religions, principalement le protestantisme, sont persécutées. En 1764 paraît son *Dictionnaire philosophique portatif* et en 1767 le conte philosophique *L'Ingénu*. À la fin de sa vie, installé à Ferney, d'où il exerce une véritable « royauté » intellectuelle, Voltaire est célèbre dans l'Europe entière.

1. Résumé de *Candide*

Au début du conte, le jeune Candide, esprit simple mais droit, vit en Westphalie dans le château de son oncle, le baron de Thunder-ten-Tronckh. Son précepteur, Pangloss, lui enseigne que tout va pour le mieux dans le meilleur des mondes possibles. Il le croit, mais se fait chasser de son « paradis » pour un baiser donné à sa cousine, Cunégonde. À partir de ce moment-là, il se trouve plongé dans le monde tel qu'il est. Au gré de ses multiples errances, il découvre des horreurs et des injustices partout : il prend ainsi conscience de la « boucherie » qu'est la guerre, puis est victime de l'Inquisition, tribunal religieux qui le condamne à être fessé, tandis que son maître Pangloss est pendu. Candide retrouve par miracle Cunégonde, la sauve des griffes d'un juif et du grand inquisiteur, en les tuant tous les deux. Puis ils s'enfuient en Amérique, en compagnie d'une vieille femme qui a pris soin de Candide après sa condamnation par l'Inquisition. Là-bas, Candide perd à nouveau sa belle, car le gouverneur de Buenos-Aires s'est épris pour Cunégonde d'une violente passion. Le jeune homme, recherché par la police, doit fuir. Accompagné de son valet Cacambo, il se rend chez les jésuites du Paraguay,

où il tue le frère de Cunégonde qui s'oppose à l'idée d'un mariage entre les deux jeunes gens. Contraints de fuir à nouveau, Candide et Cacambo parviennent au pays des Oreillons, un peuple cannibale. Ces derniers s'apprêtent à les manger, mais ils leur font grâce quand ils apprennent qu'ils sont des ennemis des jésuites. Ils se rendent ensuite au pays de l'Eldorado, sorte d'endroit idéal, d'utopie où tout est parfait. Désireux de retrouver Cunégonde, ils continuent leur chemin et parviennent à Surinam, où ils rencontrent un homme victime de l'esclavage. Après un périple en Europe, accompli avec Martin, un philosophe qui pense, contrairement à Pangloss, que tout va mal et qu'on vit dans le pire des mondes possibles, Candide se retrouve en Turquie, où il retrouve Cunégonde, devenue affreusement laide, mais aussi la vieille femme, Pangloss et même le jeune baron de Thunder-ten-tronckh (tous deux ont finalement échappé miraculeusement à la mort). Candide épouse Cunégonde, et la plupart des personnages du conte se retrouvent réunis dans une métairie que le jeune homme achète avec des diamants issus de l'Eldorado.

2. Une œuvre divertissante

a. Un récit brillant au rythme effréné : le résumé ci-dessus, pourtant non exhaustif, est révélateur de la quantité des aventures vécues par Candide. Pourtant, l'ensemble des épisodes est réuni dans un livre relativement court (trente chapitres de trois ou quatre pages chacun). Voltaire ne se soucie absolument pas de réalisme, préférant entraîner son lecteur, sans lui donner le temps de reprendre sa respiration, dans une **succession d'aventures** racontées sans détails inutiles, selon des phrases souvent brèves. L'utilisation du présent de narration, à certains moments, renforce le caractère rapide des mésaventures de Candide.

b. Une parodie de conte de fées : le lecteur sourit souvent à la lecture de *Candide*, car Voltaire multiplie les clins d'œil au genre du conte de fée : pour faire passer son message, il prend plaisir à reprendre les invariants de ce genre, tout en les **subvertissant** : c'est ainsi qu'on retrouve le principe du jeune héros, bon mais un peu naïf (d'où son nom, Candide), quittant un château pour être entraîné dans une succession de péripéties. Comme dans un conte merveilleux, il a un adjuvant, en la personne de la vieille femme, sorte de réécriture parodique du type de la fée, et il triomphe de ses multiples opposants en les tuant (un juif, un inquisiteur, le frère de sa bien-aimée). Il finit par retrouver sa princesse Cunégonde et par l'épouser, mais, contrairement au conte merveilleux, elle est devenue affreusement laide. Voltaire reprend donc, en s'en moquant et en les subvertissant, les diverses invraisemblances propres au genre du conte.

c. Un usage généralisé de l'ironie : dans *Candide*, Voltaire utilise l'ironie d'une manière constante. Ainsi, il utilise par exemple une périphrase savoureuse pour désigner la prison dans laquelle Candide et Pangloss sont jetés par l'Inquisition : ce sont « des appartements d'une extrême fraîcheur, dans lesquels on n'était jamais incommodé par la chaleur » (chapitre 6). De même, il se moque de la puissance supposée du baron de Thunder-ten-tronckh en utilisant un argument reposant sur de la fausse logique : « M. le baron était un des plus puissants seigneurs de la Westphalie, car son château avait une porte et des fenêtres » (chapitre 1).

3. Une œuvre satirique

L'apparence plaisante du conte n'a pas pour seul but de divertir le lecteur. En effet, Voltaire s'en sert comme d'un moyen de faire passer ses idées. *Candide* est donc bien une **satire**, c'est-à-dire une **critique de la société** utilisant le rire comme arme.

a. La critique de la théorie philosophique de Leibniz : Voltaire l'indique dès le titre, *Candide ou l'optimisme* : il s'agit pour lui avant tout de s'opposer à la pensée philosophique de l'Allemand Leibniz (1646-1716), qui est centrée sur l'idée d'un sens global de l'univers : le monde ayant été créé par un Dieu parfait, tout est nécessairement établi en vue d'un but général. Voltaire caricature cette doctrine, en la mettant dans la bouche de Pangloss, qui pense que tout est pour le mieux dans **le meilleur des mondes possibles**. Le but de Voltaire est de montrer que la société est loin d'être parfaite et que les maux sont multiples.

b. La critique de la guerre : cette critique apparaît notamment dans le chapitre 3, qui commence par l'antiphrase suivante : « rien n'était si beau, si leste, si brillant, si bien ordonné que les deux armées ». Un peu plus loin, il utilise l'oxymore « cette boucherie héroïque », pour bien mettre en évidence la réalité de la guerre, son caractère **barbare et absurde**.

c. La critique de l'intolérance religieuse : celle-ci s'exprime notamment dans le chapitre 6, dans lequel l'Inquisition condamne des hérétiques (c'est-à-dire des gens qui développent des pensées non conformes au dogme catholique) à mort, pour que la société aille mieux (un tremblement de terre dramatique vient d'avoir lieu à Lisbonne). Mais cette stratégie du bouc émissaire ne fonctionne pas, car « le même jour la terre trembla de nouveau avec un fracas épouvantable ».

d. La critique de l'esclavage : dans le chapitre 19, Candide rencontre un esclave noir. Voltaire utilise alors, pour une fois, non pas l'ironie, mais le registre **pathétique**, pour mettre en évidence **la cruauté de l'esclavage**, légal (réglementé par une loi appelée le Code noir) et régulièrement pratiqué au XVIIIe siècle, dans le cadre de ce qu'on appelle le commerce triangulaire.

TOP CHRONO
C'est l'interro !

EXERCICES

30 min

1. ★ **Citez cinq ouvrages écrits par Voltaire.**

2. ★★ **En quoi *Candide* est-il un ouvrage divertissant pour le lecteur ? Avancez trois arguments différents.**

3. ★★ **Quelles sont les principales cibles de la satire dans *Candide* ?**

4. ★★★ **Lisez le début de *Candide* reproduit ci-dessous, puis commentez-le en quelques lignes, en vous intéressant plus spécifiquement à la parodie du genre du conte merveilleux, visible grâce à la présence constante de l'ironie.**

Il y avait en Westphalie, dans le château de monsieur le baron de Thunder-ten-tronckh, un jeune garçon à qui la nature avait donné les mœurs les plus douces. Sa physionomie annonçait son âme. Il avait le jugement assez droit, avec l'esprit le plus simple ; c'est, je crois, pour cette raison qu'on le nommait Candide. Les anciens domestiques de la maison soupçonnaient qu'il était fils de la sœur de M. le baron et d'un bon et honnête gentilhomme du voisinage, que cette demoiselle ne voulut jamais épouser parce qu'il n'avait pu prouver que soixante et onze quartiers et que le reste de son arbre généalogique avait été perdu par l'injure du temps.

M. le baron était un des plus puissants seigneurs de la Westphalie, car son château avait une porte et des fenêtres. Sa grande salle même était ornée d'une tapisserie. [...]

Mme la baronne, qui pesait environ trois cent cinquante livres, s'attirait par là une très grande considération, et faisait les honneurs de la maison avec une dignité qui la rendait encore plus respectable. Sa fille Cunégonde, âge de dix-sept ans, était haute en couleur, fraîche, grasse, appétissante. Le fils du baron paraissait en tout digne de son père. Le précepteur Pangloss était l'oracle de la maison, et le petit Candide écoutait ses leçons avec toute la bonne foi de son âge et de son caractère.

Pangloss enseignait la métaphysico-théologo-cosmolonigologie. Il prouvait admirablement qu'il n'y a point d'effet sans cause, et que, dans ce meilleur des mondes possibles, le château de monseigneur le baron était le plus beau des châteaux et madame la meilleure des baronnes possibles.

29 LES CONNAISSANCES SUR L'ARGUMENTATION : CONVAINCRE ET PERSUADER

Introduction

« Rien n'est stupide comme vaincre ; la vraie gloire est convaincre », écrit Victor Hugo dans son roman *Les Misérables* (1862). À travers un jeu sur la proximité sonore des mots « vaincre » et « convaincre », l'écrivain veut attirer l'attention sur la supériorité de la parole sur la force, pour faire évoluer la société. Encore faut-il, pour cela, maîtriser les codes principaux de l'argumentation pour emporter l'adhésion des gens à qui l'on s'adresse. Dans ce cadre, il convient de différencier des verbes souvent pris, à tort, comme interchangeables : démontrer, délibérer, convaincre et persuader. **Démontrer** quelque chose, c'est en prouver indubitablement la validité, grâce à des preuves auxquelles on ne peut rien opposer. C'est la démarche du scientifique. **Délibérer**, c'est effectuer un raisonnement dialectique, c'est-à-dire étudier une thèse de départ, en percevoir les limites (c'est l'antithèse) et opérer finalement une synthèse, qui établit une solution au problème grâce à un dépassement des oppositions apparentes. C'est fondamentalement la démarche du philosophe. **Convaincre**, c'est tenter de faire adhérer son interlocuteur à sa propre opinion, en s'adressant à sa logique et à son intelligence présumées. Enfin, **persuader** consiste à agir sur son destinataire en faisant appel à ses émotions et ses sentiments. C'est à ces deux derniers verbes que la littérature d'idées se rattache en priorité.

1. Convaincre

a. Définition : le verbe « convaincre » vient du verbe latin *vincere*, qui signifie « venir à bout de la résistance d'autrui », et de la préposition *cum*, qui signifie « avec ». Convaincre signifie donc « vaincre avec des raisons », contraindre autrui à reconnaître la validité de quelque chose, grâce à un **raisonnement**. D'ordinaire, un raisonnement réussi comporte trois éléments différents : une **thèse**, des **arguments** et des **exemples**. Pour lier correctement ces éléments entre eux, on utilise des **connecteurs logiques**.

b. La thèse : dans une argumentation, un écrivain émet tout d'abord une **thèse**, c'est-à-dire l'opinion qu'il veut soutenir à propos du thème traité. Par exemple, dans son conte philosophique *L'Ingénu* (1767), Voltaire choisit de privilégier le thème de la religion et il centre son ouvrage sur la thèse suivante : l'intolérance religieuse cause de nombreux dégâts dans un pays (on rappellera que Voltaire situe l'histoire de son conte en 1689, c'est-à-dire quatre ans à peine après la révocation de l'Édit de Nantes par Louis XIV).

c. Les arguments : le deuxième point d'une argumentation consiste à essayer de prouver sa thèse, et donc à avancer des **arguments**, c'est-à-dire des raisons qui

justifient l'opinion soutenue. Si on reprend l'exemple de *L'Ingénu* de Voltaire, on peut distinguer, entre autres, les arguments suivants : l'intolérance religieuse cause le malheur des gens, le fanatisme religieux s'oppose au bon sens, les représentants officiels du catholicisme ne possèdent pas une morale religieuse saine.

d. Les exemples : un argument, à lui seul, ne suffit pas à emporter l'adhésion ; il faut qu'il soit validé par le recours à un **exemple** précis, c'est-à-dire une référence à un fait concret. Ainsi, on assiste dans *L'Ingénu* à la misère à laquelle un groupe de protestants est réduite et à celle du janséniste Gordon, emprisonné à cause de ses convictions religieuses ; par ailleurs, le personnage principal du récit, le Huron surnommé « l'ingénu » (un Indien du Canada), détruit les théories religieuses de Gordon en réfléchissant avec son bon sens ; enfin, le père Tout-à-tous, un jésuite proche du pouvoir, profite de l'influence que lui donne sa fonction religieuse pour corrompre Mlle de Saint-Yves : il la convainc, grâce à un raisonnement moralement malhonnête, mais s'appuyant sur des éléments tirés de la religion, de céder aux avances de M. de Saint-Pouange afin d'obtenir la libération de l'ingénu, qu'elle aime. Tous ces exemples concrets prouvent les arguments indiqués plus haut.

e. L'utilisation de connecteurs logiques : ce sont des mots qui indiquent la cause (car, en effet, parce que, puisque, à cause de, en raison de), la conséquence (donc, c'est pourquoi, par conséquent), l'ajout (de plus, en outre, non seulement ... mais encore), ou encore l'opposition entre deux idées (mais, or, cependant, pourtant). L'usage de connecteurs logiques permet de **clarifier** l'argumentation, de bien montrer au lecteur **l'enchaînement** des arguments, le passage d'une idée à une autre.

2. Persuader

a. Définition : le verbe « persuader » vient du latin *persuadere*, qui signifie « conseiller avec force ». Persuader quelqu'un consiste à l'amener à croire quelque chose en faisant appel à ses **sentiments** et à ses **émotions**. Pour cela, il faut soigner la forme du texte, la manière d'écrire. Une bonne argumentation ne passe pas seulement par le raisonnement, elle passe aussi par le langage : il s'agit de capter l'attention du lecteur, en s'adressant à lui de façon amicale, en lui posant des questions, en tenant compte de sa présence, en cherchant à le faire rire ou à l'émouvoir, en insistant sur certains points.

b. Les principaux procédés à connaître pour persuader : le langage fournit de nombreux outils pour capter l'attention du lecteur et ainsi le faire se ranger à notre avis. On peut tout d'abord agir sur les émotions du destinataire en employant un **vocabulaire valorisant pour sa propre thèse** et un vocabulaire dévalorisant pour

la thèse de l'adversaire. Par ailleurs, au niveau des types de phrases, il est conseillé d'utiliser des **phrases exclamatives**, qui servent à montrer sa propre émotion, sa propre implication par rapport au discours tenu, et qui apparaissent ainsi comme un gage de sincérité pour le destinataire. Les **phrases interrogatives** (appelées en l'occurrence des questions rhétoriques, car elles n'appellent pas en elles-mêmes des réponses de la part du lecteur) permettent de faire en sorte que le destinataire se sente concerné par l'argumentation traitée. Enfin, l'utilisation des **pronoms de la première et de la seconde personne** intègre le lecteur à l'argumentation en lui donnant l'impression qu'on s'adresse directement et personnellement à lui.

c. L'utilisation de certaines figures de style : certaines figures sont très souvent employées dans un discours argumentatif, car elles permettent de constituer des formules marquantes que le lecteur peut retenir. On rappellera ici qu'une figure de style est une manière particulière de s'exprimer, qui se distingue de l'usage courant, neutre, de la langue. Dans un texte argumentatif, les figures de style récurrentes sont les suivantes : **l'hyperbole**, qui consiste à utiliser une tournure exagérant la réalité, permet de mettre en valeur sa propre thèse ou de caricaturer celle de l'adversaire. **L'antithèse**, figure consistant à opposer deux idées ou deux éléments dans une même phrase, sert à renforcer les oppositions entre les idées défendues et les idées critiquées. Le **parallélisme**, c'est-à-dire le fait d'utiliser une construction semblable dans plusieurs phrases différentes, a pour effet de mettre en valeur le discours, de lui donner de la force et une certaine solennité. Il en est de même de **l'anaphore**, qui consiste à commencer plusieurs phrases par le même mot ou la même expression. **L'énumération**, qui dresse une liste de différents éléments, a pour but de donner du poids à l'argumentation, en multipliant les exemples prouvant un argument. **L'antiphrase**, enfin, consistant à dire quelque chose de façon à faire comprendre le contraire au lecteur, est le procédé principal de l'ironie, qui est utile quand on veut entretenir la polémique : l'ironie, en même temps qu'elle fait sourire le lecteur, entraîne l'adhésion de celui-ci, et le rejet de la position ou de la personne qui en est la cible.

Conclusion

Ainsi, pour établir une argumentation réussie, pour que le lecteur se range à son avis, un écrivain essaie en général à la fois de le convaincre et de le persuader ; il soigne autant le fond, c'est-à-dire le contenu du texte, que la forme, c'est-à-dire la façon d'exprimer le message qu'il veut faire passer.

TOP CHRONO
C'est l'interro !

EXERCICES

25 min

1. ⋆⋆⋆ **Lisez le texte suivant, puis indiquez en quelques lignes en quoi il est à la fois convaincant et persuasif, en vous appuyant sur des éléments précis.**

Dans son Supplément au voyage de Bougainville (1772), Diderot aborde notamment le thème de la colonisation. Dans ce passage, l'écrivain fait parler un vieux Tahitien ; il s'adresse à son peuple, puis au navigateur Bougainville, qui a accosté sur l'île de Tahiti et s'apprête à repartir.

Pleurez, malheureux Tahitiens ! pleurez ; mais que ce soit de l'arrivée, et non du départ de ces hommes ambitieux et méchants : un jour, vous les connaîtrez mieux. Un jour, ils reviendront, le morceau de bois [il s'agit du crucifix de l'aumônier] que vous voyez attaché à la ceinture de celui-ci, dans une main, et le fer qui pend au côté de celui-là, dans l'autre, vous enchaîner, vous égorger ou vous assujettir à leurs extravagances et à leurs vices ; un jour vous servirez sous eux, aussi corrompus, aussi vils, aussi malheureux qu'eux [...] ». Puis, s'adressant à Bougainville, il ajouta : « Et toi, chef des brigands qui t'obéissent, écarte promptement ton vaisseau de notre rive : nous sommes innocents, nous sommes heureux ; et tu ne peux que nuire à notre bonheur. Nous suivons le pur instinct de la nature : et tu as tenté d'effacer de nos âmes son caractère. Ici tout est à tous ; et tu nous as prêché je ne sais quelle distinction du tien et du mien. Nos filles et nos femmes nous sont communes ; tu as partagé ce privilège avec nous ; et tu es venu allumer en elles des fureurs inconnues. Elles sont devenues folles dans tes bras ; tu es devenu féroce entre les leurs. Elles ont commencé à se haïr ; vous vous êtes égorgés pour elles ; et elles nous sont revenues teintes de votre sang. Nous sommes libres ; et voilà que tu as enfoui dans notre terre le titre de notre futur esclavage. Tu n'es ni un dieu, ni un démon : qui es-tu donc, pour faire des esclaves ? Orou ! toi qui entend la langue de ces hommes-là, dis-nous à tous, comme tu me l'as dit à moi, ce qu'ils ont écrit sur cette lame de métal : Ce pays est à nous. Ce pays est à toi ! et pourquoi ? Parce que tu y as mis le pied ? Si un Tahitien débarquait un jour sur vos côtés, et qu'il gravât sur une de vos pierres ou sur l'écorce d'un de vos arbres : ce pays appartient aux habitants de Tahiti, qu'en penserais-tu ?

Diderot, *Supplément au voyage de Bougainville* (1772).

PARTIE 2

Méthodologie

chapitre 1

Savoir rédiger correctement

30 RÉDIGER UNE ARGUMENTATION

Introduction

La classe de seconde constitue pour bien des lycéens un cap difficile dans la discipline qu'on nomme, à tort, le français, et qu'on devrait plutôt appeler l'étude de la littérature. En effet, il ne s'agit plus, comme au collège, de répondre en quelques mots ou en quelques lignes, à différentes questions ; il ne suffit plus uniquement de maîtriser correctement l'orthographe et la grammaire de la langue française ; il ne s'agit plus, enfin, d'imaginer des histoires en faisant preuve de créativité et d'imagination. Les trois dimensions précédentes (la compréhension d'un document écrit, la maîtrise de la langue et la capacité à produire un texte cohérent) étant considérées comme acquises, on passe à un niveau supérieur, c'est-à-dire qu'on demande à un lycéen de savoir construire par lui-même **un devoir complet**, dans lequel il s'agit d'argumenter, c'est-à-dire de mener une **réflexion** claire, construite et progressive, à partir de l'étude de textes littéraires. La première étape de ce travail consiste à savoir composer une **argumentation**, élément qui constitue l'unité de base de tous les exercices qui sont demandés au baccalauréat, en classe de première (la réponse à une question de corpus, la dissertation, le commentaire, l'écriture d'invention et même l'épreuve orale).

1. La construction d'une argumentation

Une argumentation réussie se compose de trois éléments : une **thèse**, des **arguments** et des **exemples**.

a. La thèse : il convient de commencer une argumentation par un alinéa, puis par l'énoncé de la thèse qui sera développée : il s'agit de **l'idée générale** dont on veut convaincre le lecteur. Elle doit être avant tout clairement compréhensible. En effet, dès le départ, le lecteur doit discerner ce que l'on veut prouver. Pour parvenir à cet idéal de **clarté**, on peut, par exemple, formuler dans sa tête ou au brouillon une phrase qui commence par « je veux montrer que ». Ensuite, il suffit de réécrire cela selon une tournure plus élégante. C'est le moment le moins difficile du paragraphe argumenté, car c'est celui où on émet un avis, une opinion. Or, il est donné à n'importe qui d'avoir une opinion sur n'importe quel sujet. Ce qui est, en revanche, plus compliqué, c'est de convaincre autrui de la pertinence de la thèse. C'est là qu'entrent en jeu les arguments et les exemples.

b. Les arguments : ce sont les **raisons** qui justifient la thèse choisie. Dans un premier temps, on peut les formuler au brouillon à l'aide de conjonctions comme « car » ou « parce que », que l'on ajoute à la thèse choisie. De cette manière, on s'aperçoit

rapidement si les arguments corroborent la thèse ou non. Dans un deuxième temps, il s'agit de les rédiger plus élégamment, en utilisant par exemple des connecteurs logiques comme « tout d'abord », « ensuite », « par ailleurs », « en outre », « de plus », « enfin ». Il convient de revenir à la ligne à chaque nouvel argument.

c. Les exemples : un argument ne prend toute sa force que lorsqu'il est illustré par un exemple précis, c'est-à-dire par un **élément concret et aisément vérifiable**. C'est pourquoi il convient, après chaque argument, d'insérer un exemple. Celui-ci doit à la fois être **précis** (une simple allusion à une œuvre ne suffit pas) et **brièvement analysé** (il ne s'agit pas de résumer un roman en entier, mais d'indiquer en quoi il s'inscrit dans le cadre de l'argument énoncé auparavant). Il faut également s'assurer qu'il soit bien **en lien avec l'argument**, puisqu'il a pour rôle de prouver celui-ci. Dans le domaine de la littérature, les exemples peuvent être de diverses natures : on peut choisir des œuvres complètes (que l'on doit souligner, ou mettre en italiques lorsqu'on écrit sur un traitement de texte), des textes précis (quand on cite le titre d'un poème, un extrait d'un livre, une phrase ou un vers célèbre, il faut mettre des guillemets) ou encore des références à des mouvements littéraires (le naturalisme, le surréalisme, le classicisme). Dans tous les cas, il ne faut pas se contenter de placer les exemples entre parenthèses ou de les écrire à la ligne en indiquant « ex. ». L'insertion d'un exemple doit être **intégralement rédigée et reliée syntaxiquement à l'argument**, notamment grâce aux formules et aux connecteurs suivants : « ainsi », « par exemple », « comme le montre », « comme en témoigne ».

2. Un exemple d'argumentation

a. Le sujet : prenons par exemple la question suivante, qui pourrait d'ailleurs constituer un sujet de dissertation : « selon vous, la littérature d'idées est-elle plus efficace quand elle utilise l'argumentation directe, ou au contraire quand elle a recours à une fiction pour délivrer un message, c'est-à-dire quand l'argumentation est indirecte ? » Construire une réflexion à partir de cette question consiste à choisir une thèse, à la justifier à l'aide d'arguments, eux-mêmes validés par des exemples.

b. La réponse :

L'argumentation indirecte me semble être la plus efficace pour convaincre et persuader le lecteur, pour faire changer les mentalités, pour critiquer la société. En effet, avoir recours à une fiction pour délivrer un message peut tout d'abord permettre **d'éviter la censure**, et donc de diffuser certaines idées sans être inquiété.

Ainsi, Montesquieu, dans les *Lettres persanes* (1721), élabore une critique de certains aspects de la société du XVIIIe siècle à travers une fiction, celle de deux seigneurs persans qui découvrent les coutumes et les institutions françaises. Ils écrivent des lettres à leurs proches restés en Perse, dans lesquelles ils décrivent avec étonnement ce qu'ils apprennent. Par le biais du regard étranger, Montesquieu remet en question certains éléments de la société, tout en permettant à son ouvrage d'être néanmoins publié, à une époque où la liberté d'expression est loin d'être acquise.

En plus de contourner la censure, l'argumentation indirecte a également pour intérêt **d'amuser ou d'émouvoir le lecteur**, et donc de le rendre plus sensible aux idées que l'on veut faire passer. Par exemple, *Candide* (1759) est un récit rempli de rebondissements, dans lequel Voltaire parodie le genre du conte de fée et divertit son lecteur par une ironie quasiment généralisée. De la sorte, il parvient à mieux faire passer ses idées, et notamment la critique de l'intolérance religieuse, de la guerre et de l'esclavage.

Enfin, l'utilisation de l'argumentation indirecte a également **une fonction pédagogique** : il est en effet parfois plus facile de faire comprendre une idée par un petit récit que par un long traité abstrait. Cette idée est particulièrement visible dans les *Fables* (1668) de La Fontaine. « Je me sers d'animaux pour instruire les hommes », écrit La Fontaine au début de son premier recueil, dans son épître à Monseigneur le Dauphin. Il dédie ce recueil au Dauphin, c'est-à-dire au fils du roi, qui est alors un enfant, ce qui est une manière de dire que ses fables servent à faire comprendre des choses parfois compliquées d'une manière simple : la morale, c'est-à-dire la leçon qu'il faut retenir, est ainsi illustrée par un court récit montrant les choses d'une manière concrète.

Ainsi, il s'avère que l'argumentation indirecte est très efficace pour faire passer un message, parce qu'elle peut éviter la censure, qu'elle est bien souvent divertissante et qu'elle a une fonction pédagogique.

c. Quelques commentaires : le texte ci-dessus commence par une première phrase constituant la thèse choisie, à savoir l'efficacité de l'argumentation indirecte par rapport à l'argumentation directe (pour une définition de ces termes, on pourra relire la fiche 24 du présent ouvrage). Ensuite, se succèdent trois arguments différents (indiqués en gras, par souci de clarté), chacun d'eux étant illustré par un exemple précis et brièvement analysé. L'argumentation se termine par un rapide bilan, qui permet de rappeler les éléments principaux à retenir. L'organisation de l'argumentation est rythmée par un certain nombre de connecteurs logiques : « en effet », « ainsi », « en plus de », « par exemple », « de la sorte », « enfin ».

TOP CHRONO
C'est l'interro !

EXERCICES *40 min*

1. ⋆ **Indiquez en quelques lignes comment on doit construire une argumentation.**

2. ⋆⋆ **Trouvez trois arguments pour justifier la thèse suivante : la tragédie classique du XVIIe siècle s'inspire de l'Antiquité gréco-latine (vous pouvez vous aider de ce que vous avez appris dans les fiches 22 et 23).**

3. ⋆⋆ **Illustrez les trois arguments que vous avez trouvés par trois exemples précis.**

4. ⋆⋆⋆ **Écrivez une argumentation cohérente reposant sur la thèse inverse de celle proposée dans cette fiche. Il s'agit donc de montrer que c'est l'argumentation directe qui est la plus efficace pour un écrivain quand il veut délivrer un message.**

31 AMÉLIORER SON EXPRESSION

Introduction

Contrairement à une idée couramment répandue, les épreuves du baccalauréat de français (à l'exception de certains sujets d'écriture d'invention) ne demandent pas au candidat qu'il ait un **talent** d'écriture particulier, mais simplement qu'il sache s'exprimer d'une manière **claire** et **correcte** par rapport aux normes du langage écrit. Il ne s'agit donc pas d'essayer, plus ou moins habilement, de se transformer en un véritable écrivain, mais de convaincre son lecteur grâce à une expression fluide et facilement compréhensible. Pour parvenir à ce résultat, il convient d'éviter un certain nombre d'écueils. C'est l'objet de cette fiche, établie à partir des erreurs et maladresses les plus fréquentes observées dans des devoirs écrits par des élèves de seconde et de première.

1. La correction de la langue

a. Proscrire le langage familier : il ne faut pas oublier le premier mot de la locution adverbiale « ne pas », même lorsqu'il ne s'entend pas à l'oral : ainsi, on écrit : « on **n'**en parle pas ». Par ailleurs, l'adjectif « moche » appartient au niveau familier, il faut donc employer à l'écrit le mot « laid ». Enfin, il ne faut pas confondre les prépositions « de » et « à » : si on étudie l'incipit de *Madame Bovary*, il faut évoquer « la casquette **de** Charles », et non « la casquette à Charles ».

b. Utiliser la bonne orthographe des mots : on attend d'un lycéen qu'il soit capable d'écrire un texte ne possédant quasiment pas de fautes d'orthographe. Dans les consignes de correction, il est possible d'enlever jusqu'à trois points sur la note finale, dans le cas où l'orthographe n'est pas maîtrisée. Voici, à titre d'exemples, la bonne orthographe des mots fréquemment écrits de manière fautive dans des devoirs de lycéens : une absen**c**e, une ambiguïté, ambig**u** (au masculin), ambigu**ë** (au féminin), une di**g**re**ss**ion, un **te**rme (= un mot), le cadre spa**t**io-temporel, des **ri**mes embrass**ées**, un re**cuei**l poétique, un cham**p** lexical, co**hé**rent, **err**oné, exig**ea**nt, indi**ss**o**c**iable, int**é**ressant, ra**t**io**nn**el, a**cq**uérir (il acqui**ert**, il a acq**uis**), a**gg**raver, conv**ai**ncre (il convain**c**), résoudre (il réso**u**t, nous rés**olv**ons). Par ailleurs, certains mots propres à l'analyse littéraire sont parfois employés de façon fautive en ce qui concerne leur genre : ainsi, les termes « **éloge** » et « **oxymore** » sont **masculins** et non féminins.

c. Ne pas confondre certains mots homophones : certains mots, qui se prononcent de manière identique, s'emploient néanmoins dans des contextes différents : par exemple, il ne faut pas confondre « **c**ensé » (supposé, réputé) et « **s**ensé » (qui a du bon sens), « compréhensi**ble** » (qui peut être compris) et « compréhens**if** » (qui peut

comprendre), « **d**avantage » (plus que) et « **d'**avantage » (« il y a plus d'avantages que d'inconvénients à faire cela »), « que**l q**ue » (« quel qu'il soit »), « que**lq**ue » (« il s'est embarqué dans quelque sale affaire ») et « que**lq**ues » (« l'auteur nous donne quelques renseignements sur le cadre spatio-temporel »).

d. Éviter les constructions fautives : parmi les fautes de construction les plus fréquentes figure l'utilisation de **l'interrogation indirecte** : contrairement à l'interrogation directe, elle ne comporte ni inversion du sujet et du verbe, ni point d'interrogation à la fin. Il convient donc de la formuler comme une phrase déclarative classique : « nous nous demanderons comment l'écrivain parvient à créer dans ce texte un climat propice à la rêverie. » Par ailleurs, il faut employer l'indicatif après la conjonction de subordination « **après que** », et non le subjonctif : « après que sa fille Léopoldine **fut** morte accidentellement, Hugo composa son célèbre poème commençant par « demain dès l'aube ». Enfin, commencer une phrase par l'adverbe « **aussi** » lorsqu'on veut ajouter une nouvelle idée est une construction fautive : on doit placer l'adverbe après le verbe conjugué (« l'écrivain utilise aussi beaucoup la figure de l'hyperbole ») ou alors préférer commencer sa phrase par « de plus », « par ailleurs » ou « en outre » (« de plus, il utilise des métaphores »). Placé en début de phrase (sans séparation par une virgule et avec une reprise du sujet après le verbe par un pronom), l'adverbe « aussi » a le sens de « c'est pourquoi » : « aussi l'écrivain emploie-t-il souvent des comparaisons ».

e. Éviter les pléonasmes et les mots inutiles : on a parfois tendance à accoler deux termes signifiant la même chose, ce qui est incorrect. Ainsi, on évitera d'écrire « comme, par exemple », « voire même », « enfin, pour conclure », « ne seulement que » et on utilisera uniquement **l'une des deux expressions**. Il ne faut pas écrire, par exemple « il n'évoque seulement que l'aspect physique du personnage », mais « il n'évoque que » ou « il évoque seulement ».

2. La clarté du devoir

a. Soigner la présentation et la mise en page : un candidat au baccalauréat ne doit pas oublier qu'il écrit avant tout pour un lecteur (le correcteur) et non pour lui. Il convient donc de soigner la présentation, en rendant une copie **propre** (sans ratures) et **lisible**. En ce qui concerne la mise en page, chaque paragraphe doit commencer par un **alinéa** et il faut séparer les grands éléments du devoir (l'introduction, les différentes parties du développement et la conclusion) par un **saut de ligne**. Le candidat veillera également à **souligner** le titre d'une œuvre complète et à mettre entre **guillemets** les éléments tirés d'un texte, ainsi que les citations d'auteurs et les titres de poèmes.

b. Rédiger intégralement : il n'est pas question de mettre des **abréviations** : on n'écrit pas, notamment, « ex. », mais « par exemple ». On évite d'utiliser « etc. », car cela signifie qu'on aurait bien d'autres choses à dire, mais que c'est au correcteur de les découvrir. On ne se contente pas de mettre des **exemples d'œuvres entre parenthèses** pour prouver ses arguments. Enfin, on n'indique pas le plan de son devoir en insérant des **titres** et des **sous-titres**.

c. Structurer son texte : l'usage des différents **connecteurs logiques** permet de donner à un texte sa cohérence. Il s'agit de construire des articulations entre les différentes idées, entre les différentes phrases. Pour structurer correctement un devoir, on peut employer, quand on introduit sa thèse, « tout d'abord » ou « en premier lieu ». Lorsqu'on passe d'un argument à un autre, on insère les mots et locutions « de plus », « par ailleurs », « ensuite », « enfin ». Si on veut illustrer un argument par un exemple, on utilise « comme », « par exemple », « en particulier » ou « ainsi ». Pour introduire une thèse opposée à une autre, ou pour nuancer ce qu'on a écrit précédemment, on peut employer « mais », « cependant », « en revanche », « au contraire » ou « néanmoins ». Pour établir un bilan de l'argumentaire, on privilégiera des expressions comme « en fin de compte », « pour conclure », « en définitive » ou « en somme ».

d. Simplifier son expression : plutôt que de construire des phrases très longues, qui bien souvent finissent par être incorrectes ou confuses, il est conseillé de faire des **phrases relativement courtes**, sans tomber néanmoins dans une sécheresse extrême. Il faut notamment éviter d'accumuler des propositions subordonnées et choisir des formulations plus simples. Par exemple, on peut remplacer « un accident qu'on n'a pas pu prévoir » par « un accident imprévisible ».

Conclusion

Réussir un devoir de français au lycée nécessite ainsi, outre des connaissances dans le domaine de la littérature, **la maîtrise des normes de la langue à l'écrit**, en ayant toujours à l'esprit qu'il faut essentiellement rechercher **la clarté dans l'expression**. Le but est en effet avant tout **d'être compris par son lecteur**. Par ailleurs, il ne faut pas oublier qu'une idée clairement formulée est bien souvent une idée que l'on maîtrise. Comme l'écrivait Nicolas Boileau dans son *Art poétique* (1674), « ce que l'on conçoit bien s'énonce clairement, / et les mots pour le dire arrivent aisément ». Par ces deux alexandrins, le poète veut nous faire saisir que lorsqu'on comprend soi-même ce que l'on veut dire, on parvient sans peine à l'exprimer. Une formulation claire et correcte est révélatrice d'une pensée cohérente, tandis qu'une expression compliquée est souvent le signe d'une idée plus floue.

TOP CHRONO
C'est l'interro !

EXERCICES *20 min*

1. ⋆ **Quelles sont les deux principales qualités attendues, au niveau de l'expression, dans un devoir de baccalauréat ?**

....

2. ⋆⋆ **Corrigez les dix fautes qui se sont glissées subrepticement dans le texte suivant.**

L'auteur convaint son lecteur en ne laissant aucune ambiguité dans son propos. Il utilise des hyperboles, de façon à faire une véritable éloge de la République. Les thermes qu'il emploie, appartenant souvent au champs lexical de la justice, sont sensés renforcer la portée de son message. Il veut aller vers d'avantage de clarté encore, lorsqu'il se résoud à résumer, à la fin de son texte, quelque arguments marquants, afin d'être le plus compréhensif possible.

3. ⋆⋆ **Réécrivez les phrases suivantes, en corrigeant les constructions fautives.**

a. Après qu'on ait mis en évidence l'omniprésence du thème de l'amour, il conviendra de se demander comment celui-ci est-il traité par l'écrivain ?

....

....

b. Victor Hugo est le chef de file des écrivains romantiques. Aussi, il mène toute une série de combats pour changer la société, comme par exemple sa lutte en faveur de l'abolition de la peine de mort.

....

....

4. ⋆⋆ **Remettez les phrases du texte suivant dans le bon ordre, en ajoutant les connecteurs logiques suivants : en effet / au contraire / donc.**

Elle les envenime. Elle ne résout pas les conflits. La violence n'est pas une bonne chose. Il vaut mieux parler plutôt que se battre.

....

....

chapitre 2

Acquérir les méthodes des exercices du baccalauréat

32 RÉDIGER UNE RÉPONSE À UNE QUESTION SUR UN CORPUS DE TEXTES

Introduction

La classe de seconde est celle où le futur candidat au baccalauréat est censé acquérir les méthodes des différents exercices proposés au baccalauréat de fin de première. **L'épreuve écrite du baccalauréat** est constituée de la manière suivante : on distribue au candidat un **corpus**, c'est-à-dire un **ensemble de plusieurs textes** (dont le nombre, en général, oscille entre trois et cinq), éventuellement accompagnés d'un document iconographique (un tableau, une sculpture, un dessin, une photographie, une affiche d'un film). L'essentiel du sujet consiste en un travail d'écriture en lien avec ce corpus : le candidat peut ainsi choisir soit de faire un **commentaire** de l'un des textes (voir la fiche 33), soit une **dissertation** (voir la fiche 34), soit une **écriture d'invention** (voir la fiche 35). Ce travail d'écriture est noté sur 14 points dans les séries technologiques, et sur 16 points dans les séries générales. Dans tous les cas, le travail demandé est en rapport avec les textes proposés, qui, sauf hasard improbable, n'ont pas été étudiés pendant l'année. C'est pourquoi, avant de traiter un des trois sujets, le candidat doit répondre à une question (ou parfois deux, notamment dans les séries technologiques) appelée couramment la **question sur le corpus**. Celle-ci, notée sur 4 points dans les séries S, ES et L, et sur 6 points dans les séries technologiques, a pour but de vérifier que le candidat est capable de comprendre dans ses grandes lignes un texte littéraire. Elle a également pour intérêt de permettre au candidat de se familiariser avec les textes proposés, de façon à pouvoir s'en servir efficacement dans la deuxième partie de l'épreuve : en effet, les textes du corpus peuvent tout à fait servir d'exemples dans la dissertation ou, parfois, dans l'écriture d'invention.

1. Première étape : l'analyse du corpus et la préparation de la réponse au brouillon

a. S'intéresser au paratexte : ce qu'on nomme le paratexte est constitué par l'ensemble des éléments qui entourent les textes. En général, un sujet de baccalauréat comporte les éléments suivants : le **nom des auteurs** de chacun des textes, le **titre des œuvres** dont les passages sont tirés, la **date** de première publication, des **notes de bas de page** donnant la signification de certains mots difficiles, et éventuellement, lorsqu'il s'agit d'un extrait d'un récit ou d'une pièce de théâtre, **quelques phrases** (écrites en général en italiques) permettant de comprendre qui sont les personnages évoqués et dans quelle situation ils sont. En général, le paratexte contient également la **mention de l'objet d'étude concerné** (le roman, la poésie, le théâtre, l'argumentation). Bien observer tous les éléments

du paratexte permet souvent de situer les textes dans l'Histoire littéraire, et ainsi de les rattacher à des connaissances acquises pendant l'année. Par exemple, si le paratexte indique que l'auteur est Montesquieu et que les *Lettres persanes* est un roman épistolaire publié en 1721, on en déduit qu'il s'agit d'une œuvre de fiction rédigée par un philosophe des Lumières, et donc, vraisemblablement, d'un texte engagé, critiquant de manière indirecte un aspect particulier de la société.

b. Lire les textes et les comprendre de façon littérale : il est conseillé de s'assurer, avant de lire la question posée, qu'on a bien compris le sens littéral des textes. Pour cela, il convient de les lire attentivement et d'en faire un rapide **résumé**.

c. Analyser la question posée : elle peut notamment porter sur un des **thèmes** des textes, sur leur **genre**, sur leur **registre**, sur un **procédé d'écriture spécifique** (le point de vue adopté, le rôle des didascalies, l'usage de figures de style), sur leur **enjeu** ou sur leur **effet** produit sur le lecteur. Dans tous les cas, il est conseillé de **repérer les mots clés** de la question et de les analyser précisément, pour éviter de faire des contresens et de répondre à une question qui n'est pas celle qui est posée. Selon la façon dont la question est formulée, la réponse attendue n'est pas exactement la même : par exemple, on n'attend pas tout à fait le même développement au sujet des deux questions suivantes : « en quoi ces textes donnent-ils de la figure de la mère une image positive ? » ; « quelle est l'image de la mère que ces textes donnent ? ».

d. Trouver dans les textes des éléments de réponse : après avoir analysé correctement la question, une relecture des textes s'impose, crayon à la main, pour **souligner les éléments essentiels**. Il convient ensuite d'en déduire des **arguments**, et de mettre en rapport les différents textes. Il ne s'agit pas d'envisager le corpus comme un ensemble totalement homogène : en effet, il est fort probable qu'il y ait des différences entre les textes, au sujet de la question posée. Il faut donc respecter la singularité des textes.

d. Établir un plan : l'organisation des différents arguments doit mener à la constitution d'un plan. Il convient d'éviter (sauf exception, quand la question s'y prête), de faire un plan qui envisage d'abord le premier texte, puis le second et ainsi de suite. Il s'agit au contraire de voir que sur certains points les textes développent la même idée, tandis que sur d'autres ils s'opposent. La **confrontation** des textes entre eux est essentielle, car il s'agit d'une question de synthèse, c'est-à-dire d'une analyse comparative des textes.

2. Deuxième étape : la rédaction de la réponse à la question de corpus

a. Rédaction générale de la réponse : elle doit être intégralement rédigée, sans abréviations ni titres. La longueur doit être d'**une page et demie à deux pages** environ. Il faut, bien évidemment, éviter au maximum les fautes d'orthographe, qui peuvent être pénalisées par le correcteur, et s'exprimer avec un niveau de langue respectant les normes du langage écrit. Comme un commentaire et une dissertation, une réponse à une question de corpus doit avant tout être **claire** à comprendre pour le correcteur. Bien des candidats, voulant parfois trop bien faire, construisent des phrases trop complexes qui, malheureusement, finissent par être mal formulées, incorrectes et, parfois, incompréhensibles. Il faut toujours garder à l'esprit que l'on n'écrit pas pour soi, mais pour un récepteur. C'est pourquoi il ne se suffit pas de comprendre ce qu'on veut exprimer, il faut aussi **se faire comprendre**.

b. Rédaction de l'introduction : le premier paragraphe de la réponse doit constituer une **brève introduction**, plus courte que celle d'un commentaire ou d'une dissertation. On peut commencer par une brève **amorce**, c'est-à-dire une phrase énonçant une idée générale en rapport avec le corpus. Cette amorce permet, dans un deuxième temps, de **présenter les textes**, en donnant les titres des œuvres, le nom des auteurs et la date de publication. Ensuite, on reformule le **contenu de la question**, et, si besoin est, on l'explicite. Enfin, on annonce les différents **éléments du développement**. Mais on n'a parfois pas le temps de faire tout cela, en temps limité, le jour de l'épreuve. Une introduction simplifiée est alors tout à fait possible : on se contente de présenter les textes et de déterminer la problématique de la question posée.

c. Rédaction du développement : il doit posséder entre **deux et quatre paragraphes** ; chacun doit être centré sur un élément de réponse. Il faut veiller à ne pas laisser un des textes de côté. Il convient de prouver les idées qu'on avance en **citant** et en **expliquant** brièvement certains passages des textes, sans pour autant entrer dans tous les détails (on ne demande pas un commentaire complet des textes). Chaque paragraphe doit donc être construit de la manière suivante : un argument, suivi de citations tirées des textes et d'explications de celles-ci.

d. Rédaction de la conclusion : elle doit indiquer brièvement un **bilan** de l'analyse effectuée et éventuellement **une phrase d'élargissement**, c'est-à-dire l'évocation d'une idée générale en rapport avec la question posée, ou une citation d'auteur abordant la même notion d'une manière différente, ou encore une référence à un autre texte que ceux du corpus, abordant la même idée.

TOP CHRONO
C'est l'interro !

EXERCICES *20 min*

1. ⋆ **Quels sont les quatre exercices différents que comporte un sujet de baccalauréat ?**

   ....

2. ⋆ **En quoi consiste ce qu'on appelle la question de corpus ?**

   ....

3. ⋆⋆ **Voici une série de questions possibles. Soulignez à chaque fois le ou les mots-clés et indiquez sur quoi porte la question (thème des textes, enjeu, effet produit, genre, registre, procédé d'écriture).**

   En quoi ces textes sont-ils des poèmes lyriques ? ....

   Comment est perçue la rencontre amoureuse dans ces textes ? ....

   Quel est l'objectif principal de ces trois extraits de roman ? ....

   Quelle est la figure de style dominante dans ces textes ? Pourquoi ? ....

   Quel sentiment éprouve-t-on en lisant ces poèmes ? ....

   Ces scènes sont-elles tirées de comédies ou de tragédies ? ....

4. ⋆⋆ **Voici la première page d'un sujet possible de baccalauréat. Dites quelles sont les informations importantes que donne le paratexte.**

   Texte A : Stendhal, *Le Rouge et le Noir* (1830) : Julien Sorel, venu pour être précepteur des enfants de Madame de Rênal, tombe sous son charme.

   Texte B : H. de Balzac, *Le Lys dans la vallée* (1836) : le jeune Félix de Vandenesse se rend à un bal et y tombe amoureux d'une comtesse, Henriette de Mortsauf.

   Texte C : G. Flaubert, *L'Éducation sentimentale* (1869) : le jeune étudiant Frédéric Moreau tombe sous le charme d'une femme mariée, Mme Arnoux.

   ....

   ....

   ....

   ....

   ....

   ....

33 RÉDIGER UN COMMENTAIRE DE TEXTE

Introduction

Le commentaire de texte est, avec la dissertation et l'écriture d'invention, un des trois travaux d'écriture proposés, au choix du candidat, lors de l'épreuve écrite du baccalauréat. Ce travail d'écriture est noté sur 16 points dans les séries générales et sur 14 points dans les séries technologiques (les autres points sont attribués à la réponse à la question de corpus, voir la fiche 32). Un commentaire est un exercice qui repose sur **l'analyse précise d'un texte littéraire** (en général de moins de trente lignes), mettant en lien le fond et la forme du texte, c'est-à-dire son sens et son style. Il ne s'agit pas de résumer ou de reformuler le texte avec ses propres mots (c'est-à-dire faire ce qu'on appelle de la paraphrase), mais **d'en interpréter le sens profond et d'en montrer les qualités littéraires**.

1. Première étape : l'analyse d'un texte littéraire

Avant de rédiger un commentaire, il convient tout d'abord de mener une analyse précise du texte proposé, c'est-à-dire d'en faire ressortir les principales caractéristiques. Pour cela, deux démarches sont possibles :

a. La lecture analytique (ou méthodique) : il s'agit d'envisager le texte **de manière globale**, **transversale**, en se posant des questions diverses, comme les suivantes : quel est le thème du texte ? Quel est son genre ? L'écrivain transgresse-t-il les règles traditionnelles de ce genre, ou au contraire s'inscrit-il dans une tradition antérieure ? Quelle est la forme de discours dominante (narrative, descriptive, argumentative, explicative) ? À quel mouvement littéraire peut-on rattacher le texte ? Quels sont les procédés stylistiques utilisés ? Quel message l'écrivain veut-il faire passer ? Quelle émotion le texte crée-t-il sur son lecteur ? Quel est le registre dominant (comique, tragique, didactique, polémique, réaliste) ?

b. La lecture linéaire : l'autre manière d'expliquer un texte consiste à faire une **analyse linéaire** : il s'agit alors de procéder non plus de manière globale, mais d'entrer progressivement dans le texte, en essayant de trouver des éléments intéressants ligne par ligne, phrase par phrase ou vers par vers. Il s'agit alors d'avoir l'esprit ouvert et de noter à la fois des éléments techniques qui paraissent importants (les figures de style, les champs lexicaux, le rythme des phrases) et des éléments d'interprétation, concernant le sens du texte.

c. L'importance de l'étape d'analyse du texte : cette étape est essentielle avant de se lancer dans la rédaction d'un commentaire, car elle permet d'éviter l'impression trop hâtive d'avoir immédiatement compris le sens profond du texte. Cette impression de départ est en effet bien souvent à l'origine de multiples contresens.

Mener une analyse méthodique ou linéaire (on peut également mêler les deux démarches) permet de mettre à jour la richesse du texte à commenter et de ne pas en rester à quelques généralités superficielles. À la fin de l'analyse, il convient de synthétiser tous les éléments découverts, de façon à faire émerger quelques grandes idées, qui serviront à élaborer la problématique du commentaire (c'est-à-dire son fil directeur), ainsi que le plan du développement.

2. Deuxième étape : la rédaction d'un commentaire de texte

a. Remarques générales : un commentaire doit être intégralement rédigé. La longueur attendue est d'**au moins quatre pages**. Il faut éviter au maximum les fautes d'orthographe, qui peuvent être pénalisées par le correcteur, et s'exprimer avec un niveau de langue clair et respectant les normes du langage écrit. Par ailleurs, un commentaire se doit de comporter une introduction, un développement et une conclusion.

b. Rédaction de l'introduction : d'une longueur attendue **d'une demi-page** ou un peu plus, elle a une fonction d'annonce. Il faut y faire particulièrement attention, car c'est le premier élément que lit le correcteur. C'est pourquoi il est conseillé de l'écrire d'abord au brouillon, avant de la recopier au propre. Elle doit se composer de la façon suivante : on commence par une **amorce**, c'est-à-dire une réflexion d'ordre général, sur l'auteur, l'œuvre, le genre, le contexte historique ou le thème abordé dans le texte. Il faut essayer d'éviter les banalités, c'est-à-dire les formules creuses (« la poésie existe depuis très longtemps »), voire fausses (« depuis toujours, les hommes ont éprouvé le besoin d'écrire »). Cette amorce, qui ne doit pas être trop longue (une ou deux phrases suffisent), permet dans un deuxième temps de **présenter clairement et précisément le texte** qui fera l'objet du commentaire, en indiquant le nom de l'auteur, de l'œuvre dont il est tiré, ainsi que son époque de publication et son contenu. Ensuite, il convient de mettre en évidence l'intérêt principal du texte, c'est-à-dire d'indiquer en quoi il est original et digne d'être étudié en détail. C'est ce qu'on appelle la **problématique**, qui doit constituer le fil directeur du commentaire. Ce projet de lecture doit être formulé de façon claire, soit sous la forme d'une phrase déclarative (« il s'agira de montrer que »), soit sous la forme d'une question (« en quoi ce poème est-il caractéristique du mouvement romantique ? »), soit par l'intermédiaire d'une interrogation indirecte (« on se demandera en quoi ce passage constitue une satire de la société »). Enfin, la dernière étape de l'introduction consiste à annoncer, d'une manière élégante si possible, **le plan** qui sera suivi dans le développement. On peut pour cela utiliser des connecteurs logiques comme « tout d'abord », « ensuite » et « enfin ».

L'introduction se fait en **un seul paragraphe** : il n'est pas nécessaire de revenir à la ligne à chaque étape. Les différents éléments de l'introduction doivent s'enchaîner d'une manière logique et cohérente.

c. Rédaction du développement : après l'introduction, il faut sauter une ligne ou deux, avant de commencer le développement. Celui-ci doit être clairement construit, ce qui exclut de se contenter de reprendre simplement, sans les classer, les éléments d'interprétation trouvés lors de l'analyse du texte. Il faut au contraire les regrouper au sein de plusieurs axes, qui constitueront les grandes parties. La plupart du temps, un développement comporte **deux** ou **trois grandes parties**, dont la thèse doit apparaître dès la première phrase. Il faut en effet indiquer clairement au lecteur ce que l'on veut montrer. Pour délimiter les grandes parties, il convient de sauter une ou deux lignes après chacune d'elles. Il n'existe pas de plan type, car tout dépend du texte à commenter. Cependant, dans tous les cas, il convient de s'assurer que le plan n'est pas déséquilibré. Chaque partie est à son tour divisée en plusieurs **sous-parties**. Une sous-partie doit comporter un argument qui justifie la thèse et des exemples, c'est-à-dire des éléments du texte, que l'on cite (en précisant entre parenthèses les numéros de lignes ou de vers), puis que l'on analyse, grâce à des connaissances techniques maîtrisées (il est utile, par exemple, de parler de champ lexical, de figure de style, de point de vue adopté, de registre, etc.). Chaque sous-partie doit constituer un paragraphe ; pour passer d'une sous-partie à une autre, on revient donc à la ligne et on fait un alinéa (sans sauter de ligne). L'utilisation de **connecteurs logiques** (par ailleurs, de plus, d'autre part, ensuite, mais, cependant, etc.) est essentielle pour lier les différentes idées entre elles.

d. Rédaction de la conclusion : il ne faut pas la négliger, car c'est ce que le correcteur lit en dernier. Néanmoins, elle est moins importante que l'introduction, car elle intervient à un moment où la démonstration est achevée. Une conclusion comprend deux éléments : un **bilan** rapide, où on rappelle de manière synthétique les principaux éléments du devoir et où on répond à la problématique indiquée dans l'introduction, et un **élargissement**, dans lequel il s'agit de dépasser le texte lui-même. On peut par exemple faire des rapprochements avec d'autres œuvres que le texte étudié, mettre en relation le texte avec un mouvement littéraire particulier, ou encore terminer le devoir par une citation d'un écrivain célèbre, en n'oubliant pas de l'expliquer et de faire en sorte que cette phrase soit liée au texte dont on vient de faire le commentaire. L'élargissement est assez libre, en théorie. Il est néanmoins fortement conseillé de rester dans le domaine de la littérature ou du moins de l'art en général (peinture, cinéma).

TOP CHRONO
C'est l'interro !

EXERCICES

40 min

1. ⋆⋆ **Lisez le texte suivant, puis trouvez trois axes principaux, pouvant constituer les grandes parties d'un commentaire.**

Vieille chanson du jeune temps

Je ne songeais pas à Rose ;
Rose au bois vint avec moi ;
Nous parlions de quelque chose,
Mais je ne sais plus de quoi.

J'étais froid comme les marbres ;
Je marchais à pas distraits ;
Je parlais des fleurs, des arbres
Son œil semblait dire :
« Après ? »

La rosée offrait ses perles,
Le taillis ses parasols ;
J'allais ; j'écoutais les merles,
Et Rose les rossignols.

Moi, seize ans, et l'air morose ;
Elle, vingt ; ses yeux brillaient.
Les rossignols chantaient Rose
Et les merles me sifflaient.

Rose, droite sur ses hanches,
Leva son beau bras tremblant
Pour prendre une mûre aux branches
Je ne vis pas son bras blanc.

Une eau courait, fraîche et creuse,
Sur les mousses de velours ;
Et la nature amoureuse
Dormait dans les grands bois sourds.

Rose défit sa chaussure,
Et mit, d'un air ingénu,
Son petit pied dans l'eau pure
Je ne vis pas son pied nu.

Je ne savais que lui dire ;
Je la suivais dans le bois,
La voyant parfois sourire
Et soupirer quelquefois.

Je ne vis qu'elle était belle
Qu'en sortant des grands bois
sourds.
« Soit ; n'y pensons plus ! » dit-elle.
Depuis, j'y pense toujours..

Victor Hugo (1802-1885), *Les Contemplations* (1856).

2. ⋆⋆⋆ **Rédiger une introduction d'un commentaire du poème ci-dessus.**

3. ⋆⋆⋆ **Rédiger une conclusion du poème ci-dessus.**

34 RÉDIGER UNE DISSERTATION

Introduction

La dissertation est, avec le commentaire et l'écriture d'invention, un des trois sujets d'écriture proposés à l'écrit du baccalauréat. D'après le *Bulletin Officiel du 6 octobre 2011*, « la dissertation consiste à conduire une réflexion personnelle et argumentée à partir d'une problématique littéraire issue du programme de français. Pour développer son argumentation, le candidat s'appuie sur les textes dont il dispose, sur les objets d'étude de la classe de première ainsi que sur ses lectures et sa culture personnelle ». Il s'agit donc de construire une **argumentation** illustrée d'exemples à partir d'une question littéraire. Pour réussir une dissertation, il faut à la fois **réfléchir** de façon personnelle à une question littéraire en mobilisant ses connaissances culturelles et **maîtriser les codes** de l'exercice (c'est-à-dire respecter la forme attendue du devoir).

1. Première étape : la réflexion à partir d'un sujet de dissertation

a. La compréhension et l'analyse du sujet : la première chose à faire est de circonscrire la question posée, en se demandant à quel **objet d'étude** on a affaire (à savoir le roman, la poésie, le théâtre ou l'argumentation). Il convient également de repérer les **mots-clés** et de les définir précisément. Ensuite, il faut **reformuler** avec ses propres mots le sujet, de façon à vérifier qu'on l'a bien compris. Prenons par exemple le sujet suivant : « la rébellion contre l'héritage des poètes précédents est-elle indispensable à la création poétique ? Vous répondrez à cette question en vous appuyant sur les textes du corpus, sur ceux que vous avez étudié en cours et sur vos lectures personnelles ». L'objet d'étude est la poésie. Les mots-clés sont les suivants : « rébellion », « héritage », « indispensable », « création ». L'enjeu du sujet est de se demander si, pour créer un texte original et novateur, un poète doit forcément rompre totalement avec la tradition, ou bien s'il doit s'en inspirer.

b. La recherche d'arguments et d'exemples précis : c'est le moment où on doit développer des capacités de réflexion et une mobilisation des connaissances littéraires. On essaie alors de trouver des arguments et des exemples en faveur de la thèse proposée par le sujet, mais aussi des éléments qui s'opposent à cette thèse. En effet, il ne faut pas oublier que la démarche d'une dissertation obéit à une logique de **délibération** : il ne s'agit donc pas uniquement de donner son avis personnel de façon spontanée, il faut réfléchir aux différentes façons possibles d'envisager le sujet et proposer à la fin une solution adéquate au problème. Si on reprend l'exemple du sujet ci-dessus, on peut dégager l'argument suivant en faveur de la thèse valorisant la rébellion contre la tradition : créer, en art, et en particulier en poésie, c'est inventer de nouvelles formes, de nouvelles techniques,

de nouvelles façons de dire les choses. Les exemples que l'on peut mobiliser sont nombreux : les poètes de la Pléiade, par exemple, se sont opposés à la tradition médiévale ; les symbolistes, à la fin du XIXe siècle, inventent le vers libre ; les surréalistes, au début du XXe siècle, veulent rompre totalement avec toute la tradition, en prônant l'écriture automatique.

Mais il ne faut pas se contenter d'arguments et d'exemples allant dans le sens de cette thèse, il convient aussi d'envisager des contre-arguments. Ainsi, on peut souligner le fait que de nombreux poètes, plutôt que de se rebeller contre la tradition, ont préféré plutôt s'en inspirer, s'en nourrir, sans pour autant tomber dans l'imitation servile : par exemple, si les poètes de la Pléiade ont bien rejeté les traditions médiévales, et notamment la pratique de la ballade et du rondeau, ils ont en revanche puisé dans l'Antiquité gréco-latine et dans la Renaissance italienne, notamment en adaptant en français le genre du sonnet inventé par Pétrarque. La Fontaine, quant à lui, revendique clairement se situer dans le sillage des Anciens, Ésope et de Phèdre, lorsqu'il écrit ses fables, ce qui ne l'a pas empêché de composer des chefs-d'œuvre poétiques, dont on admire encore aujourd'hui la qualité du rythme, la finesse et la justesse.

c. L'élaboration au brouillon d'un plan détaillé : ce plan doit contenir les différentes **grandes parties** du devoir, mais aussi les **sous-parties**, chacune étant constituée par un argument justifiant la thèse de la partie, suivi d'un exemple littéraire, que l'on ne se contente pas de citer, mais qu'on explique précisément. La plupart du temps, un développement comporte deux ou (mieux) **trois parties**. Il ne s'agit pas de répondre tout de suite, de manière définitive, à la question, mais de mener une analyse rigoureuse. Le plan le plus fréquent est celui qu'on appelle le **plan dialectique** : on défend une idée dans la première partie, on montre qu'elle comporte des problèmes ou des limites dans un deuxième temps et on essaie de trouver la position la plus appropriée dans une troisième partie. Mais on peut choisir également un **plan thématique**, si le sujet s'y prête ; prenons comme exemple le sujet suivant : « quelles sont, d'après vous, les différentes fonctions de la poésie ? ». On peut ici répondre à la question en analysant successivement deux ou trois buts différents, qui constitueront les parties du développement.

2. Deuxième étape : la rédaction d'une dissertation

a. Rédaction générale : une dissertation doit être entièrement rédigée (pas de titre, d'astérisque, d'abréviations, de phrases sans verbe, etc.). L'expression doit être claire et conforme aux normes du langage écrit. La longueur attendue est **quatre pages au minimum**.

b. Rédaction de l'introduction : il faut faire particulièrement attention à la rédaction de l'introduction, car c'est la première chose que lit le correcteur. Dès celle-ci, il se fait un avis sur la valeur du devoir. Une introduction réussie est souvent le signe d'un bon devoir. Elle doit faire environ une **demi-page** et peut se décomposer en quatre parties, d'une importance à peu près égale : la première partie est une **amorce** : il s'agit d'accrocher le lecteur, de lui donner envie de lire la suite, par l'intermédiaire d'une réflexion générale en rapport avec le sujet. La seconde partie consiste à **présenter le sujet** : il faut reprendre la question posée et l'expliquer rapidement, de façon à mettre en place une **problématique** qui constituera le fil directeur de la réflexion. Ensuite, il convient d'annoncer, de façon claire et élégante, **le plan du développement**, en évitant par exemple d'écrire « dans une première partie », « dans une deuxième partie », et en préférant utiliser des adverbes comme « tout d'abord », « ensuite », « enfin ». Une introduction se rédige en un seul paragraphe, c'est-à-dire qu'il n'est pas nécessaire de revenir à la ligne après chaque étape.

c. Rédaction du développement : après l'introduction, il faut sauter une ou deux lignes, de façon à séparer clairement les trois éléments principaux du devoir : l'introduction, le développement et la conclusion. Le développement doit être **construit**. Chaque grande partie doit comporter plusieurs sous-parties, clairement délimitées par un retour à la ligne. Une sous-partie est toujours constituée par un argument, qu'on illustre par un exemple. Ce dernier doit être expliqué en détail, et non simplement cité. Entre chaque grande partie, il convient de sauter une ou deux lignes.

d. Rédaction de la conclusion : il ne faut pas la négliger, car c'est ce que le correcteur lit en dernier. Néanmoins, elle est moins importante que l'introduction, car elle intervient à un moment où la démonstration est achevée. Une conclusion comprend deux éléments : tout d'abord, un **bilan** rapide, où l'on rappelle les principaux éléments du développement. Puis, on termine le devoir par un **élargissement** : il s'agit de dépasser la question de départ et d'ouvrir de nouvelles perspectives. Il n'est pas interdit de finir sur une citation d'auteur. On peut aussi établir des rapprochements avec d'autres éléments que la littérature, en particulier avec d'autres arts (et notamment la peinture, la musique, le cinéma).

Conclusion

La réussite d'une dissertation dépend ainsi de trois éléments différents : le candidat doit manifester des **qualités de réflexion**, posséder une certaine **culture littéraire** et **maîtriser les codes** de l'exercice.

TOP CHRONO
C'est l'interro !

EXERCICES *45 min*

1. ⋆ **Vrai ou faux ?**

   a. Il n'est pas nécessaire, dans une dissertation, de citer des exemples littéraires.

   b. Une dissertation doit comporter une introduction, un développement et une conclusion.

   c. Une dissertation doit toujours être construite selon un plan dialectique.

   d. Un plan dialectique se compose de trois parties : la thèse, l'antithèse et la synthèse.

   e. Chaque grande partie du développement doit comporter plusieurs sous-parties centrées sur des arguments différents.

2. ⋆⋆ **Repérez et expliquez les mots-clés dans le sujet de dissertation suivant :** « la poésie [...] n'a pas d'autre but qu'elle-même » écrit Charles Baudelaire dans ses *Notes nouvelles sur Edgar Allan Poe*. Pensez-vous, comme Baudelaire, qu'une poésie a en priorité pour but d'utiliser les mots d'une manière particulière, afin de parvenir à un texte esthétique, ou pensez-vous que la poésie a aussi d'autres fonctions ?

   ....

   ....

   ....

3. ⋆⋆⋆ **Élaborez un plan de dissertation sur le sujet ci-dessus (parties et sous-parties).**

   ....

   ....

   ....

4. ⋆⋆⋆ **Rédigez une introduction de dissertation sur le sujet ci-dessus.**

   ....

   ....

   ....

35 RÉDIGER UNE ÉCRITURE D'INVENTION

Introduction

Troisième sujet proposé à l'écrit du baccalauréat, l'écrit d'invention est parfois perçu par les candidats comme étant le plus facile, car il ressemble en apparence à une rédaction de type collège. Mais en réalité, il met en jeu toute une série de compétences : il s'agit tout d'abord de faire preuve de **créativité**, d'imagination ; il faut également posséder un certain **talent d'écriture** ; il convient aussi d'avoir bien **compris les textes du corpus**, l'écriture d'invention prenant appui sur eux ; en outre, la plupart des sujets supposent des **connaissances des principales techniques** utilisées dans la littérature (les points de vue, les figures de style, le statut de l'énonciation, l'insertion de dialogues, l'alternance entre narration et description) ; enfin, bien des sujets invitent à élaborer une **argumentation** sur un aspect de la littérature, ce qui suppose une certaine **culture**. Ainsi, l'écriture d'invention est un exercice bien plus difficile qu'on ne le pense *a priori*, ce qui explique d'abondantes mauvaises notes au baccalauréat. Cela ne signifie pas qu'il ne faille pas choisir ce sujet, mais il faut le faire en connaissance de cause, en ayant bien à l'esprit qu'il ne s'agit pas seulement de faire une rédaction en respectant certaines consignes, mais aussi de composer un texte possédant des qualités littéraires et reposant sur des connaissances précises.

1. Première étape : le travail préparatoire face à un sujet d'invention

a. L'analyse du sujet : on commence par analyser le sujet dans toutes ses modalités, en répondant aux questions suivantes : quel est l'objet d'étude (voire les objets d'étude) concerné ? Quel est le genre du texte que l'on doit produire (une lettre, un article, un récit, une scène de théâtre) ? Quel est le registre demandé (comique, tragique, polémique, ironique) ? Quelles sont les formes de discours à utiliser (s'agit-il d'un texte narratif, descriptif, explicatif ou argumentatif) ? Quelles sont les contraintes particulières demandées, concernant notamment le niveau de langue, les figures de style, le point de vue, la stratégie argumentative ? Quelle est la situation d'énonciation demandée (qui parle, à qui, où et à quelle époque) ? Tout ce travail permet d'une part d'éviter le hors-sujet, d'autre part de ne pas oublier de respecter certaines consignes.

b. La relecture et l'analyse du ou des textes sources : le plus souvent, le sujet de l'écriture d'invention est en lien direct avec les textes du corpus. On peut demander par exemple d'écrire un texte évoquant le même thème, appartenant au même genre, critiquant le même aspect de la société. Il peut également s'agir de transformer un des textes, par exemple en faisant d'un extrait de récit une scène de théâtre (ou inversement), ou en racontant le même événement, mais selon un point de vue différent. Il peut aussi s'agir d'une suite d'un des textes.

Enfin, il arrive que l'on doive écrire une argumentation dans laquelle les textes du corpus sont intégrés à titre d'exemple. Dans tous ces cas, avant de se lancer dans l'écriture du sujet d'invention, il convient de s'assurer que l'on a bien compris le ou les textes sources, à la fois au niveau de leur sens littéral et en ce qui concerne leur sens profond (l'effet produit sur le lecteur, l'implicite, le style utilisé).

c. La mobilisation des connaissances : après avoir bien analysé l'ensemble du sujet et avoir relu les textes du corpus, il faut mobiliser ses connaissances sur le genre qu'on demande d'écrire. Par exemple, s'il s'agit d'une lettre, il faudra respecter les critères d'écriture traditionnels, comme la mention du lieu et de la date d'écriture, les formules de politesse au début et à la fin, ou encore l'usage des pronoms de la première et de la deuxième personne. On attend du candidat qu'il se souvienne de quelques lettres célèbres étudiées en classe, et qu'il s'en nourrisse, sans pour autant tomber dans l'imitation servile. On pense ici notamment aux lettres de Madame de Sévigné, aux *Lettres persanes* (1721) de Montesquieu, aux *Liaisons dangereuses* (1782) de Laclos, ou encore à la lettre ouverte de Zola intitulée « J'accuse ! » (1898).

d. L'écriture du plan au brouillon : quand on a compris ce qui est attendu et qu'on a mobilisé les connaissances utiles, on élabore un plan détaillé de l'ensemble du texte, en essayant de faire preuve d'originalité, mais aussi de **rigueur** et de **progression** dans la construction. Rien n'est pire que de se lancer directement dans la rédaction du texte sans savoir au préalable comment on va le construire.

2. Deuxième étape : la rédaction des différentes formes possibles d'écriture d'invention

a. Généralités : une fois qu'on a analysé précisément les consignes contenues dans le sujet et qu'on a établi un plan détaillé, on peut se lancer dans la rédaction proprement dite du texte, en faisant extrêmement attention non seulement à la **correction de la langue**, mais aussi au **style utilisé**. En effet, l'expression est encore plus importante dans l'écriture d'invention que dans un commentaire ou dans une dissertation. Dans l'absolu, il n'y a pas un nombre de pages spécifiquement attendu, car tout dépend du sujet proposé. Cependant, on ne saurait trop mettre en garde le candidat sur la nécessité de livrer **un texte relativement complet**. Il est certes possible d'écrire un texte d'une seule page possédant des qualités littéraires, mais dans ce cas, il est fort probable que certaines consignes aient été occultées.

b. L'écriture d'un récit : si le corpus est constitué d'extraits de romans, le sujet d'invention est en général centré sur l'écriture d'un récit. Il peut s'agir notamment

d'une suite de l'un des textes, d'une réécriture avec un changement de point de vue ou encore de l'écriture d'un texte différent portant sur le même thème. Il faut alors respecter les normes habituelles propres au genre du récit : c'est pourquoi le candidat veillera à **utiliser les temps habituels** du récit (l'imparfait pour décrire ou évoquer les éléments au second plan, le passé simple pour raconter les actions de premier plan), à alterner **les passages narratifs et les passages descriptifs**, à changer de paragraphe en cas de changement de sujet ou d'ellipse temporelle, à **insérer des dialogues** en respectant les principes du discours direct (à savoir l'utilisation d'une ponctuation particulière et l'insertion de verbes introducteurs de paroles). Néanmoins, ces règles sont à adapter en fonction des consignes données par le sujet et du style particulier de l'écrivain dont on doit s'inspirer. Par exemple, si le sujet demande d'écrire une suite d'un passage de *L'Étranger* (1942) de Camus, le temps principal à utiliser ne sera pas le passé simple, mais le passé composé.

c. L'écriture d'un texte de théâtre : si on demande d'écrire un texte de théâtre, il convient de se rappeler les différentes règles habituelles, notamment en ce qui concerne **la mise en page**, **les caractères à utiliser** (l'usage des majuscules pour indiquer le nom des personnages avant chaque réplique, l'emploi des italiques pour les didascalies) ou encore le principe du **changement de scène** à chaque fois qu'un personnage entre ou sort.

d. L'écriture d'un texte en rapport avec la poésie : il est très rare qu'on demande à un candidat au baccalauréat d'écrire un poème. Quand c'est le cas, il s'agit en général d'un poème en prose et non d'un poème en vers. En revanche, lorsque l'objet d'étude est sur la poésie, le sujet de l'écriture d'invention est très souvent centré sur **une réflexion sur la poésie**, son utilité, ses différents buts. On peut, par exemple, demander d'écrire un débat entre deux personnes, l'une défendant la poésie, l'autre la dénigrant. Dans ce cas, il convient d'écrire un texte argumentatif, selon les principes établis ci-dessous.

e. L'écriture d'un texte argumentatif : s'il s'agit d'un texte argumentatif, on n'oubliera pas d'essayer à la fois de **convaincre** (grâce à une thèse, des arguments et des exemples littéraires) et de **persuader** (par l'intermédiaire d'un vocabulaire et d'un style appropriés). Dans ce cas, le sujet d'invention se rapproche d'une dissertation, mais dont les codes sont plus libres : en effet, le candidat peut construire son texte comme il l'entend ; il n'est pas obligé de respecter un cadre formel strict.

TOP CHRONO

C'est l'interro !

EXERCICES

20 min

1. ⋆ **Vrai ou faux ?**

a. Une écriture d'invention est la même chose qu'une rédaction de collège.

b. Pour réussir une écriture d'invention, on a besoin de connaissances littéraires.

c. Il existe un cadre formel unique que l'on doit respecter quel que soit le sujet de l'écriture d'invention.

d. On peut demander, dans le cadre d'un sujet d'invention, d'écrire un article de presse.

e. Un sujet d'écriture d'invention est en lien avec les textes du corpus proposé.

2. ⋆⋆ **Lisez le sujet d'invention suivant, puis répondez aux questions ci-dessous : « dans une lettre ouverte, vous décidez de dénoncer les injustices sociales, et pour cela vous intégrez à votre texte et à vos arguments une courte fable pour illustrer votre propos ».**

Quels sont les deux genres qu'on demande d'écrire ? ....

Quel est l'objet d'étude concerné par ce sujet ? ....

Quelle est la thèse qu'on demande de défendre ? ....

Quel est le rôle de la fable dans ce texte ? ....

3. ⋆⋆⋆ **Analysez le sujet d'invention suivant, en reformulant toutes les consignes contenues dans celui-ci :**

un comédien et son metteur en scène s'opposent sur le choix des costumes à faire porter aujourd'hui aux personnages de Molière : faut-il, pour rester fidèle au théâtre du XVIIe siècle, faire porter aux acteurs des costumes de cette époque ou leur préférer des vêtements plus modernes ? Vous rédigerez leur dialogue, après avoir présenté la situation par l'intermédiaire d'une description et d'une narration.

36 UN EXEMPLE DE SUJET DE BACCALAURÉAT

TEXTE A : Joachim du Bellay, *Les Regrets*, sonnet CL, 1558

En 1553, Du Bellay quitte la France pour Rome. Il accompagne le cardinal Jean du Bellay, un cousin de son père, à la cour du pape. Il y écrit le recueil Les Regrets.

Seigneur, je ne saurais regarder d'un bon œil
Ces vieux singes de cour, qui ne savent rien faire,
Sinon en leur marcher[1] les princes contrefaire[2],
Et se vêtir, comme eux, d'un pompeux appareil[3].

Si leur maître se moque, ils feront le pareil,
S'il ment, ce ne sont eux qui diront du[4] contraire,
Plutôt auront-ils vu, afin de lui complaire,
La lune en plein midi, à minuit le soleil.

Si quelqu'un devant eux reçoit un bon visage[5],
Ils le vont caresser, bien qu'ils crèvent de rage ;
S'il le reçoit mauvais, ils le montrent au doigt.

Mais ce qui plus contre eux quelquefois me dépite,
C'est quand devant le roi, d'un visage hypocrite,
Ils se prennent à rire, et ne savent pourquoi.

1. marcher : démarche.
2. contrefaire : imiter, singer.
3. appareil : vêtements, habits.
4. du contraire : le contraire.
5. reçoit un bon visage : reçoit un bon accueil.

TEXTE B : Molière, *Le Misanthrope*, acte I, scène 1, 1666

Alceste et son ami Philinte débattent des exigences de la vie en société. (Acte I, scène 1)

[...]

ALCESTE
Je veux qu'on soit sincère, et qu'en homme d'honneur
On ne lâche aucun mot qui ne parte du cœur.

PHILINTE
Lorsqu'un homme vous vient embrasser avec joie,
Il faut bien le payer de la même monnoie[1],
Répondre comme on peut à ses empressements,
Et rendre offre pour offre, et serments pour serments.

ALCESTE
Non, je ne puis souffrir cette lâche méthode
Qu'affectent la plupart de vos gens à la mode ;
Et je ne hais rien tant que les contorsions
De tous ces grands faiseurs de protestations,
Ces affables donneurs d'embrassades frivoles,
Ces obligeants[2] diseurs d'inutiles paroles,
Qui de civilités avec tous font combat,
Et traitent du même air l'honnête homme et le fat[3]
Quel avantage a-t-on qu'un homme vous caresse[4],
Vous jure amitié, foi, zèle, estime, tendresse,
Et vous fasse de vous un éloge éclatant,
Lorsqu'au premier faquin[5] il court en faire autant ?
Non, non, il n'est point d'âme un peu bien située[6]

1. monnoie : monnaie.
2. obligeants : aimables.
3. fat : vaniteux.
4. caresse : flatte.
5. faquin : canaille.
6. un peu bien située : noble.

Qui veuille d'une estime ainsi prostituée ;
Et la plus glorieuse a des régals peu chers[7],
Dès qu'on voit qu'on nous mêle avec tout l'univers :
Sur quelque préférence une estime se fonde,
Et c'est n'estimer rien qu'estimer tout le monde.
Puisque vous y donnez, dans ces vices du temps,
Morbleu ! vous n'êtes pas pour être de mes gens ;
Je refuse d'un cœur la vaste complaisance
Qui ne fait de mérite aucune différence ;
Je veux qu'on me distingue ; et, pour le trancher net,
L'ami du genre humain n'est point du tout mon fait.

PHILINTE
Mais, quand on est du monde[8], il faut bien que l'on rende
Quelques dehors civils[9] que l'usage demande.

ALCESTE
Non, vous dis-je ; on devrait châtier sans pitié
Ce commerce[10] honteux de semblants d'amitié.
Je veux que l'on soit homme, et qu'en toute rencontre
Le fond de notre cœur dans nos discours se montre,
Que ce soit lui qui parle, et que nos sentiments
Ne se masquent jamais sous de vains compliments.

7. régals peu chers : satisfactions méprisables.
8. du monde : de la bonne société.
9. dehors civils : marques de politesse.
10. commerce : échange.

TEXTE C : Jean de la Bruyère, *Les Caractères*, « De la société et de la conversation », 1688

J'entends Théodecte de l'antichambre ; il grossit sa voix à mesure qu'il s'approche ; le voilà entré : il rit, il crie, il éclate[1] ; on bouche ses oreilles, c'est un tonnerre. Il n'est pas moins redoutable par les choses qu'il dit que par le ton dont il parle. Il ne s'apaise, et il ne revient de ce grand fracas que pour bredouiller des vanités et des sottises. Il a si peu d'égard au temps[2], aux personnes, aux bienséances, que chacun a son fait[3] sans qu'il ait eu l'intention de le lui donner ; il n'est pas encore assis qu'il a, à son insu, désobliqé[4] toute l'assemblée. A-t-on servi, il se met le premier à table et dans la première place ; les femmes sont à sa droite et à sa gauche. Il mange, il boit, il conte, il plaisante, il interrompt tout à la fois. Il n'a nul discernement des personnes, ni du maître, ni des conviés ; il abuse de la folle déférence[5] qu'on a pour lui. Est-ce lui, est-ce Euthydème qui donne le repas ? Il rappelle à soi toute l'autorité de la table ; et il y a un moindre inconvénient à la lui laisser entière qu'à la lui disputer. Le vin et les viandes n'ajoutent rien à son caractère. Si l'on joue, il gagne au jeu ; il veut railler[6] celui qui perd, et[7] il l'offense ; les rieurs sont pour lui : il n'y a sorte de fatuités[8] qu'on ne lui passe. Je cède enfin et je disparais, incapable de souffrir[9] plus longtemps Théodecte, et ceux qui le souffrent.

1. il éclate : il parle à très haute voix.
2. temps : circonstance, moment.
3. chacun a son fait : chacun reçoit son lot de reproches.
4. désobligé : agacé, exaspéré.
5. déférence : respect.
6. railler : plaisanter sur.
7. et : mais.
8. fatuités : sotte prétention.
9. souffrir : supporter.

TEXTE D : Marcel Proust, *À la Recherche du Temps perdu, Le Côté de Guermantes*, 1922

Swann, qui souffre d'une grave maladie, annonce à la duchesse de Guermantes, son amie, qu'il va bientôt mourir, au moment où cette dernière se rend à un dîner mondain.

– Hé bien, en un mot la raison qui vous empêchera de venir en Italie ? questionna la duchesse en se levant pour prendre congé de nous.

– Mais, ma chère amie, c'est que je serai mort depuis plusieurs mois. D'après les médecins que j'ai consultés, à la fin de l'année le mal que j'ai, et qui peut du reste m'emporter tout de suite, ne me laissera pas en tous les cas plus de trois ou quatre mois à vivre, et encore c'est un grand maximum, répondit Swann en souriant, tandis que le valet de pied ouvrait la porte vitrée du vestibule pour laisser passer la duchesse.

– Qu'est-ce que vous me dites là ? s'écria la duchesse en s'arrêtant une seconde dans sa marche vers la voiture et en levant ses beaux yeux bleus et mélancoliques, mais pleins d'incertitude. Placée pour la première fois de sa vie entre deux devoirs aussi différents que monter dans sa voiture pour aller dîner en ville, et témoigner de la pitié à un homme qui va mourir, elle ne voyait rien dans le code des convenances qui indiquât la jurisprudence à suivre[1] et, ne sachant auquel donner la préférence, elle crut devoir faire semblant de ne pas croire que la seconde alternative eût à se poser, de façon à obéir à la première qui demandait en ce moment moins d'efforts, et pensa que la meilleure manière de résoudre le conflit était de le nier. « Vous voulez plaisanter ? » dit-elle à Swann.

– Ce serait une plaisanterie d'un goût charmant, répondit ironiquement Swann. Je ne sais pas pourquoi je vous dis cela, je ne vous avais pas parlé de ma maladie jusqu'ici. Mais comme vous me l'avez demandé et que maintenant je peux mourir d'un jour à l'autre... Mais surtout je ne veux pas que vous vous retardiez, vous dînez en ville, ajouta-t-il parce qu'il savait que, pour les autres, leurs propres obligations mondaines priment la mort d'un ami, et qu'il se mettait à leur place, grâce à sa politesse. Mais celle de la duchesse lui permettait aussi d'apercevoir confusément que le dîner où elle allait devait moins compter pour Swann que sa propre mort. Aussi, tout en continuant son chemin vers la voiture, baissa-t-elle les épaules en disant : « Ne vous occupez pas de ce dîner. Il n'a aucune importance ! » Mais ces mots mirent de mauvaise humeur le duc qui s'écria : « Voyons, Oriane, ne restez pas à bavarder comme cela et à échanger vos jérémiades avec Swann, vous savez bien pourtant que Mme de Saint-Euverte tient à ce qu'on se mette à table à huit heures tapant. Il faut savoir ce que vous voulez, voilà bien cinq minutes que vos chevaux attendent. Je vous demande pardon, Charles, dit-il en se tournant vers Swann, mais il est huit heures moins dix. Oriane est toujours en retard, il nous faut plus de cinq minutes pour aller chez la mère Saint-Euverte. »

Mme de Guermantes s'avança décidément[2] vers la voiture et redit un dernier adieu à Swann. « Vous savez, nous reparlerons de cela, je ne crois pas un mot de ce que vous dites, mais il faut en parler ensemble. On vous aura bêtement effrayé, venez déjeuner, le jour que vous voudrez (pour Mme de Guermantes tout se résolvait toujours en déjeuners), vous me direz votre jour et votre heure », et relevant sa jupe rouge elle posa son pied sur le marchepied. Elle allait entrer en voiture, quand, voyant ce pied, le duc s'écria d'une voix terrible : « Oriane, qu'est-ce que vous alliez faire, malheureuse. Vous avez gardé vos souliers noirs ! Avec une toilette rouge ! Remontez vite mettre vos souliers rouges, ou bien, dit-il au valet de pied, dites tout de suite à la femme de chambre de Mme la duchesse de descendre des souliers rouges ».

1. jurisprudence à suivre : ce qu'il convenait de faire.
2. décidément : d'un pas décidé.

TOP CHRONO
C'est l'interro !

EXERCICES 4 h

1. ⋆⋆⋆ **Après avoir lu tous les textes du corpus, vous répondrez à la question suivante (4 points) :** après avoir identifié la cible de la critique dans les textes du corpus, vous dégagerez les principaux procédés argumentatifs utilisés.

....

....

....

....

....

....

....

2. ⋆⋆⋆ **Vous traiterez ensuite, au choix, l'un des sujets suivants (16 points) :**

   Commentaire : vous ferez le commentaire du texte de Joachim du Bellay (texte A).

   Dissertation : dans quelle mesure le recours à l'humour est-il efficace pour offrir au lecteur une réflexion sur l'homme et son comportement en société ? Vous appuierez votre réflexion sur le corpus et les textes que vous avez lus ou étudiés.

   Invention : à la manière de La Bruyère, vous ferez le portrait d'un hypocrite.

....

....

....

....

....

....

....

....

....

37 CORRECTION DE LA QUESTION DE CORPUS

Cette fiche constitue une réponse entièrement rédigée à la question de corpus présentée dans la fiche précédente, que l'on rappelle ici pour mémoire : « après avoir identifié la cible de la critique dans les textes du corpus, vous dégagerez les principaux procédés argumentatifs utilisés ». Par souci pédagogique, des titres ont été rajoutés. Il va de soi que tout cela ne doit pas apparaître sur votre copie.

Introduction

« Vous n'avez rien fait si vous n'y faites reconnaître les gens de votre siècle », écrit Molière dans sa pièce *La Critique de l'École des femmes* (1663). Ce qu'il veut exprimer par cette formule, c'est que la littérature peut servir à mettre en évidence les comportements humains, et notamment ceux qui sont condamnables. L'œuvre littéraire se fait alors satirique, c'est-à-dire qu'elle critique les mœurs en utilisant la moquerie, la caricature, l'humour ou l'ironie. C'est à ce registre satirique qu'appartiennent le sonnet 150 des *Regrets*, publié par Du Bellay en 1558, la scène d'exposition du *Misanthrope* de Molière (1666), le portrait de Théodecte tiré des *Caractères* de La Bruyère (1688) et l'extrait du roman de Marcel Proust *Le Côté de Guermantes* (1922) centré sur un dialogue entre Swann et la duchesse de Guermantes. Quel est donc le comportement humain visé dans ces quatre textes et quels sont les moyens utilisés par les écrivains pour le dénoncer ? Après avoir montré que la cible de la critique est la même chez Du Bellay, Molière, La Bruyère et Proust, à savoir la dénonciation de l'attitude des hommes en société, nous verrons que les procédés utilisés par les écrivains sont néanmoins différents.

1. La cible de la critique

Dans les quatre textes, ce sont les règles du jeu mondain qui sont visées. Du Bellay, Molière, La Bruyère et Proust s'en prennent en effet au comportement de l'homme en société, marqué par la fausseté ou le manque de savoir vivre. Du Bellay critique les courtisans, qui sont prêts à tout pour plaire à ceux qui occupent une position très élevée dans la société (les « princes » et le « roi »). L'écrivain s'insurge contre le « visage hypocrite » (vers 13) que montrent les courtisans et il les dénigre en les désignant par une périphrase péjorative : « ces vieux Singes de Cour » (vers 2). C'est aussi le manque de sincérité dans les relations mondaines qui provoque la colère du personnage d'Alceste, dans la scène d'exposition du *Misanthrope* de Molière. Face à son ami Philinte, qui pense que l'on doit « rendre offre pour offre, et serments pour serments », c'est-à-dire cacher l'opinion que l'on peut avoir des autres par politesse, Alceste prône une sincérité absolue dans les rapports humains : « Je veux qu'on soit sincère, et qu'en homme d'honneur

on ne lâche aucun mot qui ne sorte du cœur » (vers 1 et 2). Selon lui, il ne faut pas traiter, même par politesse, de la même façon « l'honnête homme et le fat » (vers 14). Cette antithèse montre que pour Alceste, les hommes n'ont pas tous la même valeur. Il revendique le fait de ne pas être ami avec tout le monde, justifiant au passage le titre de la pièce : « l'ami du genre humain n'est point du tout mon fait ». La Bruyère, quant à lui, évoque par l'intermédiaire du portrait de Théodecte un autre travers de la vie mondaine : celui qui consiste à vouloir être sans cesse au centre de l'attention, quitte à se comporter de manière grossière et vulgaire. Ainsi, Théodecte, pour se faire remarquer, rentre en faisant beaucoup de bruit : « il rit, il crie, il éclate ». Par cette énumération, La Bruyère insiste sur le manque de savoir vivre de son personnage. Rien ne compte pour Théodecte, si ce n'est sa propre personne : « il n'a nul discernement des personnes, ni du maître, ni des conviés » (lignes 8 et 9). Ce qu'il dit n'a aucun intérêt, puisqu'il bredouille « des vanités et des sottises » (ligne 4). Pour ne plus subir ce fâcheux qu'est Théodecte, le narrateur préfère quitter le salon : « je cède enfin et je disparais, incapable de souffrir plus longtemps Théodecte, et ceux qui le souffrent » (lignes 13 et 14). La fin de ce texte montre que ce qui est critiqué, c'est aussi, comme chez Du Bellay et Molière, le manque de sincérité : en effet, c'est par hypocrisie que personne ne fait remarquer à Théodecte qu'il est insupportable. C'est également ce comportement qui est au centre du dialogue entre Swann et la duchesse de Guermantes, dans le roman de Marcel Proust : ne souhaitant par arriver en retard à un dîner mondain, la duchesse feint de ne pas prendre au sérieux son ami Swann, qui vient de lui annoncer qu'il souffre d'une maladie mortelle : « d'après les médecins que j'ai consultés, à la fin de l'année le mal que j'ai [...] ne me laissera pas en tous les cas plus de trois ou quatre mois à vivre » (lignes 3 à 5). Elle pose successivement deux questions à Swann, en lui montrant qu'elle ne croit pas un mot de la tragique nouvelle qu'il vient de lui annoncer : « qu'est-ce que vous me dites là ? » (ligne 8), « vous voulez plaisanter ? » (lignes 15 et 16). Pour éviter de lui avouer qu'elle préfère ne pas arriver en retard plutôt que de l'écouter, elle lui dit hypocritement, en s'avançant vers sa voiture : « nous reparlerons de cela » (ligne 33). Dans les quatre textes, ce qui est dénoncé, c'est donc le décalage entre l'être et le paraître.

2. Les principaux procédés argumentatifs utilisés

Si la cible est commune, les procédés utilisés sont néanmoins assez différents. Du Bellay, tout d'abord, utilise le genre du sonnet inventé par l'Italien Francesco Petrarca, et dresse un portrait général des courtisans : il centre sa satire sur une énumération de différents comportements, énumération renforcée par ailleurs

par l'anaphore « si » : en effet, plusieurs vers commencent par ce mot (les vers 5, 6, 9 et 11) et ils indiquent à chaque fois une nouvelle attitude ridicule. Du Bellay n'hésite pas à recourir à l'exagération, notamment en utilisant la double antithèse suivante : « la lune en plein midi, à minuit le soleil ». C'est également un portrait que propose La Bruyère pour critiquer un comportement mondain, mais il s'agit cette fois-ci d'un texte en prose évoquant un personnage particulier (Théodecte). On retrouve néanmoins, comme dans le sonnet de Du Bellay, un recours à l'énumération pour montrer que le personnage se situe dans une agitation stérile et pénible : « il mange, il boit, il conte, il plaisante » (lignes 7 et 8). Dans les textes de Molière et de Proust, la satire passe non par un portrait, mais par un dialogue : dans la scène d'exposition de sa comédie *Le Misanthrope*, Molière met en scène deux personnages, Alceste et Philinte, incarnant deux points de vue opposés au sujet du comportement à adopter en société : face à Philinte qui fait l'éloge de la politesse, Alceste développe un idéal de sincérité, en recourant à un registre polémique et en laissant éclater sa colère, qui apparaît notamment par l'interjection « morbleu » (vers 26) et par la répétition de l'adverbe de négation « non » au début de plusieurs vers (vers 6, 19 et 33). Dans son roman *Le Côté de Guermantes*, Proust fait aussi passer sa critique d'un comportement mondain à travers un dialogue, entre Swann et la duchesse. On peut noter que la satire est soulignée par l'usage de l'ironie, notamment dans le passage suivant : la duchesse est « placée pour la première fois de sa vie entre deux devoirs aussi différents que monter dans sa voiture pour aller dîner en ville, et témoigner de la pitié à un homme qui va mourir » (lignes 10 à 11). Le décalage entre un élément futile (le dîner en ville) et un élément tragique (l'annonce de la mort probable d'un ami) laisse éclater au grand jour la superficialité de la duchesse et son absence de cœur. Ce décalage réapparaît d'ailleurs à la fin du texte, quand le duc s'insurge contre son épouse, qui n'a pas mis des chaussures assorties à sa tenue : « vous avez gardé vos souliers noirs ! Avec une toilette rouge » (ligne 39).

Conclusion

Ainsi, si les quatre textes ont une visée commune, dénoncer le comportement mondain centré sur l'hypocrisie, les écrivains recourent néanmoins à des procédés et à des stratégies différentes : Du Bellay et La Bruyère font un portrait, tandis que Molière et Proust font passer la satire à travers un dialogue. C'est d'ailleurs ce qui fait une des valeurs de la littérature, à savoir la multiplicité des façons d'évoquer un même fait ou une même situation, grâce à un style particulier. Comme l'écrit Flaubert dans sa lettre à Louise Colet du 16 janvier 1852, « le style [est], à lui seul, une manière absolue de voir les choses ».

TOP CHRONO
C'est l'interro !

EXERCICES *20 min*

1. ⋆ **Relisez l'introduction de la réponse à la question de corpus, puis délimitez-en les quatre parties.**

2. ⋆ **Relisez la conclusion, puis délimitez-en les deux parties.**

3. ⋆⋆ **Indiquez le plan choisi pour traiter la question sur le corpus. Ce plan était-il difficile à trouver ? Pourquoi ?**

4. ⋆⋆ **Indiquez la définition du mot « satire ».**

5. ⋆⋆⋆ **Remplissez le tableau suivant, sans relire le corrigé proposé dans cette fiche.**

Texte de…	Siècle	Genre littéraire	Cible de la satire	Procédés argumentatifs utilisés
Du Bellay				
Molière				
La Bruyère				
Proust				

38 CORRECTION DU COMMENTAIRE DE TEXTE

Cette fiche est un commentaire entièrement rédigé du sonnet 150 de Joachim du Bellay, tiré de son recueil *Les Regrets* (voir la fiche 36). Par souci pédagogique, des titres ont été rajoutés. Ils ne doivent pas figurer sur votre copie.

Introduction

Entre 1553 et 1557, Joachim du Bellay se trouve à Rome, en tant que secrétaire de son oncle, le cardinal Jean du Bellay. Il y côtoie la Cour du pape et rédige son recueil poétique *Les Regrets*, qu'il publie dès son retour à Paris, en 1558. Cette œuvre comporte trois types de sonnets : certains sont élégiaques (c'est-à-dire qu'ils expriment la tristesse du poète, nostalgique de son pays natal), d'autres sont encomiastiques (ils font l'éloge de personnes célèbres), d'autres, enfin, sont engagés, dans la mesure où ils critiquent un élément de la société. C'est à ce dernier thème qu'appartient le sonnet 150, qui peint d'une manière extrêmement péjorative le monde des courtisans. L'enjeu de notre analyse sera de montrer que ce poème constitue une véritable satire, c'est-à-dire une dénonciation des courtisans faite d'une manière moqueuse. Pour cela, nous verrons tout d'abord que Du Bellay cherche à convaincre son lecteur de l'attitude profondément négative des courtisans, qui ne cherchent qu'à plaire aux puissants. Puis nous étudierons la manière dont le poète cherche également à divertir son lecteur en le faisant sourire.

1. Une critique des courtisans

Ce qui apparaît clairement dès la lecture du sonnet, c'est le portrait peu flatteur que Du Bellay dresse des courtisans.

a. L'imitation : le premier reproche qu'il leur adresse, c'est d'être perpétuellement dans l'imitation de ceux à qui ils veulent plaire, c'est-à-dire « les princes » (vers 3) et « le roi » (vers 13). Dès le vers 2, il utilise la métaphore péjorative « ces vieux singes de Cour » pour les désigner. À travers cette assimilation à des animaux réputés imiter les humains, Du Bellay rabaisse les courtisans, qui se bornent à « singer » les puissants. Le champ lexical de l'imitation est très présent dans le premier quatrain : « contrefaire », « comme eux », « le pareil ». Les courtisans imitent à la fois l'apparence des princes (« en leur marcher les princes contrefaire », vers 3) et leurs attitudes (« si leur maître se moque, ils feront le pareil », vers 5), tout cela pour leur « complaire » (vers 7).

b. L'hypocrisie : cette tendance à imiter constamment les puissants fait des courtisans des êtres sans personnalité, et, qui pis est, hypocrites. Parce qu'ils sont dans l'imitation, ils dissocient sans cesse leurs pensées et leurs sentiments de leur apparence et de leurs paroles. Le vers 10 exprime clairement ce contraste entre

l'action (« ils le vont caresser ») et leur sentiment (« bien qu'ils crèvent de rage »). L'allitération en [r], dans le second hémistiche, souligne la colère intérieure que les courtisans éprouvent, mais qu'ils prennent bien soin de cacher, en montrant « un visage hypocrite » (vers 13).

c. La bêtise : le pire, pour le poète, est que ce culte du paraître finit par empêcher les courtisans d'avoir des opinions ou des sentiments propres. À force d'être dans l'imitation et dans l'hypocrisie, ils finissent par se montrer d'une bêtise absolue. C'est ce que Du Bellay fait comprendre à son lecteur dans son dernier tercet, en indiquant bien que c'est pour lui la chose la plus grave, comme le montre l'usage du comparatif de supériorité « plus », dans le vers 12 : « mais ce qui plus contre eux quelquefois me dépite ». Le dernier vers du sonnet est finalement le plus cruel pour les courtisans que dépeint le poète : « ils se prennent à rire, et ne savent pourquoi ». Leur bêtise, qui apparaissait dès le second vers (« qui ne savent rien faire ») est révélée au grand jour par la chute du sonnet.

➠ 2. Un sonnet divertissant, qui fait sourire le lecteur

Si Du Bellay parvient à convaincre son lecteur du comportement désastreux des courtisans, en mettant en évidence leur imitation, leur hypocrisie et même leur bêtise, il veut aussi plaire à son lecteur, le faire sourire, le divertir, de façon à le faire adhérer davantage encore à sa propre opinion. En plus de le convaincre, il cherche à le persuader, en établissant avec lui une certaine complicité.

a. Un texte écrit à la manière d'une conversation : tout d'abord, Du Bellay donne à son texte l'allure d'une conversation entre deux personnes : il se met lui-même en scène, en utilisant la première personne du singulier, au début du sonnet (« je » au vers 1) et dans le dernier tercet (« me » au vers 12), et s'adresse à un destinataire précis, comme le montre l'apostrophe initiale, « seigneur », qui désigne M. d'Avanson, ambassadeur de France à Rome, à qui Du Bellay dédie son recueil. Mais au-delà du destinataire initial, c'est aussi à tout lecteur que Du Bellay s'adresse : il l'implique, le prend à témoin, le promène dans la cour de Rome, afin d'établir une sorte de complicité avec lui et ainsi de mieux le persuader.

b. Une succession de petites scènes de comédie : une fois ce lien entre l'auteur et le lecteur établi, le poète parvient à le maintenir tout au long du sonnet grâce à une succession de petites scènes de comédie qui donnent l'impression d'une promenade dans les couloirs d'un palais : ainsi, dans le premier quatrain, le poète établit un portrait d'ensemble, que l'on peut assimiler à une entrée en scène : on découvre en effet une action (« en leur marcher les princes contrefaire »), ainsi

que leur costume (« se vêtir [...] d'un pompeux appareil »). Après cette arrivée, Du Bellay présente quatre situations successives, soulignées par l'anaphore « si », aux vers 5, 6, 9 et 11 : les courtisans se moquent de quelqu'un, puis ils collaborent à un mensonge, flattent un personnage apprécié par le prince, et enfin montrent du doigt quelqu'un d'autre. Le dernier tercet évoque une dernière petite scène, dans laquelle les courtisans rient bêtement.

c. L'art de l'exagération, de la caricature : l'amusement du lecteur naît ainsi d'une multitude de petites scènes de comédie, mais il est renforcé par l'art de la caricature que manifeste le poète dans ce sonnet, et qui est caractéristique du registre satirique. Le courtisan est notamment ridiculisé par l'antithèse du vers 8, renforcée par une structure en chiasme : « la lune en plein midi, à minuit le soleil ». Du Bellay exagère la capacité à mentir des courtisans, en leur prêtant des remarques totalement absurdes. Cet art de la caricature, cette façon de ridiculiser le comportement des courtisans et de s'en moquer, apparaît également à travers le rythme du poème ; les césures à l'hémistiche assimilent les courtisans à des automates : en effet, la première partie de certains alexandrins évoque une attitude du prince et la seconde indique que les courtisans réagissent d'une manière automatique, comme si le premier hémistiche entraînait forcément le second : « si leur maître se moque, ils feront le pareil » (vers 5), « s'il le reçoit mauvais, ils le montrent au doigt » (vers 11).

Conclusion

Ainsi, le sonnet 150 est bien un poème satirique, dans la mesure où la critique du monde des courtisans s'effectue de manière moqueuse : Du Bellay mêle dénonciation et sourire dans son sonnet, ce qui est la caractéristique principale du registre satirique. Ce poème est donc à la fois convaincant (dans la mesure où l'écrivain dresse clairement la liste des défauts des courtisans) et persuasif, puisque Du Bellay fait de son lecteur son complice en le faisant sourire. Un siècle plus tard, Jean de La Bruyère se livre à un exercice comparable dans son livre *Les Caractères* (1688), notamment dans la remarque 74 du chapitre 8, qui commence par l'expression « l'on parle d'une région ». Dans ce texte, il dénonce d'une manière savoureuse, par l'intermédiaire d'un regard étranger et faussement naïf, le comportement vain et artificiel des courtisans de Versailles. Et dans la remarque 36 du même chapitre, il résume avec esprit le comportement hypocrite en vigueur à la Cour par la maxime suivante : « l'on dit à la cour du bien de quelqu'un pour deux raisons : la première, afin qu'il apprenne que nous disons du bien de lui ; la seconde, afin qu'il en dise de nous. »

TOP CHRONO
C'est l'interro !

EXERCICES 20 min

1. ⋆ **Délimitez dans le corrigé les quatre parties constituant l'introduction.**

2. ⋆ **Délimitez dans le corrigé les deux parties constituant la conclusion.**

3. ⋆⋆ **Reformulez la thèse de chacune des deux parties du développement du corrigé.**

4. ⋆⋆ **En vous aidant du corrigé, indiquez en quoi ce sonnet de Du Bellay constitue une argumentation à la fois convaincante et persuasive.**

5. ⋆⋆⋆ **En quoi ce sonnet peut-il apparaître comme un texte précurseur de la littérature dite classique (aidez-vous, pour répondre, de la fiche 19) ?**

39 CORRECTION DE LA DISSERTATION

Cette fiche est une dissertation intégralement rédigée du sujet proposé dans la fiche 36, qu'on rappelle pour mémoire : « dans quelle mesure le recours à l'humour est-il efficace pour offrir au lecteur une réflexion sur l'homme et son comportement en société ? Vous appuierez votre réflexion sur le corpus et les textes que vous avez lus ou étudiés. » Afin de faciliter la compréhension du plan du devoir, des titres ont été ajoutés. Ils ne doivent pas figurer sur votre copie.

Introduction

« Les mots [...] sont des pistolets chargés » écrit Jean-Paul Sartre dans son ouvrage *Situations II*, publié en 1948. En effet, toute une partie de la littérature est dite engagée ou argumentative. L'écrivain utilise alors les mots comme une arme capable de convaincre et de persuader les lecteurs. Parmi les moyens possibles pour faire passer certains messages, le recours à l'humour est souvent utilisé : en provoquant le rire ou le sourire, certains écrivains parviennent à faire en sorte que les lecteurs se rangent à leur avis. Quelle efficacité l'utilisation de l'humour a-t-elle donc pour offrir une réflexion sur l'homme et sur son comportement en société ? Autrement dit, provoquer le rire ou le sourire est-il un bon moyen pour faire passer ses idées sur les comportements à adopter et ceux à rejeter ? Dans un premier temps, nous verrons qu'aborder des sujets sérieux avec humour permet dans de nombreux cas de mieux transmettre certaines leçons morales. Ensuite, nous montrerons que l'humour et la réflexion ne sont néanmoins pas toujours intimement liés, ce qui nous permettra de terminer sur l'idée qu'il existe d'autres moyens que l'humour pour critiquer certains comportements.

1. L'humour, un procédé souvent efficace pour susciter la réflexion

Selon le dictionnaire *Larousse*, l'humour est « une forme d'esprit qui s'attache à souligner le caractère comique, ridicule, absurde ou insolite de certains aspects de la réalité ». Cette façon légère d'envisager le réel est un procédé souvent efficace pour faire passer des messages.

a. L'humour, un procédé divertissant : tout d'abord, lorsqu'un écrivain utilise l'humour, il parvient à divertir ses lecteurs, et donc à les rendre plus sensibles à la réflexion morale qu'il veut transmettre. C'est exactement le projet de La Fontaine, lorsqu'il compose ses *Fables* (1668). Selon lui, comme selon la plupart des écrivains dits classiques, la littérature consiste à plaire pour instruire : ainsi, si on parvient à divertir le lecteur, à le faire sourire, on peut plus facilement le rendre sensible à certains messages. « Une morale nue apporte de l'ennui ; le conte fait passer le

précepte avec lui » : par l'intermédiaire de ces deux alexandrins, qu'on trouve dans la fable « Le Lion et le chasseur », La Fontaine explique clairement qu'un traité de morale est moins efficace qu'une petite histoire dans laquelle on met en scène des personnages concrets. Ainsi, en racontant les mésaventures du célèbre corbeau qui perd son fromage au détriment du renard rusé, dans « Le Corbeau et le renard », La Fontaine fait comprendre d'une manière divertissante et humoristique que « tout flatteur vit aux dépens de celui qui l'écoute ». Si le lecteur est convaincu qu'il est dangereux d'être sensible à la flatterie, c'est avant tout parce qu'il a souri en lisant une petite histoire remplie de fantaisie et d'humour.

b. L'humour, un procédé didactique : par ailleurs, l'humour a également un pouvoir didactique. C'est ce qu'on observe notamment dans ce qu'on nomme la satire, c'est-à-dire le fait de critiquer un élément précis de la société de manière moqueuse. En ridiculisant un travers social précis, l'auteur incite le lecteur à ne pas se comporter de la même manière, de peur d'être aussi ridicule que le personnage évoqué. C'est ce que fait La Bruyère dans les portraits qu'on trouve dans son unique œuvre, *Les Caractères* (1688) : à travers l'invention du personnage de Théodecte, il caricature ceux qui sont sans gêne et qui souhaitent être toujours au centre de l'attention. Il ridiculise également les distraits, dans le portrait de Ménalque, les malades imaginaires dans celui d'Irène, les parvenus par l'intermédiaire du personnage de Périandre, ou encore les fâcheux, ceux qui ne s'aperçoivent pas qu'ils sont de trop et qu'ils ennuient leur auditoire : c'est le portrait de Nicandre. La satire permet ainsi, selon l'expression du poète latin Horace, de « corriger les mœurs par le rire » (« castigat ridendo mores »). C'est également une des ambitions de Molière dans ses comédies : par exemple, il caricature tellement son personnage d'Harpagon dans *L'Avare* (1668), que cela décourage tout spectateur de ressembler à celui-ci et d'être obnubilé par l'argent.

c. L'humour, un procédé cathartique, libérateur : si l'humour a un pouvoir didactique, il a également une fonction cathartique : en effet, rire d'un défaut humain, c'est le mettre à distance, et donc se libérer de celui-ci. Utiliser l'humour est donc une façon de dédramatiser certains comportements, et donc de se débarrasser de ceux qui sont néfastes. « Je me presse de rire de tout, de peur d'être obligé d'en pleurer », dit le valet Figaro dans *Le Barbier de Séville* (1775) de Beaumarchais. En effet, envisager la réalité d'une manière détachée, avec humour, permet d'offrir des réflexions sur les comportements humains. Le rire désamorce l'angoisse. Ainsi, Ionesco choisit d'évoquer l'absurdité, la vacuité et l'inutilité de la plupart des conversations humaines, à travers une pièce suscitant le rire, *La Cantatrice*

chauve (1950) : en mettant en scène deux couples de personnages dont même les noms sont banals (les Smith et les Martin), en leur faisant proférer des répliques inintéressantes ou absurdes, le dramaturge libère le spectateur de ses propres angoisses quant à sa façon de communiquer avec autrui, en le faisant rire. Ionesco illustre avec cette pièce la phrase célèbre du philosophe Nietzsche : « l'homme souffre si profondément qu'il a dû inventer le rire ».

Ainsi, le recours à l'humour permet bien, dans de nombreux cas, d'offrir aux lecteurs des réflexions morales, car le rire a une vertu à la fois divertissante, didactique et cathartique.

2. Les limites de l'efficacité de l'humour

Cependant, l'efficacité de l'humour n'est pas absolue, ou du moins l'humour, en littérature, n'est pas toujours en lien avec la réflexion sur l'homme.

a. L'humour et la gratuité : en premier lieu, l'humour est parfois gratuit : il n'apporte alors aucune réflexion morale. Certains écrivains font sourire ou rire les lecteurs, sans pour autant avoir comme but de les faire réfléchir sur quelque comportement que ce soit : c'est, par exemple, ce que fait Alain Finkielkraut dans son *Petit Fictionnaire illustré* (1981), dictionnaire fictif fait de mots-valises, c'est-à-dire de mots inventés à partir de la fusion de plusieurs termes existants : ainsi, Finkielkraut forge le mot « caveaubulaire » à partir de « caveau » et de « vocabulaire », et il lui donne la définition suivante : « dictionnaire des mots hors d'usage ». Michel Leiris, dans ses *Mots sans mémoire* (1969), se livre un peu au même type de jeu littéraire, en feignant d'oublier la signification classique des mots et en lui substituant une définition qui se fonde davantage sur les sonorités ; c'est ainsi que, pour le mot « fiancée », la définition suivante est donnée : « au fil des ans défi lancé ». De la même façon, une « femme » devient une « flamme sans ailes ». On le voit, l'humour, ici, ne s'accompagne pas d'une réflexion morale. Il s'agit simplement d'un plaisir à faire sourire le lecteur par tout un ensemble de jeux sur les mots, en utilisant les figures du calembour, de l'assonance et de l'allitération.

b. L'humour et l'ambiguïté : par ailleurs, l'humour est parfois ambigu, équivoque : dans certaines œuvres littéraires, le lecteur est en droit de se demander quel est le véritable message que l'écrivain veut faire passer. C'est particulièrement révélateur dans les œuvres rabelaisiennes : prenons pour exemple l'épisode célèbre de *Gargantua* (1534), dans lequel le moine frère Jean, voyant l'armée de Picrochole dévaster les vignes de son abbaye, entre dans une colère noire

et tue tous ceux qu'il croise sur son chemin, en utilisant pour cela son bâton de croix, et en se voulant non pas « au service divin », mais « au service du vin ». L'épisode est certes savoureux et le lecteur se régale de lire la façon totalement fantaisiste dont la bataille est racontée. Mais quel est le message rabelaisien ? S'agit-il de condamner l'armée picrocholine, qui envahit le territoire voisin sans raison valable, ou bien est-ce aussi une façon critiquer le monde monastique, en présentant un moine peu conventionnel, davantage attaché à son vin qu'à Dieu ? Le comportement dénoncé est volontairement équivoque.

c. L'humour et les sujets graves : enfin, il est des situations où le recours à l'humour pour délivrer un message peut choquer certains lecteurs. On peut le déplorer, mais il convient néanmoins de prendre en compte ce phénomène. Comme le disait l'humoriste Pierre Desproges, « on peut rire de tout, mais pas avec tout le monde ». Ainsi, lorsque Salman Rushdie publie *Les Versets sataniques* (1988), roman satirique dans lequel il se moque ouvertement de l'islam et du prophète Mahomet, afin de prôner un certain relativisme en matière de religion, son message est très mal perçu dans le monde musulman ; l'ayatollah Khomeini, alors dirigeant de l'Iran, condamne même l'écrivain à mort par contumace, le contraignant à vivre caché à l'étranger et sous protection permanente. Dans ce cas précis, l'humour n'était vraisemblablement pas la bonne méthode pour offrir des réflexions sur le comportement détaché qu'on peut adopter sur la religion.

Ainsi, l'humour peut parfois être gratuit, ambigu ou inapproprié à la situation, ce qui le rend inefficace pour délivrer une réflexion sur l'homme et son comportement en société.

3. L'existence d'autres procédés que l'humour pour faire réfléchir le lecteur

On peut alors se pencher sur les autres procédés possibles pour faire passer des messages utiles aux hommes.

a. Le recours à l'indignation : tout d'abord, on peut avoir recours, plutôt qu'à l'humour, à l'indignation. C'est ce que fait par exemple Molière dans la scène d'exposition de sa comédie *Le Misanthrope* (1666) : c'est avec un ton empli de colère qu'Alceste essaie de convaincre son ami Philinte de la vertu d'une sincérité absolue dans les relations humaines. Le ton indigné du misanthrope donne lieu à des vers d'une grande force, aptes à convaincre et à persuader les spectateurs, comme les deux alexandrins qui ouvrent la pièce : « Je veux qu'on soit sincère, et qu'en homme d'honneur / On ne lâche aucun mot qui ne parte du cœur ».

b. Le recours à l'émotion : parfois, davantage que le registre polémique, c'est le ton pathétique qui s'avère le plus efficace pour faire passer un message. Ainsi, dans le chapitre 19 de son conte philosophique *Candide* (1759), Voltaire délaisse pour une fois l'humour, l'ironie et la fantaisie qui lui sont habituelles, et cherche à provoquer l'émotion de ses lecteurs pour faire comprendre qu'il faut absolument faire cesser cette pratique barbare qu'est l'esclavage. Pour cela, il donne la parole à un esclave noir à qui il manque un bras et une jambe. Le discours pathétique que le « nègre de Surinam » tient devant Candide et son valet Cacambo met clairement en évidence la cruauté avec laquelle il est traité. Il termine sa plainte par le mot « horrible ». Devant tant de souffrance, Candide ne peut retenir ses larmes, et le lecteur est lui-même ému. On peut estimer que le moyen choisi par Voltaire est tout aussi efficace, voire davantage, que l'ironie mordante d'un Montesquieu dans « De l'esclavage des nègres », tiré de *L'Esprit des lois* (1748), texte qui, d'ailleurs, a été l'objet d'un contresens de la part de certains lecteurs au moment de sa parution : faute de savoir décoder l'ironie provenant de l'accumulation d'arguments absurdes censés justifier l'esclavage, certains se sont en effet étonnés de la prise de position du philosophe en faveur de l'esclavage ! Pour le coup, la dénonciation de Voltaire, plus claire et faisant appel aux sentiments humains des lecteurs, s'est avérée plus efficace que la condamnation ironique de Montesquieu.

c. Le recours à l'argumentation calme et posée : enfin, il est également tout à fait possible de parvenir à convaincre les lecteurs d'une façon calme et posée, avec un ton neutre. L'écrivain fait alors appel davantage à la raison et à l'intelligence du lecteur, qu'à ses sentiments ou à sa capacité à apprécier l'humour. Cela peut être une manière tout à fait efficace pour offrir des réflexions morales. Ainsi, à travers ses *Pensées* (posthume, 1669), Pascal fait réfléchir l'homme sur sa condition et sur la façon dont il doit se comporter, en misant sur l'intelligence de ses lecteurs. C'est ainsi qu'il encourage l'être humain à s'élever le plus haut possible, grâce à la pensée suivante : « l'homme n'est qu'un roseau, le plus faible de la nature ; mais c'est un roseau pensant ».

Conclusion

Ainsi, si le recours à l'humour permet dans de nombreux cas de susciter de la part du lecteur certaines réflexions sur les comportements humains à adopter et sur ceux qu'il est préférable de rejeter, il comporte cependant certaines limites : en effet, l'humour est parfois gratuit, ambigu ou mal adapté à la situation. C'est pourquoi, dans certains cas, il est préférable d'utiliser, plutôt que l'humour, d'autres procédés,

comme le registre polémique, le registre pathétique ou encore l'argumentation calme et posée. Si, comme l'écrit Rabelais au début de son livre *Gargantua*, « le rire est le propre de l'homme », il ne faut pas négliger pour autant l'importance des autres éléments constitutifs de la nature humaine, et notamment la capacité de l'homme à s'indigner, être ému ou simplement raisonner de façon rationnelle. Reste à présent à savoir si la littérature a vraiment pour but premier d'être « efficace », c'est-à-dire si son rôle premier est de convaincre et de persuader le lecteur, de lui donner des leçons morales. Plus profondément, la littérature n'est-elle pas plutôt le lieu où les choses sont évoquées dans leur complexité, dans leur profondeur ? Ne pourrait-on pas dire, en reprenant l'expression utilisée par l'écrivain Milan Kundera dans son essai *Les Testaments trahis* (1993), que la littérature est « le territoire où le jugement moral est suspendu » ?

40 CORRECTION DE L'ÉCRITURE D'INVENTION

Cette fiche constitue une correction entièrement rédigée de l'écriture d'invention proposée dans le sujet de baccalauréat présenté dans la fiche 36, qui était le suivant : « à la manière de La Bruyère, vous ferez le portrait d'un hypocrite ». Pour faciliter la compréhension du plan du devoir, des titres ont été ajoutés. Ils ne doivent pas figurer dans votre copie.

L'entrée en scène de l'hypocrite : Antalceste et le narrateur

Antalceste se présente devant mes yeux ; sans perdre un instant, il fait l'éloge de ma tenue et de mon maintien : selon lui, je porte la perruque à merveille et mes vêtements sont parfaitement ajustés. Il me demande l'adresse de mon tailleur, qui a si bien réussi à mettre mes atouts en valeur. Il trouve que savoir bien s'entourer est une qualité appréciable en ce monde. Devant ma mine circonspecte, il change de discours : il regrette qu'on s'arrête trop souvent à ce genre de détail, déplore le monde de l'artifice qui règne à la cour, mais ajoute qu'il faut bien se soumettre aux usages du monde. Il a deviné que je me défie de lui, et de ses flatteries ; aussi pour me plaire se lance-t-il dans une diatribe contre la valeur trop grande qu'on accorde à l'apparence, notamment vestimentaire : le monde de la cour manque de profondeur, voilà ce qu'il me dit en guise de douceur. Voyant que j'opine du chef, il me caresse et me cajole, en m'assurant de son amitié sincère et inébranlable : quoi qu'il arrive, et quel que soit le cours de ma destinée, son attachement pour moi ne cessera jamais. Je devine sans peine que s'il me dit cela, c'est que la récente subvention dont j'ai été gratifié par le roi, et l'intérêt que ce dernier a pris à lire quelques petits portraits de ma composition, lui fait trouver ma compagnie charmante et digne d'intérêt. Du coin de l'œil, il s'assure qu'on le voit bien en train de me parler.

Le portrait physique de l'hypocrite

Pendant qu'il réitère ses compliments *sincères* sur ma propre personne, je l'observe : sa réputation n'est en effet pas usurpée, il présente bien : son habit est noble, élégant, raffiné ; l'étoffe est bien choisie, les couleurs sont soigneusement assorties, les broderies parfaitement accomplies ; son maintien est hors de tout soupçon : il se montre à l'aise, sans paraître trop sûr de lui. On sent que tout dans son attitude est savamment étudié, en vue d'un but unique : plaire, plaire à tout prix, se montrer sous un jour civil, poli, galant, aimable. Je me surprends même à commencer à croire quelques-unes de ses flagorneries. Heureusement, il ne me laisse pas longtemps dans cette douce illusion sur ma propre personne. En effet, le voilà qui s'excuse, me dit qu'il ne peut rester plus longtemps, que des affaires

urgentes, qu'il ne peut repousser, l'obligent ailleurs. Après s'être incliné profondément, il m'assure encore une dernière fois de ses hommages et de l'estime qu'il a pour moi, et disparaît.

Antalceste et les gens de lettres

Je retrouve mon Tartuffe quelques minutes plus tard dans le salon attenant, en grande conversation avec le duc de La R. Je comprends mieux à cet instant l'empressement qu'a eu Antalceste à me quitter : il est vrai que face au succès de ce moraliste reconnu qu'est le duc de La R., je ne pèse pas lourd. C'est à ce moment-là que me revient en mémoire la célèbre maxime de ce dernier : « l'hypocrisie est un hommage que le vice rend à la vertu ». À en croire cet éloge paradoxal, Antalceste est donc doté d'une forte valeur morale. Je l'entends dire au duc qu'il admire son élégance et son pouvoir de séduction ; au vu de la goutte dont il est atteint depuis quelques années, je reconsidère avec davantage de perplexité encore les compliments qu'il m'a faits quelques minutes auparavant. Soudain, je ne le vois plus ; je m'inquiète : aurait-il renoncé à paraître ce qu'il n'est pas, serait-il parti s'ensevelir dans un désert, comme le héros du *Misanthrope* ? Non, qu'on se rassure : il n'est qu'à quelques pas, aux côtés de ses Célimène, Mesdames de La F. et de S. Je l'observe à nouveau : quelle civilité ! Quelle politesse ! Quelle galanterie ! Quelle amabilité ! À l'une il vante la vraisemblance et l'aspect moraliste de son roman, qu'il n'a pas lu ; à l'autre il fait mille éloges sur le style inimitable, à la fois naturel et élégant, de lettres dont il n'a aucune connaissance. Que ne ferait-il pas, d'ailleurs, pour être admis partout, dans tous les cercles mondains ? Le moins que l'on puisse dire, c'est qu'il ne s'y prend pas mal. Avec Madame de La F. et Madame de S. comme protectrices, il aura d'ici peu ses entrées à Versailles. Tiens ! Le voici à présent en compagnie de R., le fameux tragédien, l'auteur de *Phèdre*, désormais historiographe du roi. Que peut-il bien lui dire ? Approchons-nous un peu : « pour ma part, Monseigneur, je ne le cache pas : vous êtes le plus grand, et l'on fait trop de cas, de tous ces écrivains, qui veulent vous singer, et maladroitement, font des vers bien mauvais ». À peine a-t-il débité ses quatre alexandrins, qu'il s'excuse bien humblement de devoir le laisser : le devoir l'appelle, et il ne saurait importuner plus longtemps le plus grand dramaturge que le siècle ait donné.

Antalceste et les Grands de la cour

En vérité, c'est qu'il a vu la marquise de M., la nouvelle favorite du roi. Il se dirige vers elle avec empressement ; je m'approche pour écouter un peu la teneur des

propos du parfait hypocrite : et ce n'est qu'avec une surprise bien faible que j'entends mon bonhomme vanter la taille de la jeune femme, faire l'éloge de sa robe et lui dire mille compliments bien tournés dont il a le secret. Qu'il est civil, poli, galant, aimable ! Le voilà à présent qui vante la conduite et la rigueur morale de la marquise : elle a raison, selon lui, de n'accorder ses faveurs qu'à notre divin souverain ; néanmoins, à son œil qui pétille, je devine sans peine qu'Antalceste n'aimerait rien plus que de jouer au roi avec elle ; il n'en dit rien, bien entendu, et préfère passer pour la vertu incarnée. C'est alors qu'apparaît Monsieur, frère du roi. Devinez un peu ce que fait alors notre homme ; je vous le donne en mille ; vous avez deviné : il se précipite vers lui et laisse une fois de plus éclater au grand jour son caractère civil, poli, galant, aimable. On ne saurait être plus proche du pouvoir. Encore un effort, monsieur l'imposteur ! Vous parviendrez bientôt à la chambre du roi !

➡ Conclusion : résumé de l'hypocrisie qui caractérise le personnage

Antalceste est une coquille vide : il ne pense rien de ce qu'il dit, il ne dit rien de ce qu'il pense ; aussi est-il apprécié de tous et triomphe-t-il dans le monde. Toute la cour l'aime et l'admire, on lui trouve toutes les qualités du monde. On dit partout du bien de lui : ce n'est que justice, vu tout le bien qu'il dit de tous. Il a parfaitement compris ce que j'ai écrit ailleurs : « l'on dit à la cour du bien de quelqu'un pour deux raisons : la première, afin qu'il apprenne que nous disons du bien de lui ; la seconde, afin qu'il en dise de nous ». Devant tant d'art et d'artifice, je ne peux que m'incliner, et me taire.

TOP CHRONO
C'est l'interro !

EXERCICES *30 min*

1. ⋆ D'après vous, à quel siècle se trouve-t-on dans le corrigé précédent ? Justifiez votre réponse.

....

2. ⋆ Comme expliquez-vous le choix de cette période ? Était-ce la seule solution envisageable, d'après le sujet ?

....

3. ⋆ D'après vous, qui est le narrateur du texte ? Justifiez votre réponse.

....

4. ⋆⋆ Comment expliquez-vous le choix du nom du personnage principal, ainsi que les différentes façons dont il est désigné ?

....

5. ⋆⋆ En vous aidant des indices disséminés dans le corrigé, trouvez le nom complet des personnages suivants : le duc de La R., Madame de La F., Madame de S., R., la marquise de M.

....

6. ⋆⋆ Ce texte en prose contient quelques alexandrins. Repérez-les et indiquez leur raison d'être.

....

7. ⋆⋆⋆ Repérez l'énumération souvent répétée à propos du personnage d'Antalceste. Comment expliquez-vous cette répétition ?

....

8. ⋆⋆⋆ Repérez quelques procédés de style utilisés par La Bruyère et présents dans le corrigé, en relevant des passages précis.

....

CORRIGÉS

1 DÉFINITION DU ROMAN ET DE LA NOUVELLE

1. a : vrai. b : faux : c'est le grammairien Diomède qui établit cette distinction, au IVe siècle après Jésus-Christ. c : vrai. d : faux : un roman raconte en général l'itinéraire global du personnage principal. e : vrai.

2.

	Récit bref	Récit long
Cadre féerique	Conte	Épopée
Cadre réaliste	Nouvelle	Roman

3. Les trois principales caractéristiques d'un roman sont les suivantes : il s'agit d'un récit plutôt long (au moins une centaine de pages), se déroulant dans un cadre spatio-temporel réaliste et racontant une grande partie de la vie du personnage principal (il y a une multiplicité d'événements dans un roman).

4. Les trois principales caractéristiques d'une nouvelle sont les suivantes : c'est un récit relativement bref, se passant dans un cadre spatio-temporel réaliste et racontant un épisode particulier de la vie du protagoniste.

2 LE ROMAN RÉALISTE

1. *Le Rouge et le Noir* et *La Chartreuse de Parme* ont été écrits par Stendhal ; *Bouvard et Pécuchet*, *Madame Bovary* et *L'Éducation sentimentale* sont des romans de Flaubert ; *Le Père Goriot* et *Les Illusions perdues* ont été écrits par Balzac.

2. *Le Rouge et le Noir* raconte l'histoire d'un jeune homme ambitieux, Julien Sorel. D'une condition sociale humble, il veut réussir à se trouver une place élevée dans la société. Pendant tout le roman, il élabore des stratégies pour parvenir à son but. Mais à la fin du roman, il cède à un mouvement de passion amoureuse et tire sur sa maîtresse, Madame de Rênal, la blessant légèrement. Il est condamné à mort pour cet acte.

3. On trouve beaucoup de descriptions dans le roman réaliste, contrairement aux romans antérieurs. La description n'est plus perçue comme une simple « décoration », elle prend autant de place que la narration, car le but des écrivains réalistes est de rendre compte précisément de la société réelle. Pour cela, il convient de donner au lecteur le sentiment que l'histoire se passe dans un cadre réel, et donc de décrire minutieusement le cadre spatio-temporel et les personnages.

4. En écrivant « un roman : c'est un miroir qu'on promène le long d'un chemin », Stendhal fait une métaphore : il compare le roman à un « miroir », c'est-à-dire que, selon lui, le roman doit refléter la société réelle, celle qu'on peut observer quand on se « promène le long d'un chemin ». Le roman doit retranscrire fidèlement le réel.

5. *A priori*, on pourrait penser qu'il y a une contradiction entre les mots « réalistes » et « illusionnistes », le premier faisant référence à la vérité, le second à l'illusion, donc à la fausseté. Mais en fait, ce que veut montrer Maupassant, c'est que pour créer un effet de réel, l'écrivain ne doit pas se contenter de reproduire tous les faits qui se passent dans le monde réel, il doit en choisir quelques-uns, qui lui semblent les plus probants, les plus marquants, de façon à faire croire au lecteur qu'il reproduit le réel. Un bon écrivain réaliste est ainsi celui qui crée une illusion, puisqu'il parvient à faire croire au lecteur qu'il évoque le réel, alors qu'il invente une histoire et choisit de mettre en valeur certains événements, en passant sous silence d'autres faits.

3 UN ROMAN RÉALISTE CÉLÈBRE : *MADAME BOVARY* DE FLAUBERT

1. a : faux : les personnages flaubertiens sont des êtres souvent médiocres : Charles, Homais, Frédéric Moreau, Bouvard, Pécuchet. b : vrai. c : faux : Emma est la seconde femme de Charles. d : vrai. e : faux : Charles meurt de chagrin, sans même qu'on s'en rende compte.

2. Flaubert a une vision pessimiste de la vie : selon lui, la bêtise et la médiocrité sont partout. « Il y a tant de bêtise dans le monde qu'on en devient féroce » écrit-il dans une de ses lettres. C'est pour cela qu'il s'acharne autant contre ses personnages, quasiment tous marqués par l'échec. Certains sont des personnages vides, sans intériorité particulière (Charles), d'autres ne s'expriment que par idées reçues (Homais), d'autres encore voudraient s'élever au-dessus de la réalité quotidienne et mesquine, mais leurs rêves ne sont que des clichés (Emma).

3. Cette description de la casquette de Charles a trois buts principaux : tout d'abord, il s'agit pour l'écrivain d'être le plus réaliste possible, et donc d'insérer dans son récit des descriptions extrêmement minutieuses, de façon à donner un effet de réel. C'est pour cela qu'il y a dans le texte beaucoup d'adjectifs, servant à donner des précisions sur la casquette : « rond », « pauvre », « circulaires », « rouge », « mince », « petit », « neuve ». Ensuite, grâce à cette description, l'écrivain évoque aussi le caractère de son personnage : en effet, cette casquette semble caractériser Charles lui-même, ce qui apparaît notamment à travers la comparaison suivante : « dont la laideur muette a des profondeurs d'expression comme le visage d'un imbécile ». Le caractère géométrique de cette casquette (« rond », « ovoïde », « bande », « losanges », « polygone ») renvoie symboliquement à l'absence de finesse de Charles, à son côté rustre. Enfin, cette description apparaît comme un morceau de bravoure, dans lequel Flaubert fait preuve de son style très travaillé : il manie notamment avec une grande virtuosité le procédé de l'énumération (« du bonnet à poil, du chapska, du chapeau rond, de la casquette de loutre et du bonnet de coton »), ainsi que la figure de l'allitération : on trouve en effet de nombreuses fois les sons [ch] (« **ch**apska », « **ch**apeau », « **ch**ose ») et [b] (« **b**onnet », « **b**aleines », « **b**oudins », « **b**ande »), qui renvoient aux initiales du personnage : **Ch**arles **B**ovary. Par ce jeu sur les sonorités, Flaubert nous montre bien que cette casquette caractérise parfaitement le personnage de Charles.

4 LE ROMAN NATURALISTE

1. Le naturalisme est l'héritier du réalisme.

2. Les trois principaux représentants du naturalisme sont Zola, les frères Goncourt et Maupassant.

3. *Germinal* a pour sujet la révolte d'un groupe de mineurs, menée par Étienne Lantier, contre leurs conditions de vie.

4. La principale différence entre le réalisme et le naturalisme est la suivante : le réalisme se voulait une observation de la société, tandis que le naturalisme veut se livrer à des expérimentations scientifiques des faits sociaux.

5. Les trois limites du naturalisme sont les suivantes : tout d'abord, ce mouvement s'intéresse quasiment exclusivement à une certaine catégorie sociale, celle des défavorisés. Le naturalisme montre ce qui se passe dans les bas-fonds et donne ainsi une vision de la société plus négative qu'elle ne l'est en vérité. Ensuite, l'analogie entre science et littérature pose problème, dans la mesure où un romancier, par définition, est quelqu'un qui invente une histoire qui sort de son imagination : il peut ainsi justifier par son récit n'importe quelle théorie sociale. Enfin, la dernière limite tient aux romans de Zola eux-mêmes : en effet, si ses romans sont des chefs-d'œuvre, c'est qu'ils ne respectent pas totalement les principes naturalistes, Zola se laissant souvent aller à lyrisme quasiment épique, transformant les faits qu'il évoque en actes héroïques. De ce fait, certains passages de ses romans sont incompatibles avec la rigueur scientifique qu'il revendique.

5 UN ROMAN NATURALISTE CÉLÈBRE : *GERMINAL* DE ZOLA

1. Il s'agit d'un texte principalement descriptif.

2. Ce texte s'inscrit dans la continuité du mouvement réaliste initié par Balzac, Stendhal et Flaubert, car la description est extrêmement minutieuse, comme le montrent les nombreux adjectifs qualificatifs, qui servent à donner des précisions : « vaste », « douce », « haute », « superbes », « droits », « réguliers », « blanche », « noire ».

3. On assiste dans ce texte à la montée de la révolte de la part des mineurs. Zola illustre ici sa thèse de départ, qu'il emprunte aux théories marxistes : la société est régie par des rapports de force, le monde du Capital exploitant le monde du Travail. Mais les dominés, qui sont les plus nombreux, peuvent se révolter et inverser le rapport de force. C'est exactement ce que montre cet extrait : les mineurs, en grève depuis des semaines, commencent à prendre conscience de leur pouvoir potentiel, issu de leur nombre : ainsi, « trois mille charbonniers » participent à cette réunion clandestine. Le principe de base du naturalisme est donc présent ici : Zola est parti d'une hypothèse de départ et il est en train de la vérifier par son récit, qui constitue l'expérimentation de la théorie (on a une application à la littérature d'une méthode établie par Claude Bernard concernant les sciences expérimentales).

4. Zola ne se contente pas d'appliquer les principes du naturalisme tels qu'il les a lui-même définis. Tout d'abord, il n'est pas neutre face à son récit ; il ne peut s'empêcher de mettre en valeur ce monde des mineurs, faisant ainsi un roman engagé : il insiste notamment sur le nombre très important des participants à la réunion, en utilisant par exemple la figure de l'énumération (« des hommes, des femmes, des enfants ») et celle de l'hyperbole (« débordant au loin sous les arbres »). Il fait également de trois de ses personnages des sortes de héros, en les plaçant dans une position élevée : « en haut, dominant la pente ». Ensuite, on peut remarquer que le style lui-même dépasse les principes du naturalisme : en effet, il se dégage de cette description un certain souffle, un certain lyrisme, transformant le rassemblement social en une sorte d'acte fondateur, à la manière d'une épopée. Le champ lexical de la grandeur (« vaste », « géants », « hautes », « montant », « emplissant ») donne une solennité épique à l'événement. Les voix des mineurs, comparées à « un vent d'orage », semblent annoncer quelque chose qui va révolutionner le monde.

6 LA NOUVELLE AU XIXe SIÈCLE

1. Le genre de la nouvelle naît au XIVe siècle, avec le recueil de l'Italien Boccace intitulé *Le Décaméron*.

2. Au XIXe siècle, le genre de la nouvelle se déploie principalement dans trois grandes directions : la nouvelle fantastique, la nouvelle réaliste et la nouvelle naturaliste.

3. Prosper Mérimée, Théophile Gautier et Guy de Maupassant sont trois grands auteurs de nouvelles fantastiques.

4. Balzac, Stendhal et Flaubert ont écrit des nouvelles réalistes.

5. Zola et Maupassant ont écrit des nouvelles naturalistes.

6. Le genre de la nouvelle se développe beaucoup au XIXe siècle en raison de l'essor de la presse : en effet, beaucoup de journaux réservent quelques pages à de courts récits fictifs (des nouvelles), afin d'augmenter leurs ventes. Les écrivains voient dans ce phénomène de société un moyen de se faire connaître, en même temps qu'ils s'assurent ainsi des revenus fixes.

7. À la fin de *La Vénus d'Ille*, le lecteur hésite entre une explication rationnelle et une interprétation surnaturelle : en effet, il peut trouver dans le récit des indices expliquant le meurtre d'Alphonse de façon logique : l'adversaire d'Alphonse au jeu de Paume, déçu et vexé d'avoir perdu, peut avoir voulu se venger en tuant son vainqueur. Si Alphonse ne réussit pas à enlever la bague du doigt de la statue, c'est parce qu'il est ivre. Enfin, la jeune épouse d'Alphonse, choquée par le meurtre de son mari, est devenue folle. Cette explication rationnelle est certes possible, mais elle n'est pas très convaincante : en effet, les coïncidences sont très (trop) nombreuses et, de plus, l'adversaire d'Alphonse a un alibi pour la nuit du meurtre. Le lecteur est alors amené à passer à une interprétation irrationnelle : en mettant une bague au doigt de la Vénus, Alphonse l'a

symboliquement épousée ; aussi, le soir venu, elle est allée rejoindre Alphonse dans le lit conjugal et s'est couchée sur lui, l'écrasant du même coup. Cette interprétation est beaucoup plus convaincante, mais elle est impossible pour un esprit rationnel. Le lecteur est ainsi placé dans une position de doute qui provoque chez lui une frustration et un malaise.

8. Les nouvelles naturalistes évoquent tous les milieux sociaux, y compris les plus humbles ou les plus « bas » (celui de la prostitution ou des vagabonds, par exemple), tandis que les nouvelles réalistes placent l'intrigue dans des milieux plus « classiques », plus connus, moins marginaux (la noblesse, la bourgeoisie, la campagne). Par ailleurs, la nouvelle naturaliste se veut plus scientifique : il s'agit de mettre en évidence des lois générales à partir des récits racontés. La nouvelle réaliste est une simple observation détaillée de la société, tandis que la nouvelle naturaliste veut en faire une véritable explication, en mettant en évidence les ressorts profonds qui l'organisent.

7 LES NOUVELLES DE MAUPASSANT

1. Maupassant écrit l'essentiel de son œuvre entre 1880 et 1891.

2. La nouvelle qui rend Maupassant célèbre se nomme *Boule de Suif*, publiée dans le recueil collectif *Les Soirées de Médan* (1880).

3. L'esthétique de Maupassant est influencée par les principes littéraires de Flaubert, ainsi que par le mouvement naturaliste fondé par Zola.

4. Dans *La Maison Tellier*, c'est le milieu de la prostitution qui est au centre de l'histoire ; *Une Partie de campagne* a pour personnages principaux une famille de commerçants parisiens et un modeste canotier ; *Le Crime au père Boniface* se passe à la campagne ; *La Parure* confronte l'univers des modestes employés et la haute bourgeoisie ; le héros de la nouvelle *Un Lâche* est un aristocrate ; quant au personnage principal du récit intitulé *Le Gueux*, il s'agit d'un marginal, un vagabond paraplégique. On peut en conclure que Maupassant ne s'interdit aucun sujet. Conformément aux principes du naturalisme, il évoque tous les milieux sociaux qui existent, y compris les plus humbles, les plus « bas ».

5. Le narrateur donne au lecteur quelques indices afin qu'il puisse comprendre que les deux jeunes gens sont en train de vivre une expérience sexuelle ; on peut relever, par exemple, la proposition « sa voix [...] semblait accompagner sous l'arbre un crépitement de baisers » et la comparaison « comme un chant d'amour furieux ». Cependant, d'une manière générale, l'aventure amoureuse entre Henri et Henriette n'est pas racontée clairement, elle est perçue par l'intermédiaire d'un oiseau (un rossignol). C'est lui le « personnage » principal de la scène : son chant semble mimer ce qui se passe en dessous de lui : ainsi, le narrateur commence par évoquer l'« ivresse » de l'oiseau, qui représente la montée du désir des deux jeunes gens. Puis son chant se fait plus rapide (« le délire de son gosier se déchaînait éperdument »), mimant l'aventure sexuelle proprement dite. Les « pâmoisons prolongées » et les « grands spasmes mélodieux » évoquent le plaisir pris par les deux personnages. La montée de la jouissance est ensuite figurée par ses « frémissements », ses « saccades » et ses « cris de triomphe ». Tout le talent de Maupassant réside ainsi dans la manière particulière dont il évoque cette scène d'amour.

8 LES CONNAISSANCES PROPRES AU RÉCIT (1) : LA DESCRIPTION ET LA NARRATION

1. Décrire consiste à donner des détails sur un lieu, une époque, un personnage, un objet. Raconter consiste à évoquer une ou plusieurs actions.

2. Le début d'un récit se nomme l'incipit.

3. Le cadre spatio-temporel d'un récit est son ancrage dans un endroit et à une époque donnés.

4. Un portrait mélioratif est une description positive d'un personnage, tandis qu'un portrait dépréciatif (ou péjoratif) est une description négative du personnage.

5. Pour faire une description dans un récit, on utilise en général l'imparfait et des adjectifs.

6. Le schéma narratif (ou schéma quinaire) rend compte de la composition d'ensemble de beaucoup de récits : il s'agit d'une structure en cinq étapes : la situation initiale, l'élément perturbateur, les péripéties, l'élément de résolution et la situation finale.

7. Une prolepse est une anticipation ; une analepse est un retour en arrière.

8. On peut repérer une ellipse entre la fin de la première phrase et le début de la seconde, comme le prouve l'expression « le lendemain matin ». La dernière phrase du texte, notamment, constitue un sommaire, c'est-à-dire que le narrateur se contente de donner l'ambiance générale qui règne au déjeuner.

9 LES CONNAISSANCES PROPRES AU RÉCIT (2) : NARRATEUR ET PERSONNAGES

1. Un récit peut être mené selon trois points de vue différents : externe, interne, omniscient.

2. Il tressaillit quand une voix douce demanda tout près de l'oreille ce qu'il voulait ici. [...] Il dit enfin, tout honteux de ses larmes qu'il essuyait de son mieux, qu'il venait pour être précepteur (discours indirect).

Il tressaillit quand une voix douce se fit entendre tout près de l'oreille. Que voulait-il ici ? [...] Il venait pour être précepteur (discours indirect libre).

À la demande de madame de Rênal, Julien fit part de son projet d'être précepteur (discours narrativisé).

3. Dans cet extrait de *La Chartreuse de Parme*, le narrateur est hétéro-diégétique, c'est-à-dire qu'il est extérieur à l'histoire racontée (il n'est pas un des personnages de l'intrigue). Toute la scène est perçue selon un point de vue interne : en effet, ce sont les réactions et les pensées du jeune Fabrice qui sont évoquées : la bataille de Waterloo est racontée telle que Fabrice la voit. L'intérêt du choix de ce point de vue est de mettre en évidence la naïveté du personnage, qui ne comprend absolument pas ce à quoi il participe. Par exemple, il commence par constater que la terre vole « en petits fragments noirs lancés à trois ou quatre pieds de haut », puis s'aperçoit que ce phénomène est causé par les boulets de canon. Le point de vue interne permet ainsi de construire un texte original, évoquant le thème de la guerre d'une manière savoureuse, selon le regard d'un être qui est encore quasiment un enfant.

10 DÉFINITION DE LA POÉSIE

1. Les poèmes ne sont pas forcément écrits en vers. Il existe notamment des poèmes en prose et des calligrammes.

2. Certains récits (les épopées de l'Antiquité gréco-latine, les chansons de geste du Moyen Âge, les premiers romans) sont écrits en vers, ainsi que certaines pièces de théâtre, notamment les tragédies antiques et celles du XVIIe siècle.

3. On ne peut pas définir la poésie comme étant l'ensemble des textes écrits en vers, car certains poèmes ne sont pas écrits en vers (voir la réponse 1) et, par ailleurs, certains textes versifiés n'appartiennent pas au genre poétique (voir la réponse 2).

4. Jean-Paul Sartre veut dire ici que le poète n'envisage pas le langage comme un simple outil de communication. Pour lui, le langage n'a pas seulement une fonction utilitaire, il a également une fonction poétique : les mots ne sont pas que des signes servant à s'exprimer, ils constituent aussi un matériau permettant de construire une œuvre d'art.

11 LA POÉSIE ROMANTIQUE

1. Victor Hugo a écrit *Les Contemplations* ; Alphonse de Lamartine est l'auteur des *Méditations poétiques* ; Alfred de Musset a écrit les *Nuits* ; enfin, *Gaspard de la nuit* est un recueil d'Aloysius Bertrand.

2. Jean-Jacques Rousseau, avec *Les Rêveries du promeneur solitaire*, et Johann Wolfgang von Goethe, avec *Les Souffrances du jeune Werther*, sont deux écrivains du XVIIIe siècle qui ont beaucoup influencé les artistes romantiques.

3. La période la plus féconde de la poésie romantique se situe entre 1820 et 1850 environ.

4. Les trois principaux aspects de la poésie romantique sont les suivants : tout d'abord, il s'agit d'un courant littéraire qui revendique une liberté artistique, à la fois dans le choix des sujets et dans la forme pour les exprimer, ce qui l'oppose au classicisme. Ensuite, c'est un mouvement qui exalte les sentiments personnels (notamment autour des thèmes de l'amour, de la fuite du temps et du refuge dans la nature). Enfin, les poètes romantiques donnent souvent

un rôle engagé à la poésie, en glorifiant le rôle du poète, dont la mission est d'éclairer les hommes, et en faisant de la poésie une arme pour critiquer la société.

5. Ces quatre vers constituent la première strophe d'un célèbre texte de Victor Hugo. Il s'agit d'un poème romantique, car l'écrivain se souvient avec émotion d'un amour de jeunesse. Il y a du lyrisme dans ces vers, le poète évoquant un élément personnel de sa vie. Le thème de la nature est également très présent, comme le montrent les expressions « parmi les joncs penchants » et « dans les champs ».

12 LA POÉSIE PARNASSIENNE

1. Le Parnasse s'oppose au romantisme.
2. Les principaux poètes parnassiens sont Théophile Gautier, Leconte de Lisle, José Maria de Heredia, Théodore de Banville, Sully Prudhomme et François Coppée.
3. Le Parnasse est un mouvement littéraire s'étendant sur une trentaine d'années environ, entre 1850 et 1880.
4. La poésie parnassienne est tout d'abord marquée par une grande impersonnalité, par opposition au lyrisme du romantisme. Par ailleurs, il s'agit d'un mouvement cultivant l'idée que la création poétique doit avant tout être une recherche de la beauté. Enfin, les poètes parnassiens se considèrent comme des artisans du vers, c'est-à-dire des travailleurs acharnés, afin d'obtenir des textes d'une grande perfection formelle.
5. Même s'il ne fait pas partie, à proprement parler, des poètes parnassiens, Baudelaire s'en inspire dans certains de ses textes. D'ailleurs, il dédie même son recueil *Les Fleurs du Mal* à Théophile Gautier, qu'il appelle le « poète impeccable ». Le poème intitulé « La Beauté » reprend ainsi la plupart des éléments du Parnasse : tout d'abord, le beau y est divinisé, puisque tout le texte est constitué par les paroles de la déesse de la beauté, par l'intermédiaire d'une prosopopée (cette figure de style consiste à faire parler un mort, un élément inanimé ou une abstraction). Par ailleurs, le texte comporte des références à la sculpture, ce qui est très fréquent dans la poésie parnassienne : « comme un rêve de pierre », « ainsi que la matière », « aux plus fiers monuments ». Enfin, ce sonnet est d'une grande perfection formelle : les rimes sont toutes riches ou suffisantes, avec une alternance entre rimes féminines et rimes masculines ; le sonnet est régulier dans sa forme et respecte les règles habituelles ; les alexandrins comportent souvent des césures à l'hémistiche, ce qui donne au texte un rythme régulier en accord avec la perfection formelle de la déesse de la beauté (pour tous les éléments techniques concernant la versification, voir la fiche 16).

13 LA POÉSIE SYMBOLISTE

1. Les symbolistes s'opposent au mouvement naturaliste, parce qu'ils refusent que l'art ne soit qu'une représentation quasiment scientifique du monde réel.

2. « De la musique avant toute chose » : Paul Verlaine.

   « Nommer un objet, c'est supprimer les trois quarts de la jouissance du poème qui est faite du bonheur de deviner peu à peu : le suggérer, voilà le rêve » : Stéphane Mallarmé.

   « Je dis qu'il faut être voyant, se faire voyant. Le Poète se fait voyant par un long, immense et raisonné dérèglement de tous les sens » : Arthur Rimbaud.

   « Les parfums, les couleurs et les sons se répondent » : Charles Baudelaire.

3. Ce poème est caractéristique du mouvement symboliste, car il n'est pas immédiatement accessible : son sens n'est pas perceptible immédiatement, ce qui donne au texte un caractère étrange, voire hermétique. Mais Mallarmé donne à son lecteur des indices pour lui permettre d'en déchiffrer le mystère. Grâce à un langage qui suggère plus qu'il ne dit les choses, Mallarmé parvient à évoquer des idées qui échappent à la réflexion rationnelle. Ainsi, à travers l'image du cygne qui est pris dans la glace et voudrait reprendre son envol vers le ciel, Mallarmé décrit l'impuissance du poète qui ne parvient pas à atteindre l'idéal, c'est-à-dire la création poétique. Le cygne évoque, par homonymie, le « signe », c'est-à-dire le langage. La surface blanche du lac gelé renvoie symboliquement à l'angoisse de la page blanche. Grâce à ces correspondances finement suggérées, Mallarmé évoque en réalité l'acte poétique en lui-même et sa difficulté.

14 UN RECUEIL POÉTIQUE CÉLÈBRE : *LES FLEURS DU MAL* DE BAUDELAIRE

1. « Le Poète est semblable au prince des nuées » : « L'Albatros ».
   « Je suis belle, ô mortels ! comme un rêve de pierre » : « La Beauté ».
   « - Ô douleur ! ô douleur ! Le Temps mange la vie » : « L'Ennemi ».
   « Et le ciel regardait la carcasse superbe » : « Une Charogne ».

2. Le recueil *Les Fleurs du Mal* fait scandale au moment de sa parution, car Baudelaire aborde certains thèmes tabous au XIXe siècle, comme la luxure, l'homosexualité féminine, la prostitution ou encore la révolte contre Dieu.

3. À travers le titre du recueil, Baudelaire veut exprimer le fait que l'on peut extraire la beauté du mal : on peut parvenir à faire des « fleurs » poétiques en évoquant des éléments incarnant le mal ou la laideur.

4. Tout d'abord, l'influence du romantisme est perceptible à travers le thème choisi par le poète, celui de la nature. Ensuite, la perfection formelle du texte le rapproche du mouvement parnassien : Baudelaire choisit la forme exigeante du sonnet et construit son texte de manière à obtenir un rythme très régulier, les alexandrins comportant une césure à l'hémistiche. Enfin, le poète apparaît comme un précurseur du symbolisme en raison de la théorie des « correspondances » qui sont au centre du poème : Baudelaire exprime

l'idée d'une analogie possible entre les différentes sensations (« les parfums, les couleurs et les sons se répondent »), la nature possédant un ordre secret (d'où la métaphore du « temple » dans le premier vers) qu'il appartient au poète de déchiffrer.

15 LA POÉSIE SURRÉALISTE

1. André Breton, Paul Éluard, Louis Aragon et Robert Desnos sont les quatre principaux poètes appartenant au mouvement surréaliste.

2. Le surréalisme naît en 1920, suite au traumatisme causé par les horreurs de la première guerre mondiale ; il s'étend jusqu'aux années quarante.

3. Le surréalisme repose sur un principe fondamental : le refus de l'écriture rationnelle, réfléchie. Est privilégiée au contraire l'expression libre de la pensée, telle qu'elle peut s'exprimer, par exemple, dans les rêves. Les poèmes surréalistes sont ainsi souvent insolites et peu clairs lors d'une première lecture. Ils n'évoquent pas directement le monde réel, mais un univers plus fantaisiste, dans lequel des éléments contradictoires peuvent coexister et se mélanger.

4. Dès son titre, marqué par une antithèse surprenante, ce poème de Desnos intitulé « Un Jour qu'il faisait nuit » heurte la logique et la rationalité. Tout le texte repose sur des contradictions, par le biais de deux figures de style principales : l'antithèse (« il descendit au grenier ») et l'oxymore (« tout rien », « le mort respirait »). Mais peu à peu, le lecteur accepte le principe proposé par le poète et entre dans un monde onirique et harmonieux, où les contraires ne s'excluent pas, mais se complètent et s'unissent. Tout le poème s'apparente à un rêve, à une promenade imaginaire faite par deux amoureux dans un univers ludique, où tout est possible, loin de la rationalité propre au monde réel, un monde magique où on peut être séché par la pluie, où un compas peut tracer des carrés et des triangles, où un lieu peut être à la fois désert et rempli de monde, où on se réveille en fermant les yeux, etc.

16 LA VERSIFICATION

1. Ce poème n'est pas isométrique. Verlaine choisit en effet deux mètres différents : on trouve des tétrasyllabes dans les vers 1, 2, 4 et 5 de chaque strophe, et des trisyllabes, dans les vers 3 et 6 de chaque strophe.

2. Le passage de l'avant-dernier au dernier vers se nomme un enjambement.

3. La diérèse se situe au vers 2 : en effet, si on se fie au rythme général du poème, le vers 2 doit se prononcer en quatre syllabes, ce qui suppose une diérèse sur le mot « violons ».

4. Les strophes comportent six vers : ce sont des sizains.

5. La disposition des rimes est la même dans tout le poème : on trouve d'abord des rimes suivies, puis des rimes embrassées.

6. Les rimes sont tantôt riches (« automne » et « monotone », tantôt suffisantes (« cœur » et « langueur »).

7. Le poème est d'une tonalité plutôt triste : le poète évoque avec nostalgie une période révolue (« je me souviens des jours anciens »), éprouve de la tristesse (« je pleure ») et établit une analogie entre ce qu'il ressent et l'automne, qui représente la période de mort de la nature (« la feuille morte »). Les vers impairs, l'alternance entre tétrasyllabes et trisyllabes, entre rimes suivies et rimes embrassées, entre rimes suffisantes et rimes riches, concourent à donner un équilibre précaire au texte, représentant par là même l'état d'esprit instable du poète.

17 LES PRINCIPALES FIGURES DE STYLE

1. Une **anaphore** est la répétition, au début de plusieurs vers, d'un même mot ou d'une même expression. Une **prosopopée** est un discours attribué à un mort ou à un élément inanimé. Une **assonance** est une répétition d'un son vocalique. Une **hyperbole** consiste à exagérer la réalité.

2. « Le monde ressemblait à ce miroir maudit » est une comparaison, comme le prouve l'utilisation du verbe « ressembler à ». « C'est un trou de verdure où chante une rivière » est une personnification (la rivière « chante »). « Le soleil s'est noyé dans son sang qui se fige » est une métaphore, Baudelaire comparant la mer à du « sang » (cette métaphore est suscitée par la couleur rouge du soleil quand il se couche sur les flots). « Je ne songeais pas à Rose ; Rose au bois vint avec moi » est un chiasme : Je / Rose / Rose / moi. « Cette obscure clarté » est un oxymore.

3. « La rue assourdissante autour de moi hurlait » est une personnification, car le poète donne une caractéristique humaine (« hurlait ») à un élément inanimé. Mais on peut aussi considérer cette figure comme une métonymie, Baudelaire remplaçant le bruit des gens par l'endroit où ils se trouvent (« la rue »). « Avec sa jambe de statue » est une métaphore, parce que la jambe de la femme est comparée à celle d'une statue sans outil de comparaison. « Crispé comme un extravagant » est une comparaison, ainsi que le prouve la présence du mot « comme ». « Dans son œil, ciel livide où germe l'océan » est une métaphore : Baudelaire compare l'œil de cette femme à un « ciel livide » sans employer de mot de comparaison. « La douceur qui fascine et le plaisir qui tue » est une antithèse, les verbes « fascine » et « tue » étant ici opposés. « Un éclair... puis la nuit » est également une antithèse. « Ailleurs, bien loin d'ici ! trop tard ! jamais peut-être » est une gradation, car la rencontre est dramatisée par l'éloignement progressif puis inéluctable de la passante. Enfin, « car j'ignore où tu fuis, tu ne sais où je vais » est un chiasme, les pronoms « je » et « tu » étant employés d'une manière croisée : j'[A] tu [B] tu [B] je [A].

18 LA SPÉCIFICITÉ DU TEXTE THÉÂTRAL

1. Au théâtre, il n'y a pas un **narrateur** qui raconte l'histoire. Celle-ci est connue par les spectateurs à travers les paroles des personnages, qu'on appelle des **répliques**. Un ensemble de répliques se nomme un **dialogue**. Une longue réplique s'appelle une **tirade**. Lorsqu'un personnage parle seul sur une scène, on dit qu'il fait un **monologue**. Lorsqu'un personnage prononce des paroles qui ne sont pas censées être entendues par un autre, il fait un **aparté**. Enfin, un dialogue reposant sur un malentendu perceptible uniquement par les spectateurs est un **quiproquo**.

2. Le texte proposé est un extrait de la scène 10 de l'acte III du *Malade imaginaire* de Molière. Cet échange de répliques s'appelle de la stichomythie. Ce dialogue entre la servante Toinette et l'hypocondriaque Argan a pour effet de provoquer le rire chez les spectateurs, grâce à la rapidité de l'échange et à l'usage du comique de répétition.

3. Cette longue réplique de Perdican face à Camille se nomme une tirade. Celle-ci a d'abord pour fonction de **faire avancer l'intrigue** : en effet, il s'agit d'une stratégie de Perdican pour tenter de convaincre Camille de céder à ses sentiments envers lui (cette tirade est d'ailleurs située à la fin de l'acte II et instaure une transition avec le dernier acte de la pièce). La prise de parole de Perdican a également une **fonction psychologique** : en effet, elle nous renseigne sur le caractère du personnage de Perdican, qui place l'amour au-dessus de tout le reste : pour lui, l'amour est capable de compenser les nombreuses imperfections des êtres humains montrées par les énumérations d'adjectifs dans la première partie de la tirade. Ce discours a également une **dimension poétique :** Perdican maîtrise l'art de la parole et prononce un éloge émouvant de l'amour grâce à un usage artistique des mots : on peut remarquer la présence de plusieurs figures de style, notamment deux énumérations (l'une concernant les hommes, l'autre les femmes), une homéotéleute (c'est-à-dire une succession de termes se terminant par le même son : « artificieuses, vaniteuses, curieuses ») et une métaphore (le monde est comparé à un « égout sans fond »). Enfin, cette tirade a une **fonction autobiographique**, Musset se servant de son personnage pour rendre compte de l'importance fondamentale qu'il accorde à l'amour. Lorsqu'il écrit sa pièce, Musset vient de vivre une liaison passionnée et orageuse avec une femme nommée Aurore Dupin, plus connue sous son pseudonyme d'écrivain George Sand. D'ailleurs, les deux dernières phrases de cette réplique sont littéralement reprises d'une lettre du 12 mai 1834 de George Sand à Musset.

19 LE CLASSICISME

1. Le mouvement classique connaît sa grande période durant la seconde partie du XVIIe siècle, entre 1660 et 1700 environ.

2. Louis XIV joue un rôle important dans le développement du classicisme, car il apparaît comme l'arbitre du bon goût. Les écrivains écrivent bien souvent pour plaire au roi, notamment parce qu'il pratique une politique de gratifications

(c'est-à-dire de rétribution financière). Leur réputation est intimement liée à la reconnaissance que leur accorde Louis XIV. Par ailleurs, ce dernier encourage la production d'œuvres littéraires, car il sait qu'il n'y a pas de grand règne sans littérature prestigieuse.

3. On a donné le nom de « classicisme » à ce mouvement, car les œuvres de Corneille, de Racine, de Molière, de La Fontaine et de quelques autres sont rapidement apparues comme des modèles, des références absolues. Dès le XVIIIe siècle, on a pris l'habitude de les désigner comme des œuvres classiques, ayant atteint une certaine perfection esthétique et étant ainsi dignes d'être enseignées.

4. Corneille a écrit des comédies au début de sa carrière, mais par la suite il s'est surtout spécialisé dans la tragédie. Racine n'a quasiment pratiqué que le genre de la tragédie (il n'a produit qu'une comédie, *Les Plaideurs*). Molière, bien que rêvant d'être un auteur tragique, a écrit, mis en scène et joué des comédies. La Rochefoucauld a surtout écrit des maximes, c'est-à-dire des pensées brèves et spirituelles. Madame de La Fayette est principalement connue pour ses romans, en particulier pour *La Princesse de Clèves*. Madame de Sévigné est restée célèbre pour les *Lettres* qu'elle écrivait à sa fille, Madame de Grignan. Jean de La Fontaine a écrit principalement des *Fables*, genre auquel il a donné une valeur esthétique. Enfin, La Bruyère est l'auteur d'une œuvre composite, *Les Caractères*, où on trouve des maximes, mais aussi des portraits et des réflexions diverses.

5. Louis XIV fait rénover et aménager à partir de 1661 le château et les jardins de Versailles (ce lieu était auparavant le pavillon de chasse de Louis XIII). Il charge l'architecte Le Vau, le peintre Le Brun et le jardinier Le Nôtre de faire de cet endroit un lieu harmonieux, où règnent l'ordre et la symétrie. La littérature classique est à l'image de Versailles, en ce sens qu'elle est marquée par des règles précises censées aider à construire des œuvres à la fois équilibrées, closes sur elles-mêmes, élégantes et harmonieuses.

6. Par ces quelques vers, La Fontaine rend hommage aux Anciens, c'est-à-dire les écrivains grecs et latins, désignés comme des « maîtres ». Le poète indique clairement ce qu'il leur doit, en utilisant le terme « imitation ». Cependant, il ne s'agit pas de copier servilement ces modèles pour La Fontaine, il faut au contraire se servir de ce qu'ils ont apporté pour créer des œuvres nouvelles et personnelles. Il ne faut donc pas considérer le classicisme comme une simple imitation de l'Antiquité, mais comme une source d'inspiration.

7. Par cette phrase, La Bruyère indique clairement le double but du classicisme, à savoir plaire et instruire : selon lui, l'écriture sert avant tout à « l'instruction » des hommes, en leur indiquant notamment comment ils doivent se conduire et se comporter. La littérature classique a une dimension très moraliste. Mais il ne faut pas s'interdire, d'après La Bruyère, de plaire au public, de le divertir : « s'il arrive que l'on plaise, il ne faut pas néanmoins s'en repentir ».

20 LA COMÉDIE CLASSIQUE

1. Le genre de la comédie est né en Grèce, au VIe siècle avant Jésus-Christ.

2. Il existe au XVIIe siècle différents types de comédies : des farces, des comédies d'intrigue, des comédies de mœurs, des comédies de caractère, des comédies-ballets, des comédies issues de la commedia dell'arte marquées par l'improvisation et enfin des comédies abordant des sujets sérieux (ce sont les « grandes comédies » de Molière, comme *Tartuffe* ou *Dom Juan*).

3. En écrivant dans ses *Épîtres* (environ en l'an 20 avant Jésus-Christ) que la comédie « corrige les mœurs par le rire », le poète latin Horace exprime l'idée suivante : il s'agit dans une comédie de faire rire le spectateur en mettant en scène des personnages caricaturaux, mais en même temps de corriger certains comportements humains négatifs en les présentant de manière ridicule. Molière reprend à son compte ce principe : dans *Le Bourgeois gentilhomme*, il exagère les prétentions du bourgeois M. Jourdain à vouloir adopter les manières propres à la noblesse, pour suggérer que chacun doit rester à sa place. Dans *L'Avare*, il ridiculise Harpagon, obsédé par son argent. En présentant sur scène certains comportements d'une manière ridicule, il encourage les spectateurs à ne pas les adopter. Cette idée est caractéristique du mouvement classique, dans lequel il s'agit à la fois de plaire et d'instruire.

4. Dans la scène 4 de l'acte II du *Bourgeois gentilhomme*, on trouve tout d'abord du **comique de geste** : en effet, même si cela n'est pas précisé par des didascalies, on imagine bien les mimiques que peut faire M. Jourdain quand il répète les voyelles en suivant les indications que lui a données le maître de philosophie. Le rire du spectateur est également provoqué par du **comique de situation** : en effet, le maître de philosophie enseigne d'une manière compliquée des éléments somme toute très simples, à savoir la façon dont il faut prononcer les voyelles : la situation est donc comique, dans la mesure où celui qui est détenteur du savoir n'apprend que du vent à M. Jourdain. On trouve également du **comique de caractère**, les deux personnages étant caricaturés : le maître de philosophie apparaît comme un homme pédant, faisant de grandes phrases pour ne rien dire d'intéressant : « pour bien suivre votre pensée et traiter de cette matière en philosophe, il faut commencer selon l'ordre des choses, par une exacte connaissance de la nature des lettres, et de la différente manière de les prononcer toutes ». M. Jourdain, lui, provoque la moquerie des spectateurs par sa bêtise (« après, vous m'apprendrez l'almanach, pour savoir quand il y a de la lune et quand il n'y en a point ») et sa naïveté, qui s'exprime à travers son enthousiasme non justifié : « que cela est beau », « vive la science ». Enfin, il y a dans cette scène du **comique de mots**, la phrase « j'entends tout cela » pouvant être comprise dans un double sens : M. Jourdain *entend* bien, au sens propre, ce que lui dit le maître de philosophie, et il affirme également qu'il *comprend* l'enseignement dispensé. Ainsi, les quatre principaux procédés comiques sont présents dans cet extrait.

21 UNE COMÉDIE CLASSIQUE CÉLÈBRE : *DOM JUAN* DE MOLIÈRE

1. a, faux ; b, vrai ; c, vrai ; d, faux ; e, vrai.

2. « Un grand seigneur méchant homme est une terrible chose » : Il s'agit d'une confidence de Sganarelle à Gusman, le valet d'Elvire, au sujet de Don Juan (acte I, scène 1). Le but de Molière est de faire comprendre aux spectateurs, dès la scène d'exposition, qui est le personnage de Don Juan.

« La naissance n'est rien où la vertu n'est pas » : cet alexandrin est extrait d'une tirade de Don Louis (acte IV, scène 4), dans laquelle il reproche à son fils Don Juan sa conduite immorale.

« L'hypocrisie est un vice à la mode, et tous les vices à la mode passent pour vertu » : Don Juan emploie cette formule au début de la tirade qu'il prononce dans la scène 2 de l'acte V, dans laquelle il fait l'éloge paradoxal de l'hypocrisie, attitude qui permet de faire tout ce que l'on veut en donnant néanmoins l'impression d'être vertueux.

« L'homme est en ce monde ainsi que l'oiseau sur la branche ; la branche est attachée à l'arbre ; qui s'attache à l'arbre, suit de bons préceptes ; les bons préceptes valent mieux que les belles paroles ; les belles paroles se trouvent à la cour ; à la cour sont les courtisans ; les courtisans suivent la mode : la mode vient de la fantaisie ; la fantaisie est une faculté de l'âme [...] et, par conséquent, vous serez damné à tous les diables » : par ce raisonnement absurde, Sganarelle tente de faire comprendre à son maître que les actions des hommes ont toujours des conséquences et qu'il sera puni pour toutes ses mauvaises actions. Sganarelle tente de rivaliser avec Don Juan, qui est un être passé maître dans l'art de faire de beaux discours. Mais le valet ne possède pas le même talent oratoire que son maître : il essaie de donner une apparence logique à son discours, chaque mot situé à la fin d'une proposition étant repris au début de la proposition suivante (ce qui constitue une figure de style nommée concaténation). Mais l'enchaînement logique recherché n'atteint pas son but. Cette tirade a pour effet de ridiculiser Sganarelle et de provoquer le rire des spectateurs.

3. Cette tirade de Don Juan à son valet Sganarelle, située dans le premier acte de la pièce, a d'abord pour but de faire un autoportrait du libertin : le spectateur s'aperçoit que ce personnage fait de la **séduction** son mode de comportement essentiel. C'est pour cela que le champ lexical de la beauté est omniprésent : « belles », « charmer », « beauté », « aimable » (cet adjectif a ici un sens fort, désignant une femme digne d'être aimée en raison de ses charmes), « beau visage ». Don Juan se livre ici à une de ses pratiques favorites, à savoir ce qu'on appelle un éloge paradoxal, c'est-à-dire un éloge d'un élément censé être condamnable selon la morale : il vante ainsi les mérites de l'inconstance, de la fidélité, ainsi que l'annonce clairement la première phrase, qui constitue sa thèse : « la constance n'est bonne que pour des ridicules ». Ce qui apparaît également dans cette tirade, c'est **l'insatisfaction** fondamentale du libertin : il est toujours à la recherche d'une nouvelle femme à séduire. Il y a chez lui un désir de totalité, comme l'indiquent l'usage répété du pronom et de l'adjectif « tout », « tous », « toutes », ainsi que l'hyperbole « si j'en avais dix mille ». Cette tirade a enfin pour but de montrer aux spectateurs que ce grand seigneur maîtrise parfaitement **l'art oratoire**. Il sait construire ses discours de façon à convaincre et à persuader les autres. D'ailleurs, Sganarelle s'en rend parfaitement compte, puisqu'il lui réplique : « vous tournez les choses d'une manière, qu'il semble que vous avez raison ».

22 LA TRAGÉDIE CLASSIQUE

1. La tragédie est née dans la Grèce antique, à Athènes plus précisément, sans doute au VIe siècle avant Jésus-Christ. Elle acquiert une existence officielle en -534, date où le tyran Pisistrate instaure la tenue de concours tragiques annuels.

2. Le philosophe grec qui sert de référence au XVIIe siècle est Aristote ; ce dernier, dans son ouvrage la *Poétique*, a analysé les différents genres de textes existant dans l'Antiquité ; il s'est particulièrement attardé sur la tragédie, qui occupe l'essentiel de l'ouvrage.

3. Corneille a écrit *Le Cid*, *Horace* et *Cinna* ; Racine est l'auteur de *Phèdre*, *Andromaque*, *Bérénice* et *Britannicus*.

4. La règle évoquée par Boileau dans ces deux alexandrins se nomme la règle des trois unités (de lieu, d'action et de temps), qui régit le théâtre classique.

5. Les deux buts de la tragédie classique sont d'une part de provoquer des sentiments forts chez les spectateurs, notamment la terreur et la pitié face à ce qui arrive aux personnages, d'autre part de l'encourager à ne pas commettre les mêmes erreurs que ceux-ci. Le deuxième objectif découle en fait du premier, dans la mesure où ce sont justement les émotions éprouvées par les spectateurs qui l'amènent à ne pas vouloir connaître le même sort que les personnages. C'est le principe de la « catharsis » évoquée par Aristote dans la *Poétique*. Ces deux buts sont en rapport direct avec les principes du classicisme, dans la mesure où il s'agit à la fois de plaire et d'instruire.

6. Le théâtre racinien et le théâtre cornélien sont tous deux centrés sur la notion de conflit. Aussi bien chez Racine que chez Corneille, l'honneur et l'amour, ou la loi et la passion, ou encore la décence et le désir, s'opposent et créent un dilemme. Mais chez Corneille, c'est le plus souvent l'honneur, la loi et la décence qui triomphent à la fin. Par exemple, dans le dénouement de Cinna, l'empereur Auguste pardonne sa faute à Cinna qui a organisé un complot en vue de l'assassiner. La tragédie se termine sur la grandeur de l'empereur. En revanche, dans les pièces de Racine, c'est l'amour, la passion et le désir qui prennent le pas sur la loi, ce qui entraîne la perte inexorable des personnages. Le théâtre racinien est infiniment plus tragique que le théâtre cornélien. Par exemple, dans *Phèdre*, l'héroïne ne parvient pas à cacher sa passion coupable et son aveu entraîne sa mort.

23 UNE TRAGÉDIE CLASSIQUE CÉLÈBRE : *PHÈDRE* DE RACINE

1. Parmi les onze tragédies de Racine, on peut citer : *La Thébaïde, Andromaque, Britannicus, Bérénice, Bajazet, Iphigénie, Phèdre, Esther* et *Athalie*.

2. La pièce est centrée sur l'amour interdit qu'éprouve la reine Phèdre, femme de Thésée, envers son beau-fils Hippolyte. C'est l'aveu de cet amour qui entraîne toute une série de catastrophes, et notamment la mort d'Hippolyte et de Phèdre elle-même.

3. Les trois personnages qui meurent dans le dénouement de la pièce sont successivement Œnone, Hippolyte et Phèdre.

4. Les principales règles d'une tragédie classique sont : l'usage de l'alexandrin, la division en cinq actes, la règle des trois unités (de temps, de lieu et d'action), le respect de la bienséance et de la vraisemblance, l'omniprésence de la fatalité, un dénouement malheureux et la mise en scène de personnages appartenant à un milieu social très élevé. Racine respecte scrupuleusement toutes ces règles, au point qu'il apparaît comme l'écrivain classique par excellence, davantage encore que Molière ou Corneille.

5. Le registre tragique peut se définir comme un texte qui émeut le lecteur en présentant une situation sans issue : dans un texte tragique, les personnages sont déterminés par un destin funeste, contre lequel ils luttent, mais qui finit par les broyer. La fatalité à laquelle est soumise Phèdre, condamnée par les dieux, et notamment par Vénus, à éprouver une passion interdite pour son beau-fils, ne l'empêche pas de lutter, tout au long de la pièce, contre cet amour coupable, mais son destin est inexorable. Après avoir entraîné le malheur autour d'elle, désespérée, elle se suicide.

6. À la fin du XIXe siècle, Sigmund Freud révolutionne le monde de la pensée en mettant en lumière le rôle primordial que joue l'inconscient dans les comportements humains. Cette découverte de l'inconscient l'amène à élaborer la théorie suivante : l'être humain conscient, qu'il appelle le « moi », est déterminé à la fois par deux éléments antagonistes, bien souvent inconscients : le « ça », c'est-à-dire les pulsions et les désirs fondamentaux, qui s'expriment notamment dans les rêves, et le « surmoi », à savoir les interdits sociaux et moraux, acquis dès l'enfance. Dans cette optique, le personnage de Phèdre peut être considéré, *a posteriori*, comme une illustration symbolique de cette théorie, à la différence près que tout est conscient chez elle : le « moi » de la reine est écartelé entre sa passion pour Hippolyte (son « ça ») et la loi, qui lui interdit doublement cet amour, non seulement car elle est mariée, mais aussi car il s'agit d'un amour incestueux (tout cela représente son « surmoi »).

24 LES PRINCIPAUX GENRES DE L'ARGUMENTATION

1. Dans l'argumentation directe, l'auteur parle explicitement en son nom propre, tandis que dans l'argumentation indirecte, la pensée de l'écrivain est transmise par l'intermédiaire d'une fiction et d'un personnage.

2. Un manifeste est un texte rédigé par un écrivain au nom d'une école ou d'un mouvement artistique, dans lequel il s'agit de s'opposer à une tradition et de prôner des valeurs ou une esthétique nouvelle.

3. Un essai est un texte théorique dans lequel un écrivain livre ses réflexions personnelles sur tel ou tel sujet. À la différence d'un traité, un essai est caractérisé par une certaine liberté de composition, car il ne s'agit pas pour l'auteur d'élaborer une théorie qui se prétend définitive, mais d'apporter modestement un éclairage nouveau sur une question. Un essai montre une pensée non figée, d'où son nom. Par ailleurs, un essai se veut plus accessible qu'un traité.

4.

Titre de l'œuvre	Nom de l'auteur	Genre précis
L'Ingénu	Voltaire	Conte philosophique
Le Mariage de Figaro	Beaumarchais	comédie
De l'Esprit des lois	Montesquieu	Traité
Discours sur l'origine et les fondements de l'inégalité parmi les hommes	Rousseau	Essai
Supplément au voyage de Bougainville	Diderot	Dialogue argumentatif

25 L'ARGUMENTATION AU XVIIe SIÈCLE

1. Dans la remarque 74 du chapitre VIII des *Caractères*, La Bruyère dresse un **portrait satirique** du monde de la Cour. Par l'intermédiaire de celui-ci, il entend tout d'abord **plaire** au public, le divertir, en lui livrant un texte constitué comme une sorte d'énigme à décoder : en effet, il adopte, pour parler de la Cour, un regard étranger, le narrateur du texte évoquant les coutumes des courtisans comme s'il les découvrait. Le lecteur a ainsi l'impression, au départ, que ce qui est évoqué correspond à un monde lointain et inconnu. Au fur et à mesure de la lecture, différents indices le mettent sur la voie. Par exemple, une longue périphrase est utilisée pour désigner les perruques portées par les courtisans : « une épaisseur de cheveux étrangers, qu'ils préfèrent aux naturels et dont ils font un long tissu pour couvrir leur tête : il descend à la moitié du corps, change les traits, et empêche qu'on ne connaisse les hommes à leur visage ».

   Mais La Bruyère se veut également **moraliste**, conformément aux principes du classicisme : en effet, il évoque dans ce texte le caractère vain et superficiel de l'être humain en général, plus soucieux de l'apparence que de la profondeur, du paraître que de l'être. Ce texte de La Bruyère respecte donc les principes du classicisme, en unissant le divertissement et l'instruction, l'amusement et la morale. Cependant, ce portrait de la Cour a également une portée **contestataire**, dans la mesure où il s'agit d'une satire virulente des grands de ce monde, et donc du système mis en place par Louis XIV : ce dernier, pour assoir son pouvoir, a institué tout un cérémonial dans lequel les nobles se doivent de montrer leur déférence à l'égard du roi par tout un ensemble d'attitudes obséquieuses. La Bruyère dénonce un monde sclérosé, centré sur l'artifice et non sur le naturel, dans lequel les valeurs profondes sont oubliées : c'est ainsi que, centrés uniquement sur le culte qu'ils vouent à Louis XIV, les courtisans en oublient d'être des chrétiens sincères : en effet, on les voit à la fin du texte « le dos tourné directement au prêtre et aux saints mystères, et les faces élevées vers le roi ». La Bruyère accuse implicitement les grands de ce monde d'élever Louis XIV au rang d'un dieu, et par-là même il remet en question la légitimité de la Monarchie absolue, dite « de droit divin ». Selon lui, ce système ne peut mener qu'à des comportements idolâtres et hypocrites.

26 UNE ŒUVRE ARGUMENTATIVE DU XVIIe SIÈCLE : LES *FABLES* DE LA FONTAINE

1. La Fontaine s'inspire principalement des deux fabulistes de l'Antiquité Ésope et Phèdre.

2. En écrivant « mon imitation n'est pas un esclavage », La Fontaine aborde la notion de réécriture : sans cacher ce qu'il doit à ses prédécesseurs (il indique qu'il imite ses « maîtres »), il revendique néanmoins une certaine liberté par rapport à eux ; l'art de la réécriture n'est pas un « esclavage », c'est-à-dire un plagiat servile, mais une source d'inspiration servant de base à un projet personnel et original.

3. En écrivant ses fables, La Fontaine poursuit un triple but : tout d'abord, il s'agit pour lui de faire une œuvre **didactique**, dans laquelle le récit a pour but d'illustrer une morale indiquant aux hommes les comportements à adopter et ceux qu'il convient de rejeter. Ensuite, on trouve dans certaines fables une visée **contestataire**, La Fontaine n'évoquant pas toujours l'homme en général, mais plutôt la société particulière dans laquelle il vit, celle qui voit le triomphe de la Monarchie absolue. La Fontaine n'hésite pas, notamment, à critiquer les dérives de ce système, et notamment les décisions arbitraires du roi, souvent représenté d'une manière voilée par un lion. Enfin, il ne faut pas négliger la teneur **littéraire** des fables, La Fontaine éprouvant manifestement un réel plaisir à conter ses histoires et à faire de ses fables des textes empreints de théâtralité et de poésie.

4. Dans la fable « Le Loup et l'agneau », La Fontaine se positionne tout d'abord comme un **moraliste pessimiste** sur la nature humaine : ce n'est sans doute pas un hasard si l'un des deux personnages principaux est un loup : cela fait en effet écho à la phrase célèbre du dramaturge latin Plaute, reprise au XVIIe siècle par le philosophe anglais Thomas Hobbes dans le *Léviathan* (1651) : « l'homme est un loup pour l'homme ». La métaphore du loup pour désigner l'homme renvoie à une conception du monde marquée par un conflit perpétuel entre les hommes, qui ne songent qu'à se déchirer au lieu de se respecter. Dès le premier vers de cette fable, La Fontaine insère sa morale pessimiste : « la raison du plus fort est toujours la meilleure ».

Mais celle-ci n'est pas seulement à entendre d'une manière universelle et intemporelle, elle renvoie également implicitement à la société du XVIIe siècle, et particulièrement au règne de Louis XIV, marqué par une concentration des pouvoirs par le roi. Par l'intermédiaire de cette histoire entre un loup cruel ayant tous les pouvoirs sur un pauvre agneau, tout simplement parce qu'il est le plus fort, le fabuliste représente d'une manière indirecte les **dérives de la Monarchie absolue** : parce qu'il a tous les pouvoirs, le monarque peut condamner qui bon lui semble, même sous des prétextes fallacieux : le loup mange l'agneau « sans autre forme de procès ». Certains commentateurs n'hésitent pas à dire que La Fontaine pense en particulier à son protecteur Fouquet, arrêté et emprisonné par Louis XIV pour avoir soi-disant dilapidé les finances de l'État. La cruauté du pouvoir royal est notamment mise en évidence par le champ lexical suivant : « plein de rage », « en colère », « cette bête cruelle ». L'inégalité entre le puissant et le faible est également soulignée par la façon dont chacun désigne l'autre : tandis que le loup tutoie l'agneau, ce dernier utilise les mots « sire » et « votre Majesté ». Cette fable comporte ainsi une **portée contestataire**.

Cependant, celle-ci est atténuée par le plaisir qu'éprouve le fabuliste à conter son histoire et à lui donner une valeur très **littéraire** : La Fontaine fait en effet de ce conflit entre un fort et un faible une véritable scène de théâtre : la fable est principalement constituée par un dialogue entre les deux personnages (celui-ci occupe dix-huit vers sur vingt-sept), les autres vers servant à camper le décor et les personnages (ils font office de didascalie) et à indiquer le dénouement rapide, caractéristique habituelle du théâtre au XVIIe siècle. La valeur littéraire apparaît également à travers l'aspect poétique de cette fable : par exemple, l'agressivité du loup est mise en évidence par des allitérations en [d], [t] et [r], sonorités elles-mêmes assez dures :

« Qui **t**e **r**end si ha**rd**i de **tr**oubler mon b**r**euvage ?
Dit ce**t** animal plein de **r**age :
Tu se**r**as châ**t**ié de **t**a **t**émé**r**i**t**é ».

De même, l'allitération en [v], vers la fin du texte, révèle sa haine, le venin qui s'échappe de ses paroles : « vous ne m'épargnez guère, vous, vos bergers et vos chiens ». Par ailleurs, les trois derniers vers, constitués par trois octosyllabes, produisent une accélération du rythme, en comparaison avec les alexandrins et les décasyllabes souvent employés dans le reste de la fable. Par ce changement de rythme, La Fontaine veut rendre, d'une manière poétique, la rapidité du sort tragique réservé à l'agneau.

27 L'ARGUMENTATION AU XVIIIe SIÈCLE

1. Montesquieu est l'auteur des *Lettres persanes*, Beaumarchais a écrit *Le Mariage de Figaro*, Voltaire a publié *Candide* et Marivaux est l'auteur de *L'Île des esclaves*.

2. Le XVIIIe siècle est souvent surnommé le « siècle des Lumières », car la lumière est une métaphore de la connaissance : Voltaire, Montesquieu, Rousseau, Diderot et d'autres ont mis en lumière certaines idées nouvelles, en utilisant

leur raison et en passant au crible les idées reçues, qu'elles soient politiques, religieuses, sociales ou morales.

3. Les idées des philosophes des Lumières ont abouti à la Révolution française de 1789, qui fonde un ordre politique et social nouveau. Les révolutionnaires de 1789 empruntent notamment à Rousseau l'idée d'un système républicain (idée que Rousseau développe notamment dans *Du Contrat social*, publié en 1762). Dans la Déclaration des droits de l'homme et du citoyen du 26 août 1789, ils instituent par la loi le principe d'égalité et de liberté, constamment affirmé par les philosophes des Lumières (l'article Ier est le suivant : « tous les hommes naissent et demeurent libres et égaux en droit »). La liberté d'expression prônée notamment par Voltaire et Beaumarchais est également adoptée, ainsi que l'abolition de l'esclavage (pratique qui sera néanmoins rétablie par Napoléon Ier, avant d'être définitivement abolie en 1848).

4. Les philosophes des Lumières ont souvent recours à l'argumentation indirecte pour deux raisons principales : d'une part, cela leur permettait de moins courir le risque de voir leurs livres censurés, d'autre part, le fait de faire passer leurs idées à travers une fiction avait un but divertissant pour les lecteurs, qui pouvaient ainsi prendre du plaisir en découvrant l'histoire racontée, tout en découvrant certaines idées novatrices. C'est ainsi qu'on peut expliquer, par exemple, le succès des *Lettres persanes* de Montesquieu ou de *Candide* de Voltaire. Cependant, les philosophes des Lumières ont aussi recours à l'argumentation directe, de façon à élaborer une réflexion plus profonde, plus claire et plus rigoureuse. C'est ainsi que Rousseau écrit, par exemple, un *Discours sur l'origine et les fondements de l'inégalité parmi les hommes*, et Voltaire publie un *Traité sur la tolérance*, dans lequel il prend la défense du protestant Jean Calas, accusé et condamné à tort d'avoir tué son fils car il voulait se convertir au catholicisme.

5. La littérature des Lumières est fondamentalement engagée : Voltaire, Montesquieu, Diderot, Rousseau et d'Alembert utilisent la littérature comme une arme au service de la critique de la société : Montesquieu, par exemple, remet en cause le principe de la Monarchie absolue, notamment dans *De l'Esprit des lois*. Voltaire se bat par ses écrits contre les injustices et l'intolérance religieuse (dans *L'Ingénu*, le *Traité sur la tolérance* ou encore le *Dictionnaire philosophique portatif*). Les philosophes se battent également contre l'esclavage, les privilèges et l'absence de liberté d'expression. De ce fait, ils prennent bien leur « plume pour une épée ».

28 UNE ŒUVRE CÉLÈBRE DU XVIIIE SIÈCLE : *CANDIDE* DE VOLTAIRE

1. Voltaire a écrit notamment les ouvrages suivants : *Œdipe*, *La Henriade*, *Zaïre*, *Lettres philosophiques*, *Zadig*, *Candide*, *Traité sur la tolérance*, *Dictionnaire philosophique portatif* et *L'Ingénu*.

2. Candide est un ouvrage divertissant pour le lecteur, car il s'agit d'un récit multipliant diverses péripéties racontées selon un rythme très rapide, car

Voltaire s'amuse à parodier les invariants des contes de fée et parce qu'il utilise très souvent l'ironie, ce qui fait sourire le lecteur.

3. Dans *Candide*, Voltaire caricature la théorie optimiste du philosophe Leibniz, selon qui le monde, ayant été créé par un Dieu parfait, est nécessairement le meilleur possible. Selon Voltaire, au contraire, le monde est loin d'être idyllique, car il est rempli d'injustices et d'absurdités. Il illustre sa thèse en dénonçant notamment, de manière satirique, la guerre, l'intolérance religieuse et la pratique de l'esclavage.

4. Dès le début de *Candide*, Voltaire cherche à divertir son lecteur, en parodiant le genre du conte merveilleux et en maniant à merveille l'ironie. Voltaire commence son récit en reprenant différents invariants des contes de fée : *Candide* débute donc par la formule traditionnelle « il y avait » (variante du traditionnel « il était une fois ») ; comme dans certains contes, l'action se situe dans un château, le cadre temporel n'est pas précisé et le héros est un jeune homme bon et innocent, ce qui explique le nom qu'on lui a donné. Cependant, le lecteur s'aperçoit bien rapidement qu'il ne faut pas lire ces quelques lignes sérieusement, comme dans un véritable conte de fée ; en effet, Voltaire introduit dès la situation initiale des éléments indiquant que tout est à comprendre au second degré : ainsi, la bâtardise supposée de Candide est expliquée de la manière suivante : le père de Candide n'a pu prouver « que soixante et onze quartiers », c'est-à-dire qu'il n'a pu justifier son appartenance à la noblesse qu'en remontant à la soixante et onzième génération : la noblesse du gentilhomme est donc largement prouvée, et pourtant, la sœur du baron refuse de l'épouser. L'ironie est encore plus nette dans la phrase suivante, Voltaire donnant un argument absurde pour prouver la puissance du baron de Thunder-ten-tronckh : « son château avait une porte et des fenêtres ». Dans la suite du texte, c'est la baronne qui offre à Voltaire l'occasion de faire sourire le lecteur : en effet, il justifie la considération dont elle jouit par son poids, lui-même considérable (« Mme la baronne [...] pesait environ trois cent cinquante livres »). Enfin, l'ironie culmine avec la présentation du précepteur Pangloss, qui enseigne « la métaphysico-théologo-cosmolonigologie ». Ce néologisme est formé à partir de trois disciplines existantes (la métaphysique, la théologie et la cosmologie), auxquelles Voltaire ajoute la « nigologie », matière qui n'existe pas et que l'on peut traduire par l'étude des nigauds. Le personnage de Pangloss est d'emblée caricaturé, Voltaire insistant sur l'inconsistance de son enseignement. L'adverbe « admirablement », employé dans la phrase suivante, constitue ainsi une antiphrase, c'est-à-dire qu'il convient de comprendre en réalité le contraire de ce qui est écrit : Pangloss ne prouve absolument rien, il se contente d'enchaîner des poncifs et des idées reçues.

29 LES CONNAISSANCES SUR L'ARGUMENTATION : CONVAINCRE ET PERSUADER

1. Dans cet extrait du *Supplément au voyage de Bougainville*, Diderot utilise le personnage du vieux Tahitien comme son porte-parole pour exprimer son opinion négative sur la colonisation. Tout d'abord, ce texte est **convaincant**,

car il est organisé selon un schéma argumentatif clair : le vieillard commence par émettre sa thèse, à savoir le fait que Bougainville et ses compagnons vont apporter le malheur aux habitants de Tahiti. Il justifie cette opinion par l'argument suivant : en effet, les Européens ont pour but d'assujettir les Tahitiens, c'est-à-dire de les convertir à leurs propres mœurs et même de les réduire en esclavage. Il n'y a pas chez les Européens de tolérance envers des manières de vivre différentes de la leur. Le vieillard illustre sa thèse par deux exemples différents : le premier concerne la notion de propriété privée : les Européens, au lieu de respecter les coutumes de Tahiti (« tout est à tous »), ont essayé d'imposer leurs propres mœurs, en prêchant la distinction « du tien et du mien ». Ce faisant, ils ont créé de la jalousie entre les femmes tahitiennes. Le second exemple du vieillard repose sur ce que les Européens ont écrit sur une lame de métal : « ce pays est à nous ». Les Européens se sont donc approprié l'île de Tahiti.

Ce texte est également **persuasif.** Par la voix du vieillard, Diderot fait appel aux sentiments de son lecteur pour emporter son adhésion. Le vieux Tahitien emploie tout d'abord des phrases exclamatives (« ce pays est à toi ! »), qui indiquent sa colère, et donc la sincérité de sa dénonciation. Il utilise également une phrase injonctive au début (« pleurez, malheureux Tahitiens ! »), de façon à capter l'attention de son auditoire. On peut également relever des phrases interrogatives, constituant des questions rhétoriques (« qui es-tu donc, pour faire des esclaves ? »), par lesquelles le vieillard cherche à persuader Bougainville et ses compagnons. On note également une présence abondante des pronoms de la première et de la deuxième personne. Enfin, le vieux Tahitien utilise certaines figures de style pour émouvoir son auditoire : on peut relever notamment l'anaphore « un jour » dans la première partie du texte et les multiples antithèses dans la seconde partie : « tout est à tous » / « distinction du tien et du mien » ; « libres » / « esclavage ».

30 RÉDIGER UNE ARGUMENTATION

1. Une argumentation se construit de la manière suivante : on doit commencer par énoncer sa thèse, c'est-à-dire son opinion, son avis sur le thème dont il est question. Ensuite, il faut justifier sa thèse par plusieurs arguments (à savoir plusieurs raisons), chacun d'eux devant être illustré par des exemples, c'est-à-dire des éléments précis et concrets empruntés à la littérature.

2. On peut justifier la thèse selon laquelle la tragédie classique s'inspire de l'Antiquité gréco-latine par les arguments suivants : tout d'abord, les tragédies du XVIIe siècle reprennent bien souvent des histoires mythologiques ou historiques de l'Antiquité ; par ailleurs, les principes et les règles élaborés par les tragédiens grecs et latins sont repris, dans leurs grandes lignes, par les auteurs classiques ; enfin, le double but de la tragédie grecque (émouvoir et instruire) est aussi celui des écrivains du XVIIe siècle.

3. Pour illustrer le premier argument, on peut donner comme exemple *Cinna* (1641), tragédie dans laquelle Corneille s'inspire de l'Histoire romaine : le dramaturge évoque le complot de Cinna contre l'Empereur romain Octave-Auguste. Le second argument peut être validé par l'exemple d'*Andromaque* (1667) : dans cette pièce, Racine respecte à la lettre les règles classiques (la bienséance, la vraisemblance, la règle des trois unités, l'écriture en vers et en cinq actes, l'importance du destin, la mise en en scène de personnages appartenant à un milieu social très élevé), règles qui proviennent, pour la plupart, de l'Antiquité. Aristote les aborde longuement, au IVe siècle avant Jésus-Christ, dans son ouvrage intitulé *Poétique*. Pour illustrer le dernier argument, on peut partir d'un des éléments évoqués par Aristote dans sa *Poétique*, à savoir la notion de catharsis : selon lui, la tragédie opérerait une purgation des passions en provoquant chez le spectateur deux émotions, la frayeur et la pitié. Dans les tragédies classiques, ce double but (émouvoir et éduquer) apparaît souvent, et notamment dans *Phèdre* (1677) de Racine : en voyant le malheur dans lequel tombe la reine, à cause de sa passion coupable pour son beau-fils Hippolyte, le spectateur est ému (il a pitié pour Phèdre) et il éprouve également de la terreur, ce qui le conduit à ne pas vouloir accomplir les mêmes erreurs qu'elle.

4. L'argumentation directe peut s'avérer très efficace pour emporter l'adhésion du lecteur. Tout d'abord, elle est, bien souvent, plus claire que l'argumentation indirecte : en effet, dans l'argumentation indirecte, on ne sait pas toujours qui est le porte-parole de l'auteur. Le message que veut transmettre l'auteur peut être ambigu, comme dans la fable « La Cigale et la fourmi » : La Fontaine donne-t-il raison à la fourmi (c'est elle qui gagne à la fin du récit) ou à la cigale (elle apparaît beaucoup plus sympathique que sa voisine) ? Exalte-t-il les vertus du travail ou déplore-t-il l'absence de solidarité entre les êtres ? Au contraire, dans l'argumentation directe, l'auteur assume directement ses idées, puisqu'il parle explicitement en son nom. Par exemple, lorsque La Bruyère écrit, au début d'un de ses textes qui composent l'œuvre intitulée *Les Caractères* (1688), « il y a une sorte de honte à être heureux à la vue de certaines misères », le lecteur n'a aucun mal à discerner le message que veut faire passer l'auteur.

Outre l'avantage de la clarté, l'argumentation directe a également celui de la profondeur. En effet, l'auteur peut aller plus au fond des choses, en s'adressant directement à l'intelligence du lecteur. Il ne le perd pas dans une fiction, mais essaie de le convaincre par un raisonnement rigoureux. C'est par exemple ce que fait Rousseau dans *Du Contrat social* (1762), traité dans lequel il essaie de poser les bases d'un nouvel ordre politique (la République) qui pourrait venir remplacer la Monarchie absolue. C'est aussi le cas de Voltaire, lorsqu'il essaie de convaincre ses lecteurs de l'utilité d'une tolérance des différentes religions entre elles, de façon à sauvegarder la paix dans un État, dans son ouvrage intitulé *Traité sur la tolérance* (1763).

Enfin, l'argumentation directe peut également davantage toucher le lecteur que l'argumentation indirecte, dans la mesure où l'auteur ne se cache pas derrière un personnage, mais parle en son nom, à partir de son expérience, de son vécu. Si, par exemple, l'ouvrage de Primo Levi, *Si c'est un homme* (1947), possède une telle force, s'il parvient à toucher si profondément le lecteur, c'est qu'il relate avec exactitude ce que l'écrivain a directement vécu pendant la seconde guerre mondiale, lorsqu'il a été déporté et mis dans un camp de concentration, à Auschwitz. Cette œuvre est une dénonciation efficace des horreurs commises par les nazis, dans la mesure où le lecteur éprouve une grande compassion par rapport à ce que l'auteur a vécu, en même temps qu'il est révulsé par ce qu'il apprend sur ce qu'étaient réellement les camps où on parquait et où on éliminait les juifs à l'époque du nazisme.

Ainsi, l'argumentation directe possède bien une efficacité réelle, dans la mesure où elle peut être plus claire, plus profonde et plus touchante que l'argumentation indirecte.

31 AMÉLIORER SON EXPRESSION

1. On attend d'un devoir de baccalauréat que l'expression soit correcte par rapport aux normes du langage écrit et qu'elle soit claire.

2. Voici le texte corrigé (les corrections sont en gras) : L'auteur **convainc** son lecteur en ne laissant aucune **ambiguïté** dans son propos. Il utilise des hyperboles, de façon à faire **un** véritable éloge de la République. Les **termes** qu'il emploie, appartenant souvent au **champ** lexical de la justice, sont **censés** renforcer la portée de son message. Il veut aller vers **davantage** de clarté encore, lorsqu'il se **résout** à résumer, à la fin de son texte, **quelques** arguments marquants, afin d'être le plus **compréhensible** possible.

3. Les corrections sont en gras :

a. Après qu'on **aura** (ou après **avoir**) mis en évidence l'omniprésence du thème de l'amour, il conviendra de se demander comment celui-ci est traité par l'écrivain**.**

b. Victor Hugo est le chef de file des écrivains romantiques. **Par ailleurs** (ou **de plus**) il mène toute une série de combats pour changer la société, comme **le montre** sa lutte en faveur de l'abolition de la peine de mort.

4. La violence n'est pas une bonne chose. En effet, elle ne résout pas les conflits. Au contraire, elle les envenime. Il vaut donc mieux parler plutôt que se battre.

32 RÉDIGER UNE RÉPONSE À UNE QUESTION SUR UN CORPUS DE TEXTES

1. Un sujet de baccalauréat comporte les quatre exercices suivants : la question de corpus (obligatoire), le commentaire, la dissertation et l'écriture d'invention (au choix).

2. La question de corpus consiste à tester l'aptitude des candidats à comprendre plusieurs textes (en général trois à cinq). Il s'agit d'une question de synthèse, portant sur un aspect précis des textes, en particulier sur le ou les thèmes abordés, le genre, le registre ou un procédé d'écriture particulier.

3. En quoi ces textes sont-ils des poèmes lyriques ? La question porte sur le genre des textes et sur leur registre.

Comment est perçue la rencontre amoureuse dans ces textes ? La question porte sur le thème des textes.

Quel est l'objectif principal de ces trois extraits de roman ? La question porte sur l'enjeu des textes.

Quelle est la figure de style dominante dans ces textes ? Pourquoi ? La question porte sur un procédé d'écriture particulier et sur l'effet produit.

Quel sentiment éprouve-t-on en lisant ces poèmes ? La question porte sur l'effet produit par les textes.

Ces scènes sont-elles tirées de comédies ou de tragédies ? La question porte sur le genre précis des textes.

Le paratexte du corpus indique qu'il s'agit de trois extraits de romans, composés au XIXe siècle, c'est-à-dire au moment où le roman entre dans son ère réaliste. Le thème abordé est le même dans les trois passages : la rencontre amoureuse.

33 RÉDIGER UN COMMENTAIRE DE TEXTE

1. Le premier axe d'un commentaire pourrait être le suivant : il s'agit d'un poème narratif, racontant de manière simple et réaliste un souvenir personnel. Il est possible également de faire toute une partie sur le motif classique de la rencontre amoureuse, en s'intéressant notamment aux thèmes de la nature et de la figure féminine. Enfin, on pourrait terminer le commentaire sur l'originalité du poème, dans la mesure où il s'agit d'une rencontre totalement ratée, révélant la naïveté du personnage et laissant des regrets au narrateur.

2. De nombreux poèmes évoquent le sentiment amoureux ; pensons notamment aux sonnets de Du Bellay et de Ronsard, à la Renaissance, ou encore à un poème baroque du XVIIe siècle comme « Et la mer et l'amour » de Pierre de Marbeuf. Cependant, rares sont ceux qui racontent une aventure complètement ratée. C'est pourtant l'exercice auquel se livre Victor Hugo, dans le poème intitulé « Vieille Chanson du jeune temps », publié en 1856 dans le recueil *Les Contemplations*. Il raconte dans ce texte un souvenir d'adolescence où il n'a pas eu le beau rôle : en effet, lors d'une promenade dans un bois avec une jeune femme, Rose, le jeune homme qu'était Hugo n'a pas perçu les signes sensuels qu'elle lui adressait et il s'est montré d'une grande naïveté, ce qu'il regrette, bien des années après. On se proposera de montrer en quoi ce poème est caractéristique du mouvement romantique, à la fois en raison de son caractère personnel, du thème choisi et des sentiments évoqués. Pour cela, on commencera par montrer que ce texte narratif raconte une histoire pittoresque centrée sur un souvenir d'adolescence. Puis on s'attardera sur le motif classique de la rencontre amoureuse, en mettant en évidence le fait que la nature et la jeune femme sont idéalisées. Enfin, il s'agira de voir le caractère lyrique du poème, en analysant les sentiments passés et présents du poète face à ce souvenir.

3. Ce texte est ainsi caractéristique du mouvement romantique : en effet, conformément aux principes essentiels du romantisme, Hugo part d'un souvenir personnel, centre son poème sur le thème de l'amour et évoque les sentiments qu'il ressent face à cette histoire. Ce poème montre bien par ailleurs que le mouvement romantique s'oppose à la conception antérieure de la poésie, dans le sens où il ne s'agit pas seulement de construire un beau texte, bien écrit et regorgeant de prouesses techniques, mais également d'exprimer une certaine sincérité dans les sujets abordés. L'expression de sentiments personnels sincères passe avant l'aspect technique, même si celui-ci est encore largement présent. Comme l'écrit un autre écrivain romantique, Alfred de Musset, dans son poème « À mon ami Édouard B. » (1832), « frappe-toi le cœur, c'est là qu'est le génie ».

34 RÉDIGER UNE DISSERTATION

1. a : faux. b : vrai. c : faux. d : vrai. e : vrai.

2. Les mots-clés du sujet de dissertation apparaissent en gras : « la **poésie** [...] n'a pas d'autre **but qu'elle-même** » écrit Charles Baudelaire dans ses *Notes nouvelles sur Edgar Allan Poe*. Pensez-vous, comme Baudelaire, qu'une poésie a en priorité pour but d'utiliser les mots d'une manière **particulière**, afin de parvenir à un texte **esthétique**, ou pensez-vous que la poésie a **aussi** d'autres **fonctions** ?

Le sujet invite à parler exclusivement d'un genre précis : la poésie. Il s'agit de se demander quels sont les objectifs d'un texte poétique, comme l'indiquent les mots « but » et « fonctions ». La question posée par le sujet consiste à se demander si un poème a pour principal but la constitution d'un beau texte (« esthétique »), centré sur une utilisation différente des mots par rapport au langage ordinaire (« les mots d'une manière particulière »). Autrement dit, la poésie est-elle centrée sur « elle-même », c'est-à-dire sur un usage spécifique des mots, ou a-t-elle « aussi » d'autres objectifs ?

3. On pourrait proposer le plan suivant :

1. Thèse : la poésie est un art clos sur lui-même, ayant avant tout pour but de créer un texte esthétique, c'est-à-dire beau à lire, à voir ou à entendre.

a. La poésie est un écart par rapport au langage quotidien : historiquement, différentes règles de versification ont été élaborées pour faire de la poésie un texte qui s'écarte de l'usage neutre de la langue, comme le montre l'usage de vers, de rimes, de strophes, de formes fixes (sonnet, ballade, rondeau...). Exemple : Du Bellay, « déjà la nuit en son parc » (sonnet du XVIe siècle).

b. La poésie est une performance technique : pour les poètes de la Pléiade, les poètes baroques, les poètes classiques, il ne s'agit pas d'être particulièrement original dans les thèmes évoqués, mais de parvenir à constituer une forme parfaite. Exemple : Marbeuf, « Et la mer et l'amour ont l'amer pour partage ». On peut aussi évoquer les poètes parnassiens (voir la fiche 12).

c. La poésie est une création de beauté à travers les mots : les poètes peuvent ne pas respecter une forme contraignante, mais élaborer néanmoins un beau texte, grâce aux figures de style utilisées ou au rythme du poème. Exemple : Éluard, « La Courbe de tes yeux » (voir la fiche 15).

2. Antithèse : la poésie est aussi un art ouvert sur le monde : la poésie n'est pas totalement déconnectée du monde extérieur. Un texte poétique est certes beau à lire, à voir ou à entendre, mais le poète exprime néanmoins souvent des sentiments ou des idées.

a. La poésie peut être lyrique, c'est-à-dire exprimer des sentiments personnels, des états d'âme. Exemple : la poésie romantique : Musset : « Les plus désespérés sont les chants les plus beaux / Et j'en sais d'immortels qui sont de purs sanglots » (voir la fiche 11).

b. La poésie peut également être engagée, au service d'une critique de la société. Exemples : les *Fables* de La Fontaine (« Le Loup et l'agneau », « La Cigale et la fourmi », « Les Grenouilles qui demandent un roi »), ou encore les *Châtiments* de Hugo (« Souvenir de la nuit du 4 »).

3. Synthèse : plus profondément, la poésie est un art rendant compte du monde d'une manière particulière : c'est par l'intermédiaire d'un langage particulier que la poésie parvient à évoquer le monde d'une manière qui lui est propre.

a. La poésie est un relais de l'âme du poète : si les poètes romantiques rompent avec certaines règles poétiques, c'est parce qu'ils veulent évoquer leur âme à leur façon. Ils veulent utiliser le langage de façon à ce qu'il rende compte le plus précisément possible de ce qu'ils ressentent. Exemple : Hugo, « Elle était déchaussée » : toute l'utilisation du langage vise à montrer un univers bucolique, joyeux, naturel.

b. La poésie est une évocation du monde d'une manière non rationnelle, elle envisage le monde d'une autre manière que le langage ordinaire. Exemple : le surréalisme est une volonté de libérer la pensée du carcan de la raison. Les mots sont utilisés d'une manière différente, pour accéder à des vérités plus profondes que celles qu'on a l'habitude d'avoir (Desnos, « Un Jour qu'il faisait nuit », voir la fiche 15).

c. La poésie est un art de la profondeur : le langage poétique, marqué par l'ambiguïté, l'équivocité, la pluralité de sens, est là aussi pour nous montrer que le monde est beaucoup moins facile à comprendre qu'on ne pourrait le penser. La multiplicité des interprétations peut aussi renvoyer à la complexité du monde. Exemple : les poèmes en prose de Max Jacob (*Le Cornet à dés*, 1917) : derrière la fantaisie, le poète essaie d'appréhender la complexité du monde.

4. **[amorce]** À l'origine, dans l'Antiquité, si les hommes ont inventé la poésie, c'était pour s'en servir comme outil : à cette époque, où les connaissances se diffusaient davantage à l'oral qu'à l'écrit, les textes poétiques contenaient ce que les hommes ne devaient pas oublier. La poésie était ainsi une **mnémotechnique**, un moyen pratique pour se souvenir des choses importantes. En effet, il est plus facile de retenir par cœur un texte poétique qu'un texte non poétique (grâce, notamment, à l'usage des vers, des rimes et des figures de style). Par la suite, plus la lecture se généralise, plus la poésie perd cette fonction utile, pour en trouver une autre, purement esthétique. **[présentation du sujet]** C'est ainsi que Baudelaire a pu écrire, dans ses *Notes nouvelles sur Edgar Allan Poe*, « la poésie [...] n'a pas d'autre but qu'elle-même », c'est-à-dire que la poésie, selon Baudelaire, n'a pas d'autre but que de créer un objet esthétique. La poésie est alors considérée comme un art pur, le poète n'ayant d'autre rôle que celui de constituer, grâce à un usage particulier des mots, un beau texte. **[problématique]** Mais la poésie se réduit-elle à cela ? N'a-t-elle pas d'autres fonctions ? N'a-t-elle pas aussi des choses à nous dire, des émotions à transmettre, des idées à faire passer ? **[annonce du plan]** Dans un premier temps, il s'agira de montrer que la poésie est avant tout un art du langage, une façon différente d'utiliser les mots pour parvenir à créer une œuvre d'art, un objet esthétique. Mais nous verrons ensuite qu'un poète est aussi quelqu'un qui a des choses à dire à son lecteur. La poésie ne se situe pas que dans le langage. En fin de compte, nous montrerons que l'essence de la poésie réside dans le fait d'évoquer le monde d'une manière particulière, grâce à une utilisation différente du langage.

35 RÉDIGER UNE ÉCRITURE D'INVENTION

1. a : faux. b : vrai. c : faux. d : vrai. e : vrai.

2. les deux genres qu'on demande d'écrire sont une lettre ouverte et une fable. L'objet d'étude est l'argumentation. La thèse qu'on demande de défendre est la dénonciation des injustices sociales. Le rôle de la fable dans ce texte est d'illustrer la thèse par un exemple concret.

3. Il s'agit dans ce sujet d'invention de rédiger un dialogue entre deux personnages : l'un est un comédien, l'autre un metteur en scène. Mais il faut faire précéder ce dialogue d'une partie descriptive et narrative, dans laquelle on présente la situation. Il ne faut donc pas rédiger le texte à la manière d'un dialogue de théâtre ; au contraire, il s'agit de faire un récit, dans lequel on insère un dialogue, en respectant des règles particulières, notamment en insérant des verbes introducteurs de paroles (que l'on mettra au passé simple) et en utilisant une ponctuation particulière (c'est-à-dire en mettant des guillemets au début et à la fin du dialogue, et en insérant des tirets pour signaler chaque changement de réplique). Les deux personnages doivent avoir deux thèses opposées, qu'ils défendront par des arguments, chacun étant illustré par un exemple précis. L'enjeu du débat sera donc de déterminer s'il convient de moderniser le théâtre de Molière, en adaptant les costumes à l'époque contemporaine, ou si au contraire il s'agit de rester strictement fidèle à l'époque classique (le XVIIe siècle).

36 UN EXEMPLE DE SUJET DE BACCALAURÉAT

1. Voir la fiche 37 : correction de la question de corpus.

2. Voir les fiches 38 (correction du commentaire de texte), 39 (correction de la dissertation) et 40 (correction de l'écriture d'invention).

37 CORRECTION DE LA QUESTION DE CORPUS

1. **[amorce]** « Vous n'avez rien fait si vous n'y faites reconnaître les gens de votre siècle », écrit Molière dans sa pièce *La Critique de l'École des femmes* (1663). Ce qu'il veut exprimer par cette formule, c'est que la littérature peut servir à mettre en évidence les comportements humains, et notamment ceux qui sont condamnables. L'œuvre littéraire se fait alors satirique, c'est-à-dire qu'elle critique les mœurs en utilisant la moquerie, la caricature, l'humour ou l'ironie. **[présentation des textes du corpus]** C'est à ce registre satirique qu'appartiennent le sonnet 150 des *Regrets*, publié par Du Bellay en 1558, la scène d'exposition du *Misanthrope* de Molière (1666), le portrait de Théodecte tiré des *Caractères* de La Bruyère (1688) et l'extrait du roman de Marcel Proust *Le Côté de Guermantes* (1922) centré sur un dialogue entre Swann et la duchesse de Guermantes. **[reformulation de la question]** Quel est donc le comportement humain visé dans ces quatre textes et quels sont les moyens utilisés par les écrivains pour le dénoncer ? **[annonce du plan adopté]** Après avoir montré que la cible de la critique est la même chez Du Bellay, Molière, La Bruyère et Proust, à savoir la dénonciation de l'attitude des hommes en société, nous verrons que les procédés utilisés par les écrivains sont néanmoins différents.

2. **[bilan]** Ainsi, si les quatre textes ont une visée commune, dénoncer le comportement mondain centré sur l'hypocrisie, les écrivains recourent néanmoins à des procédés et à des stratégies différentes : Du Bellay et La Bruyère font un portrait, tandis que Molière et Proust font passer la satire à travers un dialogue. **[ouverture]** C'est d'ailleurs ce qui fait une des valeurs de la littérature, à savoir la multiplicité des façons d'évoquer un même fait ou une même situation, grâce à un style particulier. Comme l'écrit Flaubert dans sa lettre à Louise Colet du 16 janvier 1852, « le style [est], à lui seul, une manière absolue de voir les choses ».

3. Le plan choisi dans le corrigé proposé est le suivant : dans un premier temps, il s'agit de déterminer quel est le comportement critiqué dans les quatre textes, c'est-à-dire le décalage entre l'être et le paraître qui caractérise l'attitude de l'homme en société. Ensuite, l'auteur du corrigé se propose de mettre en évidence les différents procédés argumentatifs utilisés par les écrivains pour établir cette critique, à savoir l'emploi du portrait satirique dans le sonnet de Du Bellay et dans le texte de La Bruyère, et celui du dialogue entre plusieurs personnages dans *Le Misanthrope* et dans le *Côté de Guermantes*. Ce plan n'était pas difficile à trouver, dans la mesure où il était induit par la question : l'adverbe « après » indiquait qu'il fallait commencer par identifier la cible de la critique, pour s'intéresser dans un deuxième temps aux procédés utilisés pour convaincre et persuader le lecteur.

4. Une satire est une critique d'un élément de la société faite d'une manière comique, moqueuse. L'enjeu d'un texte satirique comme le sonnet de Du Bellay est de persuader le lecteur en le faisant rire ou sourire.

5.

Texte de…	Siècle	Genre littéraire	Cible de la satire	Procédés argumentatifs utilisés
Du Bellay	XVIe siècle	Poésie (sonnet)	Les courtisans hypocrites	Le portrait satirique, l'énumération, l'exagération
Molière	XVIIe siècle	Théâtre (comédie)	L'hypocrisie en général	Le dialogue, le registre polémique
La Bruyère	XVIIe siècle	Portrait	Le manque de savoir-vivre, l'envie d'être au centre de tout	Le portrait satirique, l'énumération
Proust	XXe siècle	Récit (roman)	Le manque de savoir-vivre et l'hypocrisie	Le dialogue, l'ironie, le décalage

38 CORRECTION DU COMMENTAIRE DE TEXTE

1. **[amorce]** Entre 1553 et 1557, Joachim du Bellay se trouve à Rome, en tant que secrétaire de son oncle, le cardinal Jean du Bellay. Il y côtoie la Cour du pape et rédige son recueil poétique *Les Regrets*, qu'il publie dès son retour à Paris, en 1558. Cette œuvre comporte trois types de sonnets : certains sont élégiaques (c'est-à-dire qu'ils expriment la tristesse du poète, nostalgique de son pays natal), d'autres sont encomiastiques (ils font l'éloge de personnes célèbres), d'autres, enfin, sont engagés, dans la mesure où ils critiquent un élément de la société. **[présentation du texte]** C'est à ce dernier thème qu'appartient le sonnet 150, qui peint d'une manière extrêmement péjorative le monde des courtisans. **[problématique]** L'enjeu de notre analyse sera de montrer que ce poème constitue une véritable satire, c'est-à-dire une dénonciation des courtisans faite d'une manière moqueuse. **[annonce du plan]** Pour cela, nous verrons tout d'abord que Du Bellay cherche à convaincre son lecteur de l'attitude profondément négative des courtisans, qui ne cherchent qu'à plaire aux puissants. Puis nous étudierons la manière dont le poète cherche également à divertir son lecteur en le faisant sourire.

2. **[bilan]** Ainsi, le sonnet 150 est bien un poème satirique, dans la mesure où la critique du monde des courtisans s'effectue de manière moqueuse : Du Bellay mêle dénonciation et sourire dans son sonnet, ce qui est la caractéristique principale du registre satirique. Ce poème est donc à la fois convaincant (dans la mesure où l'écrivain dresse clairement la liste des défauts des courtisans) et persuasif, puisque Du Bellay fait de son lecteur son complice en le faisant sourire. **[élargissement]** Un siècle plus tard, Jean de La Bruyère se livre à un exercice comparable dans son livre *Les Caractères* (1688), notamment dans la remarque 74 du chapitre 8, qui commence par l'expression « l'on parle d'une région ». Dans ce texte, il dénonce d'une manière savoureuse, par l'intermédiaire d'un regard étranger et faussement naïf, le comportement vain et artificiel des courtisans de Versailles. Et dans la remarque 36 du même chapitre, il résume avec esprit le comportement hypocrite en vigueur à la Cour par la maxime suivante : « l'on dit à la cour du bien de quelqu'un pour deux raisons :

la première, afin qu'il apprenne que nous disons du bien de lui ; la seconde, afin qu'il en dise de nous. »

3. La première partie du développement du corrigé consiste à prouver que le poète cherche à convaincre son lecteur en livrant une critique de l'attitude des courtisans ; Du Bellay met notamment en évidence leur tendance à imiter les Grands (les « princes » et le « roi »), leur hypocrisie et leur bêtise. La seconde partie est plutôt centrée sur le caractère persuasif du texte, Du Bellay cherchant aussi à divertir son lecteur, afin de le faire adhérer davantage à sa propre opinion : c'est pour cela que le texte a l'allure d'une conversation, qu'il est construit selon une succession de petites scènes de comédie et qu'il repose sur l'art de l'exagération.

4. L'argumentation développée par Du Bellay est convaincante, dans la mesure où il parvient à emporter l'adhésion de son lecteur en s'adressant à la raison de ce dernier : la thèse est claire (les courtisans ont une attitude négative) et il la prouve en développant plusieurs arguments (il met en évidence le fait que les courtisans passent leur temps à imiter les Grands, qu'ils sont hypocrites et que leur comportement révèle leur bêtise). L'argumentation est également persuasive, car le poète joue avec les sentiments et les émotions de son lecteur : en effet, Du Bellay le fait sourire grâce à un portrait satirique, rempli d'exagérations et de situations s'apparentant à des petites scènes de comédie.

5. Ce sonnet peut apparaît comme un texte précurseur de la littérature dite classique car Du Bellay poursuit un double but, à savoir plaire à son lecteur et l'instruire : il lui plaît en le divertissant et il l'instruit en l'encourageant à ne pas se comporter de la même manière que les courtisans qu'il décrit, ce qui donne une portée moraliste au texte. Par ailleurs, ce poème est également une réussite technique, Du Bellay adaptant parfaitement les règles du sonnet, genre inventé par l'Italien Pétrarque au XIVe siècle. Il suit ainsi des règles strictes, qui seront au centre du mouvement classique au XVIIe siècle.

40 CORRECTION DE L'ÉCRITURE D'INVENTION

1. Dans le corrigé de l'écriture d'invention, on se trouve au XVIIe siècle, comme le montrent notamment, dès le début du texte, la mention de la « perruque » du narrateur (ligne 2), ainsi que la référence à la « cour » (lignes 7 et 10). Le fait que le personnage d'Antalceste converse à un moment avec l'auteur de *Phèdre* confirme cette idée : en effet, il s'agit de Racine, célèbre dramaturge du XVIIe siècle.

2. Ce choix du XVIIe siècle s'explique par le début de la consigne donnée par le sujet : l'expression « à la manière de La Bruyère » encourageait à placer l'écriture d'invention à la même époque que celle de l'écrivain. Cependant, ce n'était pas la seule solution envisageable : en effet, il était tout à fait possible de reprendre le style de La Bruyère (c'est-à-dire faire ce qu'on nomme un pastiche), tout en situant l'action à une autre époque historique.

3. Certains indices invitent le lecteur à assimiler le narrateur à Jean de La Bruyère lui-même : en effet, dans le premier paragraphe, on trouve une première allusion, renvoyant au genre de texte qu'affectionnait le moraliste : « quelques petits portraits de ma composition » (on trouve dans *Les Caractères* de nombreux portraits de différents personnages, stigmatisant à chaque fois un type particulier de comportement). À la fin du devoir, ce n'est plus une allusion implicite, mais une référence claire, qui vient confirmer ce que l'on pouvait supposer. En effet, la maxime mise entre guillemets constituant l'avant-dernière phrase du texte est directement extraite des *Caractères* (chapitre VIII, « De la cour », remarque 36).

4. Le nom du personnage principal est formé par le préfixe *anti* (αντι), qui en grec signifie « au lieu de », « contre », et par le nom propre « Alceste », qui désigne le protagoniste du *Misanthrope* : Antalceste est donc le contraire d'Alceste : alors que ce dernier revendique, dans la pièce de Molière, une sincérité absolue dans les rapports humains, Antalceste use d'hypocrisie en permanence, afin d'être apprécié de tous et ainsi d'occuper une place toujours plus élevée dans la hiérarchie sociale. Antalceste est désigné de différentes manières, en dehors de son nom : outre l'usage classique du pronom « il », on peut noter les désignations suivantes : « mon Tartuffe » (allusion au personnage hypocrite de la pièce de Molière du même nom), « notre homme », « monsieur l'imposteur ». Toutes ces désignations visent à émettre un jugement dépréciatif sur le personnage.

   Remarque : dans une écriture d'invention, il ne faut pas hésiter à se servir de références littéraires, lorsqu'elles s'inscrivent dans le sujet. Il ne faut pas oublier que l'épreuve du baccalauréat est avant tout centrée sur la littérature. Montrer que l'on connaît certains éléments, qu'on les maîtrise et qu'on sait jouer avec est toujours bienvenu.

5. Le corrigé est une sorte de récit à clés ; derrière les initiales se cachent des noms de personnes ayant réellement existé au XVIIe siècle, à l'époque où La Bruyère écrit ses *Caractères* : le duc de La **Rochefoucauld** a écrit « l'hypocrisie est un hommage que le vice rend à la vertu » ; Madame de La **Fayette** est l'auteur du roman *La Princesse de Clèves*, dont on a admiré en son temps la vraisemblance et la portée moraliste ; Madame de **Sévigné** a écrit des lettres possédant un « style inimitable » à sa fille, Madame de Grignan ; **Racine** est l'auteur de la tragédie *Phèdre* ; la marquise de **Montespan**, enfin, a été la favorite la plus célèbre du roi Louis XIV. On a souvent dit de La Bruyère que ses portraits étaient de petites énigmes : les lecteurs du XVIIe siècle s'amusaient à chercher, derrière les personnages fictifs évoqués, des personnes réelles. Cela justifie l'utilisation d'initiales dans la proposition de corrigé.

6. Lorsqu'il se trouve devant Racine (qui écrit toutes ses tragédies en alexandrins), le personnage d'Antalceste prononce, à la fois par flatterie et pour se mettre en valeur, quatre vers de douze syllabes : « Pour ma part, Monseigneur, je ne le cache pas : / vous êtes le plus grand, et l'on fait trop de cas, / de tous ces écrivains qui veulent vous singer, / et maladroitement, font des vers bien mauvais ».

7. L'énumération souvent répétée à propos du personnage d'Antalceste est constituée par les quatre mots suivants : « civil, poli, galant, aimable ». On trouve d'abord cette énumération dans le second paragraphe, lorsqu'Antalceste est face au narrateur : « sous un jour civil, poli, galant, aimable ». On la rencontre ensuite quand l'hypocrite parle à Mesdames de La F. et de S., dans le troisième paragraphe, cette fois sous la forme de quatre phrases exclamatives : « quelle civilité ! Quelle politesse ! Quelle galanterie ! Quelle amabilité ! ». Dans le quatrième paragraphe, cette énumération est encore reprise : « qu'il est civil, poli, galant, aimable ! ». Le but de cette répétition de termes globalement synonymes est d'insister sur l'hypocrisie d'Antalceste et sur son comportement d'automate : quelle que soit la personne à qui il s'adresse, il adopte la même attitude flatteuse. Cela permet d'annoncer la conclusion, à savoir l'idée qu'Antalceste est « une coquille vide » : il ne fait que répéter les mêmes choses où qu'il soit, sans aucune sincérité.

8. Voici les principaux procédés utilisés par La Bruyère et repris dans le corrigé : tout d'abord, on peut noter l'emploi du présent de narration pendant tout le portrait : « j'entends Théodecte » (texte de La Bruyère), « Antalceste se présente » (corrigé). Cela donne au lecteur l'impression que les personnages sont devant ses propres yeux ; le présent de narration a pour effet de rendre plus vivante la scène. Par ailleurs, La Bruyère a souvent recours à l'énumération : « il mange, il boit, il conte, il plaisante ». C'est pour cela que l'on trouve la même figure de style dans le corrigé : « son habit est noble, élégant, raffiné ». La Bruyère utilise également la juxtaposition, séparant différentes propositions par un simple signe de ponctuation, sans utiliser de conjonctions de coordination ou de subordination. Il fait ce qu'on appelle des parataxes (suppression des liens de subordination) et des asyndètes (suppression des liens de coordination). C'est pour cela qu'on trouve souvent le point-virgule, la virgule et les deux points dans son texte : « il grossit sa voix à mesure qu'il approche ; le voilà entré : il rit, il crie, il éclate ». Ce procédé de style, qui imprime une sorte de rapidité, comme si les différentes actions s'enchaînaient sans pause (ce qui montre l'agitation permanente du personnage), est repris dans le corrigé : « soudain, je ne le vois plus ; je m'inquiète : aurait-il renoncé à paraître ce qu'il n'est pas [...] ? », « je vous le donne en mille ; vous avez deviné : il se précipite vers lui », « il ne pense rien de ce qu'il dit, il ne dit rien de ce qu'il pense ». On peut repérer également des questions rhétoriques : « Est-ce lui, est-ce Euthydème qui donne le repas ? » (texte de La Bruyère), « serait-il parti s'ensevelir dans un désert, comme le héros du *Misanthrope* ? » (corrigé). Il y a également chez La Bruyère une certaine tendance à établir des structures binaires : « je cède enfin et je disparais », « si l'on joue, il gagne au jeu », « il veut railler celui qui perd, et il l'offense ». Les propositions vont souvent par deux, instaurant un certain balancement. On retrouve cela dans le corrigé : « il fait l'éloge de ma tenue et de mon maintien », « je porte la perruque à merveille et mes vêtements sont parfaitement ajustés », « il me caresse et me cajole ». Si les procédés de style utilisés par La Bruyère apparaissent aussi dans le corrigé, c'est parce que le sujet consistait à faire un pastiche, c'est-à-dire une imitation du style de l'écrivain (« à la manière de La Bruyère »).

TABLE DES MATIÈRES

Aubin
IMPRIMEUR

Achevé d'imprimer en juillet 2014
N° d'impression 1406.0331
Dépôt légal, juillet 2014
Imprimé en France